D1750236

Helmut Böttiger
Die Gegenwart durchlöchern

Helmut Böttiger

Die Gegenwart durchlöchern

Beiträge zur
neueren deutschen Literatur

WALLSTEIN VERLAG

Bibliografische Information der Deutschen Nationalbibliothek
Die Deutsche Nationalbibliothek verzeichnet diese
Publikation in der Deutschen Nationalbibliografie;
detaillierte bibliografische Daten sind im Internet über
http://dnb.d-nb.de abrufbar.

© Wallstein Verlag, Göttingen 2024
www.wallstein-verlag.de

Vom Verlag gesetzt aus der Stempel Garamond
Umschlaggestaltung: Günter Karl Bose/lmn-berlin.com
Druck und Verarbeitung: Pustet, Regensburg

ISBN 978-3-8353-5582-8

Inhalt

Giftige Buchstaben, brütendes Moor
    Die Ästhetik Wolfgang Hilbigs 7

Gestrüpp, Geröll, Geraschel
    Wilhelm Genazinos Lust, durch Gudrun
    hindurchzuküssen 29

Identitätspartikel, Wahrnehmungssplitter, Film-Stills
    Die Intensität in den Romanen von Ulrich Peltzer   41

Ukrainische Regentropfenprélude
    Natascha Wodins deutsch-slawische
    Grenzverschiebungen 57

Schwarztorflektüre
    Marcel Beyers Expeditionen in Popkultur
    und Zeitgeschichte 75

Schattenklumpen und Meereskastanien
    Emine Sevgi Özdamar verbindet das Türkische
    und das Deutsche zu etwas Neuem 87

Brache Stätten
    Reinhard Jirgls Tabula rasa 98

Mit Abstand entstehen härtere Zeichen
    Lutz Seilers Mechanik der Bild- und Wörterwelten   109

Ein wenig Mondgeröll
  Die Sehnsuchtsfiguren bei Judith Hermann . . . 126

Zeitschmetterlinge
  Thomas Lehrs Romanhelden verpuppen
  sich stets neu 149

Im ostdeutschen Ich-Versteck
  Der Verwandlungskünstler Ingo Schulze 160

Der Jenseitsüberschuss
  Die Akrobatschwäbin Sibylle Lewitscharoff
  zwischen Erdenschwere und Leichtigkeit 178

Kieselgrau, herbsthagelkorngrün, staatssicherheitslila
  Zur Problematik der »Muschebubu-Beleuchtung«
  in Adolf Endlers Prosa-Rasereien 195

Das magische Wort Kalmus
  Sarmatien und das Silbenmaß: die himmlischen
  Dissonanzen bei Johannes Bobrowski 213

Auf der Suche nach einer graueren Sprache
  Misstrauen gegenüber dem Schönen:
  Worte, Bilder und Klänge bei Paul Celan 236

Rausch und Ewigkeit
  Eine Rede zur Literaturkritik 248

Nachweise 261

Giftige Buchstaben, brütendes Moor
Die Ästhetik Wolfgang Hilbigs

Mit Wolfgang Hilbig war kein Staat zu machen. Und auch die Medien fanden ihn nicht ganz geheuer. Mit dem Habitus, der seit den achtziger Jahren für einen Gegenwartsautor als notwendig angesehen wurde, hatte er nichts zu tun. Sich zu inszenieren lag diesem Autor so fern wie kaum einem anderen. Hilbig fühlte sich schnell unwohl, wenn ein Mikrofon oder gar eine Kamera auf ihn gerichtet war, er lebte vor allem im Schreiben und nicht im Reden darüber.

Gespräche mit ihm stellten die Kulturjournalisten vor ungeahnte Anforderungen. Obwohl er keinesfalls böswillig war, konnten sie ihm nicht die gewünschten verwertbaren Aussagen entlocken. Oft sagte er gar nichts, und manchmal kam es zu wenigen kurzen Sätzen, die das genaue Gegenteil zu seinen höchst elaborierten und magisch wirkenden schriftlichen Texten darstellten. Man konnte den scheinbar bodenständigen, ein freundliches Sächsisch intonierenden und zurückhaltenden Mann kaum mit der wortgewaltigen, rauschhaften Prosa zusammenbringen, die er geschrieben hatte.

Es gibt nur wenige ausführliche Interviews mit Hilbig, und auch sie haben ihre Tücken. Manchmal stellt sich der Eindruck ein, dass bei etlichen der Antworten Hilbigs die Journalisten im Nachhinein ein bisschen nachgeholfen und in ihrer Verzweiflung sogar eigene Formulierungen hineingeschmuggelt haben. Es entsprang keiner Strategie, dass Hilbig nicht gern über seine Texte sprach. Wenn er Nein gesagt hätte, wäre ihm das wahrscheinlich undankbar und unbescheiden vorgekommen. Ein Meilenstein ist das Gespräch, das Günter Gaus in seiner »Porträt«-Reihe im Fernsehen mit ihm führte. Sosehr Gaus auch versuchte, Hilbig auf seine rhetorische Ebene herüberzuziehen – er agierte im Leeren. Meistens schwieg Hilbig. Und wenn er sprach, sprach er als Kumpel aus dem sächsisch-thüringischen Grenzgebiet.

In der Literaturlandschaft, die ihn umgab, war ein Schriftsteller schon längst eine Medienfigur. Da wirkte Wolfgang Hilbig wie aus einer fernen Welt. Der Dichter Thomas Rosenlöcher bewunderte ihn sehr. Als er ihm dann einmal begegnet war, schrieb er: »Allerdings war es mehr eine Begegnung der dritten Art, indem ich mich weigerte, Hilbig zuzubilligen, dass er Hilbig sei. Denn der, von dem behauptet wurde, dass er Hilbig wäre, saß ziemlich grob in der Küche und sagte kein einziges Wort.« Diese Erfahrung hat früher oder später jeder gemacht, der bei literarischen Anlässen auf Hilbig stieß oder diesen gar für den Literaturbetrieb nutzbar machen wollte.

Hilbig hat oft beschrieben, wie er von früh an nur durch die Literatur, durch das Lesen und das Schreiben existierte. Schon als Kind las er in seinem Heimatort Meuselwitz alles, was er kriegen konnte. Das ging von Abenteuergeschichten langsam in romantische Erzählungen über, und er nahm als wesentlich wahr, dass dabei oft Gedichte eingestreut waren. Als er Ende der 1950er Jahre den Beruf des Bohrwerksdrehers erlernte, kaufte er sich von seinem ersten Lehrlingsgehalt gleich eine Gesamtausgabe des romantisch-fantastischen Dichters E.T.A. Hoffmann, der gern mit grotesken Verzerrungen arbeitete. Das scheint dem Lebens- und Weltgefühl des jungen Wolfgang Hilbig am ehesten entsprochen zu haben.

Hilbig war in Meuselwitz zwangsläufig zu einem Arbeiter geboren worden, der industrielle Braunkohle-Tagebau beherrschte den Alltag. Die Spannung zwischen der proletarischen Existenz, die durch die sozialistische Überhöhung des Arbeiters noch besonders gefärbt wurde, und der Lektüre von Schriftstellern aus einer zeitlos anmutenden Vergangenheit definierte seine Person von Anfang an. Dazu kam die Atmosphäre in seiner Familie. Hilbigs aus Ostpolen stammender Großvater Kasimir Startek sprach nur schlecht Deutsch und hatte seine Frau Paula geheiratet, nachdem er zunächst als Untermieter bei ihr gewohnt hatte, sie war bereits verwitwet. Der Großvater bildete bis zu seinem Tod 1972 mit 84 Jahren das Zentrum der Wohnung. Auch seine Tochter, Hilbigs Mutter Marianne, wohnte hier. Sein Vater Max galt seit dem Krieg als vermisst. Dem analphabetischen Großvater gegenüber stand der Dichter ständig unter Rechtfertigungsdruck, denn jener hielt Lesen und Schreiben für unnütz. In seinem späten, seine Biografie radikal sezierenden Roman »Das Provisorium« schrieb Hilbig: »Die Hölle dieser Kindheit war wortlos, stumm, ihre Eigenschaft war das Schweigen. Und ich begann diese schweigende Hölle mit Wörtern zu füllen ... mit einem winzigen Teelöffel, dem Löffelchen eines Kindergeschirrs, halb so groß wie normal, begann ich Wörter in eine ungeheure leere Halle des Schweigens zu schaufeln ...«

»Schaufeln«, dieses Verb kommt nicht von ungefähr. Es hat für Wolfgang Hilbig eine existenzielle Dimension, es ist die Tätigkeit des Braunkohlearbeiters und Heizers. Und er verbindet mit diesem Schaufeln das untergründige Schuld- und Schamgefühl gegenüber dem Großvater mit der Literatur, die ihm das Überleben zu garantieren scheint. Hilbig beschreibt an vielen Stellen seines Werks, wie er seinen oft mühsam ergatterten Lesestoff aus meist vergilbten Exemplaren traumhaft auf dieselbe Weise in sich hineinschaufelt wie während seiner Tätigkeit als Heizer im Industriekombinat die Kohlen in die Öfen.

Im Roman »Das Provisorium« erinnert sich Hilbig, und es ist der Höhepunkt des Buches, an das Szenario eines geglückten Schreibens. Da übernimmt seine Hauptfigur, die durch das Kürzel »C.« markiert ist, monatelang freiwillig die Nachtschicht bei den Heizern. Am frühen Morgen bleiben ihm gewöhnlich einige Stunden Zeit, an einem langen Tisch, auf einem seegrünen Wachstuch, seine Hefte zu füllen. Im Roman heißt es: Er »hielt in einem die Kessel und die Eingangstür im Auge«, und es war »sonderbar, was für unendliche Vorbereitungen er gebraucht hatte für dieses fast schwerelose Schreiben«. C. schreibt manisch und besessen, »die Blätter waren bedeckt, dicht und randvoll, mit hastigen, vorwärtsfließenden Schriftwellen«, und dazwischen lädt er neue Kohle auf und löscht die Asche und die Schlacke ab. Das Kesselhaus samt seinem Tisch mit den Schulheften ist von »aufschießenden Dampfwolken, von den Fontänen noch glühender Asche erfüllt«, und wenn C. vom Duschen zurückkommt, steht »eine milchige Wolkenbank unter der Kellerdecke«; im Kesselhaus herrscht eine »feuchte Wärme, eine lastende, subtropisch wirkende Wärme, die nach einem brütenden Moor« riecht. Dies ist der Geruch seiner Literatur. Etwas Schweißtreibendes, Unbewusstes, Exotisches.

»Das Provisorium« ist der Versuch einer Lebensbilanz. Hilbigs Figur C. evoziert die Vergangenheit mit dem Bewusstsein, dass etwas verlorengegangen ist. In seinen frühen Prosatexten allerdings wird die Situation vor dem Heizkessel, der Braunkohledunst noch anders beschrieben. Hier stellt sich der Zeitpunkt, an dem Hilbigs sozialer Abstieg in der DDR beginnt, in seiner Tätigkeit als Heizer dar. Und er wusste sehr wohl, in welchem literarischen Resonanzraum er sich damit befand. Es gibt einen frühen Text von ihm aus dem Jahr 1975 mit dem Titel »Die Arbeiter. Ein Essai«. In diesem für Hilbig grundlegenden Prosastück geht es um den Gegensatz zwischen den normalen Arbeitern und dem Heizer. Der »richtige« Arbeiter im Betrieb zählt den Heizer nämlich nicht zu seinesgleichen. Der Heizer ist ein Untergeordneter, einer, der bestimmte Hilfsdienste zu leisten hat. Er ist von vornherein ein Außenseiter, und er ist getrieben von der »Schuld an der Verdammnis, kein Arbeiter sein zu können«. Der Heizer ist etwas anderes. Er ist der, den auch Hilbigs Großvater argwöhnisch betrachtete, der verhindern wollte, dass sein Enkel sich zur Literatur hin orientierte.

In der DDR waren die Arbeiter die »herrschende Klasse«, und Hilbig kennzeichnet sie dadurch, dass sie für den Heizer unerreichbar sind. Im Modell des Heizers entwirft er seine Vorstellung des Schriftstellers. Er hat als isolierter Einzelner an der gegebenen Wirklichkeit nicht teil. Es muss Hilbig elektrisiert haben, dass das Anfangskapitel von Kafkas »Amerika«-Roman zunächst eine Erzählung mit dem Titel »Der Heizer« war. Er hat sich nicht sehr ausgiebig mit Kafka beschäftigt, aber auf den »Amerika«-Roman mit dem »Heizer«-Kapitel kommt er in einem Aufsatz einmal explizit zu sprechen. Hier gibt es eine Verbindung zwischen seiner eigenen konkreten Biografie und einer Inkarnation der literarischen Moderne. Sie lädt die jahrelange nächtliche Tätigkeit Hilbigs, Kesselhäuser von Industrieanlagen mit stinkender, energiearmer Braunkohle anzufeuern, weiter auf.

1977, zwei Jahre später, schreibt Wolfgang Hilbig wieder einen Prosatext, der von demselben Gegensatz handelt, mit dem Titel »Über den Tonfall«. Es gibt aber eine Zuspitzung. Dieses Mal wird der »Heizer« direkt durch den »Schriftsteller« ersetzt. Im Vordergrund steht dabei die Lyrik. Das bedeutet aber nicht, dass die Ich-Figur an Selbstbewusstsein gewonnen hätte. Das Gefühl der Minderwertigkeit wird eher noch gesteigert. Vorübergehend arbeitete Hilbig nicht mehr als Heizer, sondern in der Pförtnerloge, und seine Erzählfigur reflektiert diese Veränderung auf schmerzhafte Weise. Im neuen Umfeld scheint es zunächst viel leichter zu sein, zu schreiben, aber der Riss durch das Ich wird bald umso deutlicher bewusst. Der Auslöser für den Text besteht darin, dass das Schriftsteller-Ich sich »endlich Klarheit darüber verschaffen« will, was »mich hier in dem Betrieb zu einer fast unmöglichen Figur hatte werden lassen. Oberflächlich gesehen, kannte ich die Gründe: es war die Kollision zwischen meinen Pflichten als Arbeiter und dem selbstgesetzten Ziel, etwas zu sein, das ich, lächerlich genug, einen Schriftsteller nannte.« Der Schreibende verhandelt im weiteren Verlauf des Textes ausschließlich »das Ausmaß meiner Verschuldung«, das aus seinem inneren Gegensatz zwischen Arbeiter und Schriftsteller hervorgeht.

Während des Schreibens fällt sein Blick auf eine alte Trauerweide, die er rechts im Fabrikhof sehen kann und die morsch und gepeinigt wirkt. Sie wird zum Ausgangspunkt literarischer Selbstreflexionen, in denen der Schreibende feststellen muss: Für den »Tonfall«, den er für seine Lyrik im Ohr hat, gibt es keine Entsprechung in der Wirklichkeit. Diese Erkenntnis steigert sich bis zu einem Satz, der in bitterem Sarkasmus auch die Art und Weise zusammenfasst, wie in der DDR über Literatur verhandelt wird: »Die Lyrik ist der Realität zum Opfer gefallen.«

Zum Fluchtpunkt wird schließlich eine Alraune, die unter einem Pflasterstein »verführerisch wächst«, eine Zauberpflanze, die auch bei den Brüdern Grimm vorkommt und ein wenn auch oft giftiges Geheimnis birgt. Die Literatur der Romantik wird beim frühen Hilbig zu einem Gegenmodell, und dass sie in der offiziellen DDR-Kulturpolitik verpönt ist und vor allem von Georg Lukács als die Wurzel allen Übels analysiert wurde, erhöht ihren Reiz umso mehr.

Hilbig begann vollkommen abgeschottet von den literarischen Diskussionen um ihn herum zu schreiben. Er entwarf abgründige Bilder ohne oberflächliche, aufdringliche Beziehungen zu aktuellen Fragen und bewegte sich doch unmissverständlich in den Braunkohlerevieren der DDR, in einer gleißenden apokalyptisch anmutenden Gegenwart. Dieser Autor ist ein hervorragendes Beispiel für die Schwierigkeiten, eine »DDR-Literatur« zu definieren. Er ist durch und durch vom Alltag in der DDR geprägt worden, und seine Texte verarbeiten offenkundig diese Erfahrungen. Doch seine erste Veröffentlichung, der Gedichtband »abwesenheit«, erschien 1979 im S. Fischer Verlag in Frankfurt am Main, wo dann etliche weitere Bücher von ihm herauskamen. Berühmt wurde er in der Bundesrepublik. In der DDR kam 1983 bei Reclam Leipzig dann ein schmaler Auswahlband mit dem Titel »Stimme Stimme« heraus, mit Gedichten und wenigen, nicht sehr zentralen Prosastücken, und dabei blieb es.

Als aber nach dem Ende der DDR, wieder bei Reclam Leipzig, 1992 eine große Sammlung mit zum Teil noch unveröffentlichten und wichtigen Texten Hilbigs erschien, wurde klar, dass dies sein eigentlicher Resonanzraum war: »zwischen den paradiesen« erscheint heute als eine editorische Meisterleistung, weil sie die spezifische Ost-Anbindung dieses Autors hervorhob und ihn erstmals in seiner vollen Bedeutung kenntlich machte. Er war eindeutig ein DDR-Autor, ohne ein DDR-Autor zu sein. Es war mehr als nur eine lustige Arabeske, dass der Band »zwischen den paradiesen« als eine Art Motto den Brief voranstellte, den Hilbig an die »ndl«, die Zeitschrift des DDR-Schriftstellerverbands, geschickt hatte und der dort im Heft Nr. 7 des Jahres 1968 auch als Leserbrief abgedruckt wurde: »Darf ich Sie bitten, in einer Ihrer nächsten Nummern folgende Annonce zu bringen: ›Welcher deutschsprachige Verlag veröffentlicht meine Gedichte? Nur ernstgemeinte Zuschriften an: W. Hilbig, 7404 Meuselwitz, Breitscheidstraße 19b.‹ Ich bitte, nach Abdruck der Anzeige, mir die Rechnung zuzuschicken.«

War das Verzweiflung? War das Chuzpe? War es die Absicht, auf die absurden Bedingungen der DDR-Veröffentlichungspraxis aufmerksam zu machen? Es war alles auf einmal, aber man sollte den Anteil nicht unterschätzen, den das Bewusstsein der Sinnlosigkeit dabei einnahm. Die Versuche, Hilbig im Nachhinein als Arbeiterschriftsteller und Ostdeutschem ein DDR-Selbstbewusstsein zu unterstellen, sind müßig. Auch nach dem Ende der DDR, bis zu seinem Tod 2007, ließ er keinen Zweifel daran, wie er zu diesem Staatswesen stand. Im Roman »Das Provisorium« aus dem Jahr 2000, in dem die Hauptfigur als Schriftsteller im Westen herumgeistert, heißt es über die DDR: »Dieses Land da drüben hatte seine Zeit geschluckt! Dieser Vorhof der Realität. Dieses Land, triefend von Schwachsinn, verkrüppelt vor Alter, zermürbt und verheizt von Verschleiß und übelriechend wie eine Mistgrube, dieses Land hatte ihn mit Vergängnis gefüttert und seine Reflexe gelähmt, es hatte ihm die Lust aus den Adern gesogen.«

Das Tragische bei Hilbig war, dass er dennoch mit sämtlichen Fasern an sein Herkunftsland gebunden blieb. Im Westen spürte er seit 1985, dass ihm alles abhandengekommen war – vor allem das, was ihn zum Schreiben angetrieben hatte. Noch kurz vor seiner Ausreise aus der DDR, in einem letzten Gespräch mit Franz Fühmann, hatte er gesagt: »Ich werde hierbleiben. Hierbleiben, um weiter über meine Spaltungsgeschichten zu schreiben.«

Dies war sein Thema. Er kämpfte mit sich als Arbeiter und mit sich als Schriftsteller. Immer wieder umkreiste er diesen grundsätzlichen Konflikt, und er trieb ihn in ausufernden Satzkonstruktionen in immer größere Extreme und Auswegslosigkeiten. 1989 erschien sein erster großer Roman, »Eine Übertragung«, und an der zentralen Stelle heißt es dort: »Die Übertragung meines Lebens in einen endlichen Satz hieß: wenn ich schreibe, dann bin ich. Aber ich bin nicht, setzte ich hinzu. Es gab für mich kein Sein des Schreibens, und der Kampf darum war die einzig gültige Metapher, die mein Leben beschrieb. Immer suchte ich nach dieser Metapher, sie zu finden hätte bedeutet, mein Leben ganz in ein Abwesendes zu übertragen.«

»abwesenheit«, der erste Gedichtband von Hilbig, sollte ursprünglich den Titel »Gegen den Strom« tragen. Dass dabei etwas Widerständiges angesprochen werden sollte, leuchtet unmittelbar ein. Interessant ist jedoch, wie Hilbig selbst diesen Titelvorschlag erklärte. An seinen Lektor Thomas Beckermann schrieb er: »Der Titel ist eigentlich von Huysmans (sein Buch ›À rebours‹, bei uns erschienen als ›Gegen den Strich‹)«. Hilbig bezieht sich auf ein zentrales Manifest einer Literatur, die sich selbst stolz einer »Dekadenz« zurechnete. Die Hauptfigur in Huysmans' Roman aus dem Jahr 1884 zieht sich, in Ablehnung jeglicher sozialer Realität, in ein Vorstadthäuschen zurück und huldigt dem Ästhetizismus und Mystizismus.

Hilbigs Vorliebe für die Literatur des Fin de Siècle schließt an seine frühe Romantik-Rezeption an. Vor allem die Lektüre Rimbauds hat ihn in seiner eigenen Lebenswahrnehmung offenkundig gestärkt und bestätigt. Der frühe Text »Die Arbeiter. Ein Essai« fällt schon in der Unterzeile dadurch auf, dass »Essai« hier, ganz im Gegensatz zum üblichen deutschen Sprachgebrauch, mit einem »i« am Ende geschrieben wird. Das huldigt ganz explizit dem Französischen und verweist auf den literarischen Hallraum, den sich Hilbig mit bürgerlich dekadenten Autoren aus dem Paris des späten 19. Jahrhunderts eröffnet hatte. Der »poète maudit«, also der verfemte Dichter à la Baudelaire oder Rimbaud, war für Hilbig zwangsläufig ein Identifikationsmodell: Der Heizer aus Meuselwitz wurde bei seinen Arbeitskollegen ebenfalls zu einem solchen, und er selbst gab ihnen unter Schuldgefühlen recht.

In Hilbigs Gedichten sind viele Anspielungen auf das Spätbarocke, auf den Manierismus, auf exponierte Künstlichkeit zu erkennen. Hier fand er das Material, das seiner eigenen Notlage zu entsprechen schien. Auf der Leipziger Buchmesse trieb er sich tagelang an den Bücherständen der westdeutschen Verlage herum und schrieb dort wie besessen Gedichte ab. Er suchte manisch nach einer Gegenliteraturgeschichte, in die er sich einschreiben konnte. Hilbig muss es als eine traumhafte Konstellation empfunden haben, dass im Jahr 1980 im Gustav Kiepenheuer Verlag in Leipzig eine für die DDR aufsehenerregende Anthologie erschien, die seinen Suchbewegungen entsprach: »Der Untergang der romantischen Sonne. Ästhetische Texte von Baudelaire bis Mallarmé«.

Hier fanden sich Originaltexte dessen, was ihn anzog, es ging um Symbolismus, Dekadenz und Formalismus, hier gab es Überlegungen über den »emanzipatorischen Sinn der reinen Kunst« oder über die »entdeckende und antizipierende Rolle der Kunst«, die dem üblichen Sprachgebrauch in der DDR entgegenstanden und in denen er sich heimisch fühlen konnte. »Der Untergang der romantischen Sonne«: Dies bildete für Hilbig ein Leitmotiv für das, was er schrieb, damit sind seine grenzüberschreitenden, sinnlich überwältigenden und abgründigen DDR-Texte ästhetisch erfasst. Seine ursprünglichen Gegenwelten, die er einmal bei Novalis oder bei E. T. A. Hoffmann gefunden hatte, schienen langsam zu verschwinden. In den Vordergrund trat dafür ein Dichter wie Charles Baudelaire, der die Farben, in denen die »sterbende Sonne spielt«, als »Kaskaden von geschmolzenem Metall« beschrieb, als »Paradiese von Feuergluten«. Wie Baudelaire suchte Hilbig nun die »Allegorie einer Seele«, »der das Leben schwerer ward und die nun, beladen mit einem prächtigen Schatz von Gedanken und Träumen, fern hinter dem Horizont hinuntersteigt«.

Hilbigs Spaltungsgeschichten hatten mit den Doppelgängermotiven und Ich-Verspiegelungen der Romantik begonnen. Aber er radikalisierte sie immer weiter und überführte sie in seine spezifische DDR-Erfahrung, durch die die Fragwürdigkeit des Ich noch eine ganz besondere Färbung bekommt. Im exzessiven Vorgang des Schreibens versucht es sich ständig selbst zu vergewissern und löst sich dabei in den Buchstabenströmen auf. Bei Hilbig gibt es meistens eine zentrale Figur, die zwischen verschiedenen Rollen hin und her changiert. Das Ich macht dabei immer öfter Probeläufe, in denen es »Er« genannt wird oder als eine fiktive Figur namens »C.« auftaucht: die Aufspaltungen des Ich, seine Verdoppelungen und Aufsplitterungen in ganze literarische Rahmenhandlungen, die die fehlenden anderen Personen zu ersetzen suchen – das kann man als den »Stoff« von Hilbigs Prosa bezeichnen.

Zum ersten Mal taucht der Wechsel zwischen Ich und Er im Prosatext »Die Einfriedung« auf, der 1980 in der »Neuen Rundschau« veröffentlicht wurde. Er geht auf eine der gravierendsten biografischen Erfahrungen Hilbigs zurück, nämlich die Untersuchungshaft und die Verhöre durch die Stasi von Mai bis Juli 1978. Die durch eine konkrete DDR-Situation definierten Zersetzungsprozesse des Ich werden in Hilbigs Prosa ab diesem Zeitpunkt in etliche Versuchsanordnungen überführt. Die Erzählung »Der Brief« von 1981, das erste der großen Prosastücke, ist dabei programmatisch. Das in seinem Zimmer eingeschlossene Ich entwirft sich eine literarische Spiegelfigur, die »C.« heißt und in deren fiktiver Welt plötzlich das Ich wieder als Figur auftaucht. Ein Text mit dem Titel »Er, nicht ich« variiert diese Konstellation und wirkt wie ein Vorspiel zum Roman »Eine Übertragung«, der die Auflösung des Ich in verschiedenen Formen nachzeichnet.

Diese Prosatexte, die das Ich zergliedern und auflösen, sind nicht einfach den Problematiken der bürgerlichen Moderne nachempfunden, sondern sie entsprechen Hilbigs Erfahrung als Arbeiter und Staatsbürger in der DDR. Er arbeitet an einer neuen, die frühe Avantgarde zitierenden und weiterführenden Ästhetik des Zerfalls. Als Werktätiger in der DDR steht ihm dafür ein besonderes Assoziationsarsenal zur Verfügung. Seine Bilder entsprechen der Wahrnehmung, dass Anspruch und Wirklichkeit von vornherein auseinanderfallen, er hat die Bilder der Braunkohlelandschaft und des DDR-Tagebaus neu aufgeladen, mit den Batterien der schwarzen Romantik und des symbolistischen Pathos.

Wolfgang Hilbig ist nicht nur ein Beispiel dafür, wie schwierig es mit einer Zuordnung zur »DDR-Literatur« sein kann. Er kann daneben auch Kontroversen darüber auslösen, wie es mit einer Literatur der »Moderne« in der DDR bestellt war und wie angemessen der Begriff der Moderne hier überhaupt sein kann. Man hat in diesem Zusammenhang von einer spezifischen »DDR-Moderne« gesprochen, einer »nachgeholten Moderne«.

Die Vorstellungen darüber, was es generell mit der »Moderne« auf sich hat, können erheblich differieren. Frank Schirrmacher wollte anhand seiner Rezension des Hilbig-Romans »Ich« im Oktober 1993 in der »Frankfurter Allgemeinen Zeitung« einen grundsätzlichen literaturpolitischen Paradigmenwechsel konstatieren und formulierte seine These bereits in der Überschrift: »Über ein literarisches Meisterwerk und seine Verhinderung durch den Geist der Moderne«. Das war natürlich in den Westen hineingesprochen, wo die schwierige und sich verweigernde Moderne schon abgehakt und eine »Postmoderne« ausgerufen worden war. Damit verglichen wirkt die Einschätzung, die der Inoffizielle Mitarbeiter der Stasi David Menzer, also Sascha Anderson, seinem Führungsoffizier über Hilbig mitteilt, ziemlich apart: »von den jüngeren kollegen wird er als qualitätsvoller literat eingeschätzt, der allerdings nicht zur moderne zählt.« Mit »Moderne« meint David Menzer hier etwas ganz anderes als Schirrmacher. Er hat wohl eher eine Literatur im Blick, wie Sascha Anderson sie schreibt.

In einem Vortrag an der US-amerikanischen Universität Lexington 1988 findet sich eine der äußerst seltenen poetologischen Selbstaussagen Hilbigs. Er erklärt, wie er sich als Schriftsteller im Verhältnis zur westlichen Moderne sieht: »Im Gegensatz zu einigen Schreibweisen abendländischer Lyrik, mit denen banal gewordenen Inhalten durch Verdunkelung des Ausdrucks neue Töne entlockt werden sollten, entstand in der DDR eine Lyrik des verdunkelten Zustands als Voraussetzung, die auch durch bohrendes Hinterfragen dieses Zustands oft genug nicht zu einer Erhellung durchdrang. Es entstand fast so etwas wie eine zweite Generation moderner Schreibweisen.«

Das ist die DDR-Moderne: Unter gesellschaftlichen Gegebenheiten, die die Subjektivität aus einer ganz anderen Perspektive in Frage stellen, entsteht etwas Neues. Hilbig hasste den, wie er es formulierte, »käuflichen Realismus« der offiziellen DDR-Vertreter. Seine DDR-Moderne hat zwar einige Berührungspunkte mit literarischen Formen, die bereits vorher im Westen entstanden waren, aber die Bedingungen des DDR-Sozialismus bringen zwangsläufig etwas Eigenes hervor. Die zweite Moderne, die Hilbig konstatiert, hat bei allen Ich- und Wortverlusten eine unverkennbar östliche Färbung.

Wie ein großer, rätselhafter Monolith steht seine 1991 erschienene Erzählung »Alte Abdeckerei« in der damaligen deutschen Literaturlandschaft. Obwohl es keine direkten Anspielungen und Benennungen dafür gibt, geht es um die Nachwirkungen der deutschen Geschichte im 20. Jahrhundert. Und im Mittelpunkt steht, ohne dass dieses Kürzel einmal auftaucht, die DDR – der preußisch-sächsische

Sozialismus im Gefolge deutscher totalitärer Traditionen und des Nationalsozialismus. Die »Alte Abdeckerei« ist eine apokalyptische Vision. Das Flüsschen, das sich unter weit ausladenden und üppigen Weiden den Weg entlangzieht, wirkt zunächst wie ein naturmagisches Objekt. Doch es wird mit beschwörenden Worten immer enger umkreist und evoziert langsam etwas ganz anderes als einen harmlosen Bach. Als es an einer Betonbrüstung unter der Erde verschwindet, die »Rampe« genannt wird, werden historische Bilder aus den deutschen Konzentrationslagern aufgerufen. Die Erde erscheint in der Folge als »Gaia«, als Mutter, die die vergrabenen geschichtlichen Verbrechen plötzlich »ausschwitzt«. Und dann gibt es noch die Arbeiter eines Werks, das »Germania II« heißt, denen sich der Erzähler anschließen möchte und deren animalisch anmutende, fast ohne Worte auskommende Sprache er lobt.

Es handelt sich um eine Landschaft deutscher geschichtlicher Mythen. Das Ich, das hier spricht, verschwimmt, es agiert gleichzeitig in der Kindheit, als Erwachsener und als zeitlose Instanz. Und das Flüsschen mit den Weiden wird unversehens zum Totenfluss der Antike. Das strotzende Grün der Weiden und der anliegenden Wiesen, das anfangs beschrieben wird, rührt von den Stoffen her, die der Fluss mit sich führt. Er schäumt, er ist milchig und fettig, es treiben in ihm die Abfallprodukte tierischen Lebens. Die Abdeckerei an seiner Quelle zerlegt und verarbeitet tote, aber auch kranke Tiere. Daher stammen die wie künstlich aufgründenden Pflanzen und der durchdringende seifige Geruch, der sich nach und nach in den Zeilen des Textes breitmacht.

Meuselwitz, die Nazizeit mit dem Massenmord an den Juden, die DDR mit ihrer Chemieindustrie und der

Schriftsteller, der sich gegen den Strom zu stellen versucht: In »Alte Abdeckerei« ist das alles mit enthalten, aber der Text geht als sprachliche Vergegenwärtigung noch weit darüber hinaus. Die Meuselwitz-Kindheit taucht in vielen Prosastücken Hilbigs auf, und man erkennt oft dieselbe Konstellation. Das namenlose Ich haust in einer kleinen, verwahrlosten Nische mit überladenem Schreibtisch in der Wohnung der Familie. Sie besteht aus Mutter und Großmutter, ohne Männer. Abgeschottet vom »Stadtinneren«, als »lichtscheu« apostrophiert, verlässt die Erzählstimme in der Dämmerung die Wohnung – erst die »Stunde des Übergangs« scheint diese Möglichkeit zu bieten. Der Hilbig-Erzähler ist eine Ausgeburt der Nacht. Zerfallende organische Substanzen wie in »Alte Abdeckerei«, Abfallprodukte und verrottende Industrieanlagen bilden die Grundlage dessen, was dieses spezielle literarische Ich herausbildet. Es ist nur fähig zu existieren, wenn es schreibt, wenn es sich auf dem Papier vergewissern kann. In »Die Weiber« entwirft dieses Schriftsteller-Ich ein Szenario, das von einer unbändigen Sexual- und Körpermetaphorik bestimmt wird: »Den hellgelben Sirup, den ich während meines Schlafs in dem reglosen Deckenlicht erbrochen hatte, der meine Lippen mit dem dreckigen Tischtuch verband, den Pilz, der sich mir unter dem Haar ausbreitete, den Schorf, der allabendlich, nach meinem Tagesschlaf, mir die Zunge bedeckte, den ich mit dem braun aus der Wasserleitung tröpfelnden Zahnputzwasser durchseichte, um sodann schwarze Buchstaben, Kreuze, gezackte Medaillen ins Spülbecken zu husten: dies würde fortan das Material sein für meine Ich-Beschreibung.«

Aus dieser Ästhetik des Ekels, des Hässlichen entstehen glühende Endzeitwelten. Manchmal scheint es so, als begäbe sich hier ein später Nachfahr von Franz Kafka auf den Bitterfelder Weg, auf proletarische Prozessionen. Unerlöst pocht er an »die Pforte des Paradieses«, sieht sich unschuldig-schuldig vor dem »Gericht«. Und es ist kein Wunder, dass dieses Ich sich »in der übelriechenden Abgeschiedenheit meiner Verstecke immer deutlicher auswachsen sah zu einer bestialischen Riesenspinne, die, in ihren Schmutz verkrallt, unter konvulsivischem Gemurmel giftige Buchstaben wiederkäute«. Es gibt, bei allen sprachlichen und stilistischen Unterschieden, eine große Gemeinsamkeit zwischen Hilbig und Kafka: Bei beiden wird radikal das Exempel durchexerziert, das Leben vollkommen im Schreiben aufgehen zu lassen.

Die zweite Moderne, die drohende Auslöschung der Subjektivität führt Hilbig 1993 in all ihren Facetten ganz konkret mit seinem Roman »Ich« vor. Hier wird die real existierende DDR durchgearbeitet. Die nach 1989 stark aufgeheizte Stasi-Diskussion und eine damit verbundene einverständige »Moral« kümmern Hilbig dabei eher nicht. Ihn interessiert die Stasi als literarisches Sujet, nämlich als ganz spezifisches Wechselverhältnis von Realität und Fiktion. Das »Ich« des Romans, mit den Initialen M.W., Deckname »Cambert«, ist zunächst wieder eine autobiografische Fiktion des Autors Wolfgang Hilbig. Doch was bisher aus der Perspektive eines Opfers der Verhältnisse wahrgenommen wurde, wird jetzt überführt in den Lebenslauf eines Stasi-Spitzels, und dieser erscheint als ein Opfer zweiten Grades.

Der »Untergrund«, in den die Spitzeltätigkeit führt, wird konkret und erscheint als vertrautes Hilbig-Milieu, ja, im Untergrund scheint er zu sich selbst gekommen zu sein: M.W. hält sich meist in den Kellern und unterirdischen

Gängen des Molochs Berlin auf, und das Gestein, das seit tausend Jahren »in den Schoß der Erde« gefügt worden ist, wittert und modert vor sich hin. Die sinnliche Kraft, die Hilbig in der Beschreibung dieser dunklen, nassen Steinwüsten entfaltet, ist dieselbe wie die, die in »Alte Abdeckerei« die Assoziationsräume des Nationalsozialismus, der DDR und des mythischen Totenflusses umschloss. Hier sind es die Innenräume eines Spitzels: »Der Glitzer, der von den Wänden floß, wies auf brachiale Ernährung hin, die Ballaststoffe, versetzt mit ranzigen Fetten und minderwertigen Spirituosen, schienen sengend und unter düsteren Emanationen aus den Ziegelfugen zu tropfen« – so sieht es aus, wenn im Untergrund geschnüffelt wird.

Nach 1989, mit der Aufdeckung des DDR-Geheimdienstes, werden erstaunliche Parallelen zwischen Ich und Gesellschaft, zwischen dem nicht fassbaren Ich in den Texten des Schriftstellers Hilbig und der geheimen Wirklichkeit der DDR sichtbar. Hilbig arbeitete bei der Niederschrift von »Ich« daran, dass sein labiler literarischer Selbstentwurf, das Schwanken zwischen Ich und Er, dass also seine paradoxe Wirklichkeit der Dichtung eine ungeheure Entsprechung in den bisher nur anonymen Mechanismen der Macht hatte. In den Akten des Staatssicherheitsdienstes wurde ebenfalls die Realität zur Fiktion, und diese Fiktion wirkte auf die Wirklichkeit zurück.

Es gibt bereits in »Eine Übertragung« von 1989 Passagen, die einige Parallelen von Dichtung und Geheimdienst reflektieren. Vom »Geheimhaltungskodex meines Literatendaseins« ist die Rede, von den »Verbiegungen«, die der »Geheimhaltungspraxis verschuldet« sind. Der »Heizer« ist vom »Arbeiter« verfolgt, der »Schriftsteller« von der »Macht«, er entwirft sich einen eigenen, geheimen Raum.

Die Auffächerungen des Erzählers führen zu dunklen Ahnungen: »Unter der absoluten Herrschaft der Fiktion können Nachrichten der Wirklichkeit nur noch in Form von Kassibern kursieren, und in einer solchen Form ist die Wirklichkeit allen denkbaren Fehldeutungen ausgesetzt.«

Was in »Eine Übertragung« anklingt, ist in »Ich« zu Ende geführt. Die »absolute Herrschaft der Fiktion«, die literarische Utopie, wird in der Stasi, dem Geheimdienst der DDR, zur ungeahnten Realität. Hilbig lässt die auf nichts mehr verweisenden Wortketten mancher Untergrunddichter und die bürokratischen Leerläufe der Geheimdienstformeln ineinander übergehen: »an ihren wuchernden Genitiven werde ich sie erkennen.« Der Prenzlauer Berg mit seinen Simulationstheorien ist auch ein Zerrspiegel des Staatswesens. Unter völlig anderen gesellschaftlichen Voraussetzungen als in Frankreich, wo diese Theoreme entwickelt wurden, konnte die »Simulation« in der DDR für einige zu einem Modebegriff werden, mit dem Geheimdienst und Untergrund parallelgeschaltet wurden.

Mit dem Roman »Ich« hatte Hilbig mit der DDR abgeschlossen. Seine Themen waren ausgeschöpft. Damit begann eine neue, von ihm allerdings mehr oder weniger scharf vorhergesehene Krisensituation. Die Welt der Bundesrepublik drängte sich als eine andere äußere Wirklichkeit in seine innere Wirklichkeit, die immer noch das Braunkohlegebiet um Meuselwitz war. Und diese Erkenntnis führte zu einer substanziellen Bedrohung. Hilbigs Welt war von einer existenziellen Form von Literatur bestimmt gewesen, die im Westen nun verschwand. Im Roman »Das Provisorium« stellte sich Hilbig im Jahr 2000 diesem Problem. Es ist ein wortgewaltiger, zermürbender, bis an die Grenze und darüber hinaus gehender Roman, voller verzweifelter poetischer Funken und einem alles mit sich reißenden Malstrom.

Der Text setzt zu dem Zeitpunkt ein, zu dem Hilbig in den Westen kam, 1985 mit einem Schriftstellervisum, und er endet mit dem Ende der DDR 1990. Dieser Zeitraum ist im Nachhinein als ein provisorischer zu erkennen; eine Zwischenzeit, in der der Protagonist zwischen Ost und West zu schweben scheint, und dieser Schwebezustand hat etwas Haltloses. In der westlichen Gesellschaft ist für C., der sich bisher fast organisch als Schriftsteller begriffen hatte, sofort klar: »Hier eignete er sich nicht zum Schriftsteller.« C. merkt, dass er nur noch ein Darsteller ist und eine Rolle spielt, und sieht sich seines ursprünglichen Schreibimpulses beraubt. Er wird auf zahlreichen Lesereisen als »Dichter« herumgereicht und dabei als Subjekt endgültig ausgelöscht. C. geht durch die Einkaufsstraßen der westdeutschen Städte, mit ihren Ladenpassagen und Firmensignets, und stellt fest, dass sich hier »das Schriftsystem in ein Medium des Analphabetismus zurückverwandelt« hat. C. ist aus der Bahn geworfen. Er ist auf seinen Körper reduziert, und der Alkohol treibt ihn immer stärker in die Isolation.

Es gibt in diesem Roman wuchtige, eindringliche Passagen, in denen es um einen bestimmten Hass geht, in der DDR verortet und in Westdeutschland freigesetzt: »Es schien eine ganze Menge von Quellen in ihm zu geben, aus denen plötzlich der Hass hervorschoss, wie aus einer Vielzahl geöffneter Venen, deren pulsierender Strom nicht zu stoppen war. Er hielt sich an der Flasche fest, die vor ihm auf dem Abstellbrett am Fenster stand, er war erstarrt und lauschte auf das lautlose Wimmern, das irgendwo in seinem Körper war.« Der Hass, die »Bestie« in C., ist das große Thema dieses Romans, der zu einer Tabula rasa wird. Es ist ein gleißendes Kontinuum, das keinen linearen Prinzipien folgt und durch reißende Assoziationsströme gebildet wird. Die einzelnen Orte und der konkrete Zeitpunkt bieten keine Anhaltspunkte. Nur die Anordnung der Abfallkörbe an den Bahngleisen, die sich auftürmenden Underberg fläschchen ergeben eine eigene Topografie – überhaupt stellen Bahnhöfe die Fixpunkte dar, die Ausschänke und die Ausdünstungen des Körpers.

Hilbigs Literatur, das wird im »Provisorium« deutlich, ist mit ihrer ganzen Energie im Osten verortet. »Sein Dasein ohne Herkunft, seine Leben ohne Geschichte«: so bezeichnet sich C. in einer seiner wütenden Satzkaskaden, und in den Straßen von Nürnberg, hinausgeschnellt in den Westen und in ein völlig neues Koordinatensystem, holt ihn seine vielfach gebrochene Existenz ein: »Er kam sich vor wie eine von seinem Schöpfer im Stich gelassene Romanfigur. Mitten auf der Straße hatte der Erfinder seine Figur stehengelassen, irgendwo zwischen Anfang und Ende, er hatte nicht mehr gewusst, wohin mit ihr; im Wortreichtum seiner Konklusionen begann sie langsam zu verrotten.«

Hilbig hat sich des Öfteren selbst als eine Kaspar-Hauser-Figur imaginiert, das »Kaspar Hauser Lied« von Georg Trakl war für ihn ein wichtiger Bezugspunkt. Die Sinnlichkeit und die raffinierten Reize und Nuancen der bürgerlichen Kultur konnte er nur von ihrer abgewandten Seite her wahrnehmen, und dafür ging er bis in die früheste deutsche Neuzeit zurück. In einem Gespräch mit Marie-Luise Bott teilte Hilbig eine zentrale Erfahrung mit: »Es gibt dieses berühmte Erweckungserlebnis bei Marcel Proust, wie er die Madeleine in den Lindenblütentee taucht und ihm alles wieder einfällt. Das gab es früher schon viel besser bei

Jakob Böhme, der in seiner Schuhmacherwerkstatt saß und auf einem Regal an die Wand gelehnt einen Zinnteller hatte. Dort ist ein Sonnenstrahl hereingefallen und hat plötzlich die ganze Wohnung strahlend erhellt. Und da ist Jakob Böhme aufgesprungen und hinausgegangen und hat einen Bewusstseinsstrom in sich verspürt, der ihn an alles wiedererinnert hat. Bei mir war's ein billiger Aluminiumteller.«

Dieser scheinbar beiläufig nachgeschobene letzte Satz berührt den Kern von Hilbigs Ästhetik. Von einem billigen Aluminiumteller aus eroberte er sich seine ganz eigene Welt der Wörter. Doch parallel dazu rückte auch »die Krankheit meiner Sprache« in den Mittelpunkt, sie war der Ausgangspunkt seiner unvergleichlichen literarischen Visionen. Wenn man sich Wolfgang Hilbig in der heutigen Gegenwartsliteratur vorstellt, wirkt er mehr denn je wie ein Zitat aus früheren Epochen, ein Dichter, der die selbstverständlich gewordenen Formen der Öffentlichkeit einfach ignoriert. In den literarischen Organen der Kreativwirtschaft, in der die Kunst als eine Dienstleistung definiert wird, würde er irritierende Entzündungen hervorrufen.

Es gibt aber bei alldem auch die Eigendynamik der Literatur. In Hilbigs Erzählung »Die Kunde von den Bäumen« taucht die Sehnsuchtslandschaft einer unerreichbaren Kindheit auf, eine Allee von Kirschbäumen, die es früher am Ortsausgang gab. Die Suche nach diesen Bäumen ist seitdem zu einem »Umherstreunen« geworden. Erst wenn alle Geschichten dazu erzählt werden könnten, wären die Kirschbäume wieder da. Diesen schönen Auftrag hat uns Wolfgang Hilbig hinterlassen.

Gestrüpp, Geröll, Geraschel

Wilhelm Genazinos Lust, durch Gudrun hindurchzuküssen

Wilhelm Genazino hat eine Monika. Und er hat auch eine Gabriele. Wenn er bei der einen nicht mehr weiterweiß, geht er einfach in das nächste Zimmer, da steht die andere. Die großen Schreibmaschinenhersteller von damals, Olympia und Adler, haben ihre Modelle nicht von ungefähr mit Frauennamen ausgestattet: Es ist der Geist solider Sekretärinnen, der hier aufgerufen wird, und es ist ein Hauch von Poesie. Diese Verbindung bildet das literarische Urmotiv von Wilhelm Genazino. Es entspringt einer Zeit, die etwas von Unschuld hat, einer Zeit, in der etwas beginnt und in der es langsam aufwärtsgeht: der Zeit der fünfziger und frühen sechziger Jahre, als die Bundesrepublik zögernd ein bisschen lockerer wird. Es ist die Zeit, die Wilhelm Genazino zu einer mythischen gemacht hat. Hier sind Sehnsüchte zu Hause, die nicht mehr viel mit Ort, Handlung und Geschichte zu tun haben. Die Frauenfiguren bei Genazino sind dem geschuldet, sie tragen Namen der Reinheit. Sie heißen Monika oder Gabriele, einmal ist es Gudrun, und in »Ein Regenschirm für diesen Tag« fängt es mit einer gewissen Dagmar an und hört bei Margot nicht auf. Diese Namen wirken, wie die Schreibmaschinen, seltsam entrückt. Und dennoch geht von ihnen, hinterrücks, ein ungeahnter Glanz aus.

Die zentralen Figuren in Genazinos Romanen sind alle in dieser Atmosphäre groß geworden. Sie spielen mit ihren Freundinnen Federball und sinnieren über deren hellrosafarbenen, fast weißen Lippenstifte. Sie kaufen sich unter erheblichen Mühen ihre ersten Anzüge aus Diolen oder Trevira. Es geht um Blusen, ums Bügeln und um Hoffmanns Stärkepuder. Danach riecht es ziemlich oft, vor allem an den etwas schlüpfrigen Stellen. Der Held in »Eine Frau, eine Wohnung, ein Roman« darf Gudrun »von oben in die Bluse und in den Büstenhalter« fassen, aber, so heißt es: »Es war nicht erlaubt, während des Knutschens seitlich auf die Couch umzukippen und trotzdem weiterzuknutschen.« Unter diesen Umständen hat die frühe Bundesrepublik angefangen ihre Identität auszubilden. Genazinos Figuren sind die glaubwürdigsten Zeugen für die seelische Entwicklung in diesem Staatsgefüge, er schreibt die Psychogeschichte der Republik. Seine Romane sind von Anfang an dem Unbewussten auf der Spur, das dieser Gesellschaft zugrunde liegt. Sie ziehen kleine, immer enger werdende Kreise. Es gibt die stickige Luft der Nachkriegszeit. Es gibt das Aufblühen erster Freiheiten. Und parallel dazu folgt die Erkenntnis der Zwänge – in der täglichen Kantine zum Beispiel, wo die Tabletts in drei kleine Plastikfächer unterteilt sind: für Fleisch, für Kartoffeln, für Gemüse. Immer wieder endet es in einem spezifischen Angestelltendasein, das ruhelos in sich rotiert. Hier verweilt Genazino am häufigsten: in Fußgängerzonen und Schnellimbissen, in grotesk-harmlosen Partnerbeziehungen. Er kriecht in die Eingeweide der Bundesrepublik.

Da ist durchaus etwas Lustvolles dabei. Aber gleichzeitig zeigt sich in Genazinos Büchern immer dringlicher die Erkenntnis, dass dieses Leben nicht auszuhalten ist. Die Entwicklung wird unaufhaltsam. Sie geht hin zum Rand. Sie geht hin zum Unscheinbaren, zum Verschwindenden, zur Kunst. Der namenlose Held in »Ein Regenschirm für diesen Tag« aus dem Jahr 2001 führt nur noch die absurde Schrumpfexistenz eines Angestellten. Er ist Probeläufer für Luxusschuhe und wird für jedes Gutachten, das er erstellt, einzeln bezahlt. Das nähert sich eindeutig der Existenzform eines Künstlers an. Er unternimmt, zwischen Flussufer und vierspuriger Ausfallstraße, Testreihen für Oxford-Schuhe oder rahmengenähte Budapester. Dabei hat er genügend Zeit, die »Zerbröckelung« seiner Person zu beobachten, ihre »Zerfaserung« und »Ausfransung«. Je mehr sich der Schuhtester aus dem offensichtlichen Konsens der Mitmenschen entfernt, desto sensibler wird er für bestimmte »Peinlichkeitsverdichtungen« zwischen sich und ihnen. Sein Blick ist der eines Fremden, Außenstehenden. Übrig bleiben nur die Wörter, die er dafür findet, sein Daseinsgefühl zu bezeichnen. Sie bilden die »Gesamtmerkwürdigkeit des Lebens« ab und heißen: Gestrüpp, Geröll, Geraschel. Geschluppe und Geschlappe.

Aber dann geschieht ein Wunder. Es ist das eigentümliche Genazino-Wunder, das in seinen Büchern ungeheuer eindringlich geworden ist und das niemand so richtig ergründen kann. Seitdem versuchen die Leser, die Journalisten und die Buchhändler zu beschreiben, was für ein Wunder hier geschieht. Denn es wird alles peinlich genau beschrieben, was das Leben so absurd und lächerlich macht: die Kollegen, die Passanten, der Alltag. Genazino registriert alle Facetten dessen, was einmal »Entfremdung« hieß. Und dennoch schlägt man das Buch zu und hat das Gefühl, dass das Leben eigentlich ganz schön sei.

Einer der Buchtitel verrät programmatisch etwas von diesem Wunder: »Eine Frau, eine Wohnung, ein Roman«. Und das Programm wird im Lauf des Textes umgesetzt. Im letzten Satz des Buches ist man dann angekommen. Da wartet der Held »auf das Aufzucken des ersten Wortes«. Und wir ahnen: Das Wunder, um das es sich hier handelt, ist das Wunder der Literatur. Es geschieht en passant, alles groß Scheinende und Bedeutende wird dabei unterlaufen. Doch unter der Hand ist Wilhelm Genazino von einem Autor zeitbewegter Angestelltenromane zu einem Autor von Künstlerromanen geworden. In »Eine Frau, eine Wohnung, ein Roman« hat er es dann ohne Umschweife getan. Dabei gehört das in den letzten Jahrzehnten zum Schlimmsten, was einem deutschen Romanautor unterlaufen kann: einen Schriftsteller zum Helden seines Romans zu machen. Das traut sich kaum einer mehr. Schriftsteller sind ja die langweiligsten Personen, die es geben kann, und sie entsprechen dem Vollbild dessen, was man der deutschen Literatur immer so gerne vorwirft: blutleer, selbstreferenziell, künstlich, abgehoben. Bei Genazino merkt man das aber gar nicht. Seine Bücher sind immer stiller geworden, immer leichter – und immer schwerer zu fassen. Dabei sehen sie alle ziemlich gleich aus: Sie haben jedes Mal so ungefähr 150 Seiten und schillern zwischen längerer Erzählung und Roman. Sie sind mit schöner Regelmäßigkeit meist im Abstand von zwei Jahren erschienen, wurden wohlwollend bis enthusiastisch besprochen und fielen dennoch nie besonders heraus. Erst die stillsten und leichtesten wurden plötzlich Bestseller. Es muss da einen Schlüssel geben für das Wunder im Entwicklungsroman des Schriftstellers Genazino, in dieser Entwicklung am Rand. Da lohnt es sich, näher hinzusehen.

Schon das Umfeld, in dem sein erster öffentlich wahrgenommener Roman erschien, war etwas merkwürdig. Man schrieb das Jahr 1977, und Genazino veröffentlichte ein Buch namens »Abschaffel«. Es erschien aber nicht etwa gebunden und mit Schutzumschlag, sondern in der broschierten Rowohlt-Reihe »das neue buch«. Als Programmschwerpunkte dieser Reihe, mit dem signalroten Rand, wurden genannt: Beiträge zu einer materialistischen Ästhetik, Beispiele gesellschaftskritischer Dokumentaristik, Medientheorie und Kommunikationsforschung. »Abschaffel« sah aus wie eine Flugschrift, wie ein Grundnahrungsmittel der Erkenntnis. Die Buchstaben waren klein, und der Platz auf den Seiten wurde bis zum Äußersten ausgenutzt. Im damals heftig florierenden Wettbewerb, wie viele Buchstaben auf eine Seite passen, hätte »Abschaffel« auf jeden Fall mit Marx und der Mao-Bibel konkurrieren können.

Ziemlich am Anfang fällt der Satz: »Abschaffel schaltete eine kleine Lampe ein, weil er das Gefühl vermeiden wollte, mit dem langsamen Dunklerwerden des Abends selbst zu verschwinden.« Dieser Satz lässt nicht ohne Weiteres darauf schließen, dass ihm ein ganzer Roman folgen kann. Dennoch ist dieser Satz in seinem Gestus des Verschwindens charakteristisch. Genazino galt fortan als Begründer des bundesdeutschen Angestelltenromans, und der Angestellte war von vornherein etwas Verschwindendes, seine Konturen im Anzug von der Stange, mit Krawatte und Drehstuhl verwischten sich immer mehr ins Nichts. Man merkte deutlich, dass Genazino ein paar Jahre lang Redakteur bei der Satirezeitschrift »Pardon« gewesen war, dass er im Umfeld der sogenannten »Neuen Frankfurter Schule« verkehrte und eine Neigung zu schmerzhafter Karikatur, zu grotesker Vergrößerung, zu sarkastischen Alltagsskizzen verspürte: Abschaffel ist wie eine Comicfigur, die den zeitgenössischen bundesdeutschen Bürowahnsinn auf die Spitze treibt. Es ist kein Wunder, dass seine Libido immer am stärksten bei Verkäuferinnen erwacht. Sie, die Garantinnen des Warenverkehrs und des Warenaustauschs, setzen zuverlässig sein sexuelles Begehren frei, und ihre Verheißungen sind eingebettet in Traumlandschaften, die damals auch der deutsche Schlager im Visier hatte: »Eine ganz junge Verkäuferin saß verträumt auf dem Rand einer großen Tiefkühltruhe und schnippte mit einer Handetikettiermaschine auf Dutzende von Milchtüten je ein Preisschildchen auf. So ähnlich mussten vor hundert Jahren junge Mädchen auf Brunneneinfassungen gesessen und Sommerkränze gewunden haben.«

Doch so wunschverloren die Abschaffel-Bücher auch daherkommen, sosehr da in der verwalteten Welt etwas Verwegenes durchscheint – nach Abschluss dieser furiosen Trilogie war der Autor fast schon an einem Endpunkt angelangt, hier ging es nicht mehr weiter. Die Überzeichnung der Alltagswirklichkeit stieß an ihre Grenzen, der satirische Blick drohte zu einer Schablone zu werden. Es war die Zeit der Kleinkunstkneipen, eine Zeit, in der Genazino auch des Öfteren im Frankfurter Waldstadion gesichtet wurde – einmal fuhr er sogar zu einem Auswärtsspiel mit, im Bus mit Fans von Eintracht Frankfurt. Es war klar, dass er sich davon befreien musste.

Genazino verstummte in den 1980er Jahren für längere Zeit, es ist die einzige große Zäsur in seinem Schreiben. Erst 1989 erschien sein nächstes Buch, und es war ganz anders. Man merkte ihm das lange Schweigen an, aus dem es gekommen war, es bestand aus kurzen, schnell auf- und abtauchenden Skizzen, und es hatte einen Titel, der die poetische Aura der disparaten, kleinen Dinge umfasste, auf die sich der Blick nun konzentriert richtete: »Der Fleck, die Jacke, die Zimmer, der Schmerz«. Zum ersten Mal taucht ein Autoren-Ich auf, eine Identifikationsfigur, die ganz nahe rückt, und es entsteht langsam etwas Neues. W., die

Ich-Figur, und seine Freundin Gesa verständigen sich über Bilder, über Musik, über Literatur. Ihre Reisen nach Wien, nach Paris, nach Amsterdam sind Fluchtbewegungen, die von Kunsterlebnissen ausgelöst werden. Mit diesem Buch beginnt Genazinos Kultur der kleinen Dinge. Er schaut nun nicht mehr nur von außen auf das Geschehen, mit einem kühnen und distanzierten Blick, der die Verzerrungen des Daseins verzeichnet – es kommt nun eine Innenperspektive hinzu. Ein Innehalten. »Der Fleck, die Jacke, die Zimmer, der Schmerz«: das sind alles gleichberechtigte Phänomene. Der Fleck ist ein Sahnefleck aus einem Plastikmilchdöschen in einem Café – ein Makel, den das Schriftsteller-Ich nicht tilgt, sondern als Teil seiner Identität beibehält; und wenn dieses Ich gelegentlich, durch die Begegnungen mit vertrauten Menschen oder durch Nachrichten, einen Schmerz erfährt, wird dieser gleichzeitig aufgehoben.

Das »Fleck«-Buch bildet den Auftakt zu einer ganzen Reihe kleiner Bücher, die sich Beobachtungen widmen. Die sich am Rand aufhalten und das Abseitige kultivieren. Sie haben Titel, mit denen sich der Autor seine Poetik der Verborgenheit erschreibt: »Leise singende Frauen« zum Beispiel, oder »Die Obdachlosigkeit der Fische«. Einmal, im Roman »Die Kassiererinnen«, entdeckt der Held das Geschäft von Ludwig Baalke, einem der letzten Kohlehändler der Stadt: »Im Vorgarten seines Anwesens stand ein kleiner Schaukasten, in dem tatsächlich nichts weiter ausgestellt war als acht oder neun Briketts, die sich pyramidenförmig in der Mitte des Schaukastens erhoben. Ich fand diese Kargheit grotesk und lächerlich, aber auch radikal und kühn.« Genazinos Romane suchen in Frankfurter Seitenstraßen das Poetische auf. Dort, wo normalerweise jeder wegsieht, entdecken sie kleine Kostbarkeiten, Kunstwerke des Verborgenen.

Die Literatur, das wird in der Reihe dieser Bücher deutlich, ist in der Lage, der Realität in einer unmöglichen Wendung etwas entgegenzuhalten. Genazino macht dabei die Literatur selbst immer direkter zum Thema. Im Buch mit dem »Fleck« im Titel taucht zum ersten Mal auch jene Figur ausführlicher auf, die dann immer wieder vorkommen wird: Franz Kafka. Er ist der Kronzeuge für das unermessliche, aber heillose Wissen der Literatur. W. und seine Freundin Gesa besuchen Kafkas Sterbezimmer in Kierling in Niederösterreich. W. hält dabei in Gedanken eine Rede, in der er Kafka auffordert, sich ein Selbstbewusstsein zu erfinden: »Merken Sie sich: alles was Sie empfinden, auch die allerniederträchtigste Depression, dient Ihrer Stärkung.« Dann allerdings sieht er, neben den Fotos von Kafkas letzten Freunden Dora Diamant und Robert Klopstock, das Foto eines unbeteiligten, lachenden jungen Mannes, der alle zwei Tage kam, um Kafka zu rasieren. Daraufhin nimmt W. seine Rede zurück. Er sagt: »Das Leben ist ein Versuch, ein paar Dinge nicht an sich herankommen zu lassen. Aber dann kommt ein Rasierer und macht alles zunichte.«

Es ist eine prekäre Balance, die für Genazinos Schreiben bestimmend wird. Immer wieder kommt er auf Kafka zurück. In einer kleinen Betrachtung über Autorenbilder bemerkt er, dass Kafka auf allen offiziellen Fotos, für die bürgerliche Fassade, einen straffen Mittelscheitel trug, während sein Haar auf anderen Fotos, die ihn als Alltagsmenschen zeigen, verstrubbelt war. In jenem Mittelscheitel zeigt sich symbolisch der Riss zwischen sich und der Welt, den Kafka erlebte. Dieser Riss ist das Thema aller Literatur. Genazino aber weiß, dass dieser Riss auch eine komische

Seite hat. In einem seiner kleinen Feuilletons zitiert er aus den Erinnerungen Gustav Janouchs an Kafka. Kafka hatte eine Bemerkung gemacht, und Janouch erwiderte: »So einsam sind Sie?« Kafka nickte. »Wie Kaspar Hauser?«, setzte Janouch nach. Und dann heißt es: »Kafka lachte. ›Viel ärger als Kaspar Hauser. Ich bin einsam – wie Franz Kafka.‹« Genazino interessiert hier vor allem eines: Warum lachte Kafka? Welche Verbindung gibt es zwischen seiner Einsamkeit und seinem Lachen? Und mit dieser Frage sind wir mittendrin in den Texten Genazinos, die vom Wunder zwischen Einsamkeit und Lachen erzählen und es nie bis zum ganzen Ende auflösen. Wir ahnen nur: Kafkas Lachen ist der Maßstab.

Das fängt bereits früh an. Selbst Abschaffel kauft in der Bahnhofsbuchhandlung, bevor er mit dem Eilzug zu den Eltern fährt, ein Buch von Kafka. Im Zug fällt dann der Satz: »Während des Lesens vereinsamte Abschaffel rasch.« Und im Roman »Eine Frau, eine Wohnung, ein Roman« hält der jugendliche Held seiner Freundin einmal eine feurige Rede über Kafka. Dann erfahren wir: »Erst kurz vor der Haustür der Souterrainwohnung endete mein heutiger Vortrag. Ich ging mit Gudrun in den Hausflur und küsste sie mit einer Erregung, von der wir glaubten, sie sei ein Zeichen unserer Liebe und unserer Zukunft. In Wahrheit ahnte ich, dass ich durch Gudrun hindurchküsste und im Hintergrund Franz Kafka dafür dankte, dass er mich wieder so lebendig gemacht hatte.«

Mit Gudrun und dem letzten Roman sind wir wieder bei Genazinos Kraftquell, bei dem gleitenden Übergang von den fünfziger zu den sechziger Jahren und den Bildern der Sehnsucht. Mit Gudrun und Kafka verdichten sich die Momente, die zur unvergleichlichen Stimmung dieser Romane führen. Auffällig häufig kommt dabei immer dieselbe Erinnerung an ein Freibad vor, es scheint eine Schlüsselszene zu sein. Jedes Mal ist Sommer, jedes Mal ist die männliche Hauptfigur siebzehn Jahre alt und liegt mit einer etwa gleichaltrigen weiblichen Person auf einer Decke. Sie trägt einen blauen Bikini, mit Rüschen am Oberteil. Im »Fleck«-Buch heißt sie Jutta. In »Ein Regenschirm für diesen Tag« heißt sie Dagmar. In »Eine Frau, eine Wohnung, ein Roman« heißt sie Gudrun. Sie zeichnen sich alle dadurch aus, dass der Held ihnen aus den Büchern vorliest, die ihn gerade beschäftigen. Und sie verlassen ihn dann auch immer.

Es ist die alte Spannung zwischen Literatur und Leben, die Genazino aufrechterhält. In »Eine Frau, eine Wohnung, ein Roman« wird sie auf eine äußerst schmerzliche Weise bewusst und doch, auf eine kaum merkliche Art, überwunden. Der junge Held ist Journalist und lernt, nach der schweigenden Trennung von Gudrun, die Kollegin Linda kennen. Es ist eine zart angedeutete Liebe, bei der schon ein flüchtiges Streifen mit der Hüfte beim Aufstehen aus dem Sessel große Sensationen schafft. Mit Linda kann er über Kafka sprechen, sie kontert mit Joseph Conrad. Doch bevor es zu einer Annäherung kommt, zu größerer Vertrautheit, erreicht den Helden die groteske Nachricht, dass Linda sich umgebracht hat. Wie Genazino diesen ungeheuerlichen Vorgang in den Ton seines Romans integriert, wie er ihn einbettet in den Fortgang des Geschehens, das ist mehr als nur ein Kunststück. Eines aber wird spürbar: Dem Helden gelingt es durch das Schreiben, welches er mit Linda gemein hat, dem journalistischen Schreiben, weiter in das Leben vorzudringen, das er sich vorstellt. Er schreibt eine Bildunterschrift, 30 Zeilen, über eine Autogrammstunde mit Rex Gildo. Er schreibt über einen Rentner, der den Eiffelturm aus Streichhölzern nachgebaut hat. Und dann merkt er, dass das journalistische Schreiben ein Missverständnis ist. Dass es darum geht, etwas ganz anderes zu riskieren.

Mit den Büchern »Ein Regenschirm für diesen Tag« und »Eine Frau, eine Wohnung, ein Roman« hat Genazino tatsächlich noch einmal eine neue Wendung genommen. Er hat, nach vielen verschiedenen Anläufen, unverhüllt von der Rettung durch das Schreiben gesprochen – wohl wissend, dass es nur eine vorläufige ist. Auch bei jenem anonymen Schuhtester im »Regenschirm«-Buch, der das Zerbröckeln und Zerfasern seiner Existenz registriert, ändert sich etwas, als er durch einen merkwürdigen Zufall wieder beginnt, Zeitungsartikel zu schreiben. Er schreibt für den »Generalanzeiger«. Der Held des letzten Buches schreibt für den »Tagesanzeiger«. Doch dann besucht er einen »Je-ka-mi«-Wettbewerb, »Jeder kann mitmachen«, und bei solchen Aufträgen spürt er eine Gefahr. Es ist die Gefahr des Hochmuts. Er sieht, dass sich in den Zeitungen die Wichtigtuer tummeln. Die Bescheidwisser. Der »Regenschirm«-Held begegnet auf dem Flur dem Feuilletonredakteur Schmalkalde. Dieser sammelt ein Jahr lang alles, was anonyme Prospektverteiler in seinen Briefkasten stecken. Aus diesem Material will er, wie er es formuliert, eine »kommunikationskritische Fibel« machen. Das ist nun gewiss das Gegenteil dessen, was die Helden Genazinos wollen. Und wir sind mitten in einem ziemlich aktuellen Problem. Schon im Roman »Die Kassiererinnen« hat Genazino das Nötige dazu gesagt. Sein Held steht einem dieser Kulturleute gegenüber, die so überhaupt keine Selbstzweifel haben, und stellt fest, »dass der rasende Betrieb nur noch Melancholie hervorbringen kann«.

Wir müssen einen Begriff bemühen, der ausgestorben zu sein scheint und eher Achselzucken hervorruft: Wilhelm

Genazino betreibt Subversion. Dazu gehört auch, dass er immer mit der Schreibmaschine geschrieben hat. Das ist kein hindernisloses Schreiben wie dasjenige mit dem Computer. Die Schreibmaschine setzt dem Schreiben einen Widerstand entgegen. Es ist der Widerstand, von dem Genazino erzählt. Ob Monika, ob Gabriele: Der Umweg über die beschwerliche mechanische Tastatur scheint eine geheime Lust in sich zu bergen. Genazino schrieb jahrzehntelang auf der Schreibmaschine, unbeirrbar, und er wusste: Sie hält ewig. Es gibt Spezialisten, die heute noch, in Rente, den ausgestorbenen Beruf des »Büromaschinenmechanikers« ausüben. Meist müssen sie nur ab und zu die Typen reinigen, sonst nichts. Genazinos Schreibmaschinen künden von der Haltbarkeit eines untergegangenen Zeitalters. Sie sind auf eine Zukunft hin ausgerichtet, die für länger gehalten wurde, als sie war. Das haben sie mit der Literatur gemeinsam. Irgendwann, an einer unvermuteten Stelle, bricht sie hervor.

Identitätspartikel, Wahrnehmungssplitter, Film-Stills
Die Intensität in den Romanen von Ulrich Peltzer

Ulrich Peltzer ist immer mittendrin. Deswegen wirken Anfänge bei ihm nie wie Anfänge. Wie die Wahrnehmung in Wirklichkeit verläuft, hat Franz Kafka einmal so registriert: »Alle Dinge nämlich, die mir einfallen, fallen mir nicht von der Wurzel aus ein, sondern erst irgendwo gegen ihre Mitte. Versuche sie dann jemand zu halten, versuche jemand ein Gras und sich an ihm zu halten, das erst in der Mitte des Stengels zu wachsen beginnt.«

Ulrich Peltzer zitiert diesen an sich selbst gerichteten Ausruf Kafkas in seinen »Frankfurter Vorlesungen«, denen er den entsprechenden Titel gegeben hat: »Angefangen wird mittendrin«. Die Literatur, um die es Peltzer geht, setzt konsequent immer da ein, wo niemand es erwartet. In seinem Roman »Das bessere Leben« gibt es eine bestechende Eröffnungssequenz. Wir befinden uns in einem hochtechnisierten Hotel in São Paulo und begegnen einem undurchsichtigen Geschäftstypen, bei dem verschiedene Facetten zwischen einem spezialisierten Experten für globale Wirtschaftsvernetzungen und einer mephistophelischen Verführerfigur aufblitzen. Plötzlich aber werden Jahrzehnte übersprungen, die Sätze und Assoziationen wechseln zwischen dem São Paulo der aktuellen Gegenwart und dem Campus der amerikanischen Universität in Kent/Ohio 1970 hin und her, und was es damit auf sich hat, wird nach und nach, in der Art eines Thrillers, enthüllt.

Sein geheimes Zentrum zeigt der Roman in einem Ausstellungsbesuch, den der Sales-Manager Jochen Brockmann mit seiner Tochter Elisabeth, einer Kunstwissenschaftlerin, im Palazzo Reale in Mailand unternimmt. Es geht um eine Installation der afroamerikanischen Künstlerin Renée Green, und gezeigt werden auf dokumentarische, multimedial collagierte Weise verschiedene Aspekte der Ermordung von vier friedlichen Studenten am 4. Mai 1970 durch die amerikanische Nationalgarde bei einer Anti-Vietnamkrieg-Demonstration in Kent/Ohio, eines der traumatischen Ereignisse in der jüngeren US-Geschichte. Es gehe dabei um »Wahrnehmungsreisen«, erklärt die Tochter ihrem Vater, »Reisen durch Gedankenlandschaften, Repräsentationssysteme«. Die Installation hält die Erinnerung an die damaligen Studentenunruhen und die Ermordeten wach; sie zeigt, dass die Dinge im Fluss sind. Und das entspricht auch der Art und Weise, wie Ulrich Peltzer die Protagonisten in seinem Roman agieren lässt: Sie werden umgetrieben von den politischen Utopien, den konkreten Vorstellungen einer besseren Welt in ihrer Jugend, und der Roman konfrontiert das mit ihren heutigen Aktivitäten in einer komplex und undurchdringlich scheinenden gesellschaftlichen Situation.

Die tatsächlich existierende Installation von Renée Green, ihr ästhetischer Zugriff haben für Peltzers Roman eine Schlüsselfunktion. Einmal heißt es in seinem Roman: »Sich in die Wirklichkeit stürzen wie ein Leser in die Seiten eines Buches (nur so zum Vergleich), besteht denn nicht darin die wahre, die einzige und letzte Freiheit?« Ulrich Peltzer hat mit »Das bessere Leben« seine Art einer »Ästhetik des Widerstands« geschrieben, und hier befinden wir uns in einem spannenden, dramatischen, zeitgeschichtlich enorm aufgeladenen Dialog mit Peter Weiss. Auch bei Peter Weiss, so zeigt dessen monumentales Werk über den kommunistischen Widerstand gegen den Nationalsozialismus, blieb als letzte Form des Widerstands nach dem Scheitern die Ästhetik übrig, auch sein Roman beginnt mit der Beschreibung eines Kunstwerks, des Pergamon-Altars in Berlin. Wie große, immer wieder neue Rätsel und Lösungsversuche aufgebende Monolithe stehen im Text von Peter Weiss des weiteren Überlegungen der Protagonisten zu Dante und Kafka, zu Picassos »Guernica« oder zur Architektur von Gaudí. In der Art der Beschreibung, in der Form des Romans und seiner ästhetischen Analyse bleibt ein Stachel erhalten, der in der politischen Katastrophe wirksam bleiben kann.

Angefangen wird mittendrin. Und so beginnt auch der Roman »Teil der Lösung«, mit dem Peltzer im Jahr 2007 großes Aufsehen erregte, nur auf den ersten Blick am Potsdamer Platz in Berlin, bei den Überwachungskameras der Männer vom Wachschutz, bei diesem nicht erkennbaren Ort zwischen Ost und West. Das wahre Geheimnis dieses Romans ist woanders versteckt, es verbirgt sich. Zum Schluss befinden sich Nele und Christian, die beiden Hauptpersonen des Romans, in Paris, und eines Morgens macht sich Nele dann auf den Weg. Im Telefonbuch findet sie die Adresse, Boulevard Arago. Es wird kein Name genannt, nur ein Titel, »Was ist Philosophie?«, sowie der Grund für den Selbstmord des Philosophen, um den es hier geht: »eine unheilbare Lungenkrankheit, das Ringen um Luft.« Nele beschäftigt sich mit den Schriften von Gilles Deleuze, dem Philosophen der Intensität und des Rhizoms. Sie steht vor dem Apartmentblock in nüchtern funktionaler Bauweise, vor dem elfstöckigen Haus, und fotografiert. Und Ulrich Peltzer, ihr Autor, fotografiert mit. Er fotografiert damit auch seine eigene Bewusstseinsgeschichte.

In seinen »25 Thesen« über das Verhältnis von Ästhetik und Politik zitiert Peltzer einmal auf emphatische Weise Deleuze, und zwar mit dem Satz: »Die Kunst ist das Widerständige, sie widersteht dem Tod, der Knechtschaft, der Schändlichkeit, der Schmach.« Peltzer fügt hinzu: »Niedriger kann man's und darf man's nicht hängen«, und es fällt auf, wie sehr er sich diesen Anspruch immer wieder selbst vorhält.

Es gibt einen ganz konkreten biografischen Knotenpunkt, zu dem man zurückgehen kann, wenn man Peltzers literarisches Vorgehen erklären möchte. Er ist 1975, direkt nach dem Abitur am Niederrhein, nach Berlin gekommen, vor allem, um der Bundeswehr zu entgehen. In seinem Roman »Stefan Martinez« aus dem Jahr 1995 wird die damalige Atmosphäre noch einmal heraufbeschworen: »sicher, was denn sonst, Berlin alliiertes Mandatsgebiet, exterritorial, jenseits …«

Berlin ist exterritorial. Es ist jenseits. Beides sind seit jeher gezielt eingesetzte ästhetische und literarische Kategorien. Der Roman »Stefan Martinez« reflektiert sehr genau die Art und Weise, in der es in den achtziger Jahren darum ging, das Verhältnis von Ästhetik und Politik neu zu fassen. Man verabschiedete sich von der großen Narration, von totalisierenden Begriffen. Es kam ein spielerisches Moment hinzu, und es begann sich ein anderer Begriff von Gesellschaft zu bilden. Der Roman erscheint im Nachhinein eingebunden in die damaligen Versuche, kritisches Denken nunmehr ohne Dialektik zu betreiben. Es ging um die kleinen Hefte des Merve Verlags, es ging um Foucault, es ging um Deleuze. Man empfand das als Befreiung. Plötzlich war die Uneindeutigkeit positiv besetzt, das Nicht-Vermittelbare. Die politischen Utopien haben sich verflüchtigt. Geblieben ist aber das Bestreben, sie nicht zu verraten, weiter auf der Höhe der Zeit zu sein. Man beginnt, die gewohnten Vorstellungen von Authentizität in Frage zu stellen. Das Bekenntnishafte der siebziger Jahre wird radikal abgelehnt, Peltzer hält dem in seinem Roman »Stefan Martinez« die reale, nackte Neon- und Betonwelt entgegen. Und das Gefühl dafür liefern Musikgruppen, die in den achtziger Jahren im Kant-Kino auftraten und vor allem im SO 36 in der Oranienstraße, Gruppen wie Siouxsie and the Bangees oder die Cramps oder Suicide, Gruppen, wie es einmal heißt, »die ihre kurzen Stücke so schnell und laut herunterspielten, als hätten weder sie noch das Publikum eine Sekunde Zeit zu verlieren«.

Stefan Martinez gehört mit Ludwig, Hartwig und einigen anderen zu einer Szene von um die Dreißigjährigen, die zwischen Studium und Job stehen, Drehbuchaufträge oder Galeristen suchen. Sie verkehren in Kneipen mit Namen wie »Amazonas«, »Café Milagro« oder »Uhlandbar«; Alkohol, Haschisch und anderweitig verfügbare Drogen werden konsumiert; es gibt einen Rhythmusteppich unter den verschiedenen Soli, die nach allen Seiten hin ausbrechen, ohne eine vordergründige Harmonie, Sicherheiten gibt es keine. Die einzelnen Augenblicke stehen scheinbar unverbunden nebeneinander, der einzelne Augenblick wird dabei vergrößert und untersucht, es sind Momentaufnahmen, Identitätspartikel; das einzelne Ich will die äußeren Eindrücke gar nicht mehr bündeln, es will in ihnen aufgehen. Imbissbuden, Werbeplakate, Ladeninschriften entwerfen ein Eigenleben, und wir werden suggestiv in einen Bildungsroman des ausgehenden 20. Jahrhunderts hineingezogen, in einen Bildungsroman aus Wahrnehmungssplittern und Filmeinstellungen; der Alltag zerdehnt sich, bleibt minutenlang stehen.

Das wird alles genossen, aber auch als die Eigenheiten dieser Jahre durchschaut. Während die Altvorderen noch mit stabilen Weltbildern hantieren, zerbröckeln sie den Nachgeborenen unter der Hand. Kein Wunder, dass die Freundin von Stefan Martinez ihm eines Morgens einen dieser Beziehungskrisen-Zettel schreibt, auf dem der programmatische Satz steht: »Von einem Augenblick zum anderen erscheinst Du mir wie ausgewechselt.« Es geht darum, wie selbst die einschneidendsten Situationen im Einzelnen wahrgenommen werden: In Erinnerung bleiben die Ränder, das Innerste bleibt erst mal leer.

Peltzer hat in seinen Texten von Anfang an die gesellschaftliche Dimension im Blick. Er verortet seine Figuren immer sozial genau. Wir wissen, wie sie ihr Geld verdienen, wie ihr unmittelbarer Alltag aussieht. In seinen ersten Romanen entsprechen sie einer Klientel, die ständig anwächst: Es sind die immer prekärer werdenden akademischen und postakademischen Existenzen, gut ausgebildete junge Menschen, die keine feste Beschäftigung finden und deren Zukunft ungewiss ist. Gelegentlich denken die Figuren über ihre Miete nach. Das unterscheidet die Bücher Ulrich Peltzers ungemein von den vielen gängigen Romanen jüngerer deutscher Gegenwartsliteratur. Dort hat man oft den Eindruck, dass den Protagonisten von ihren Eltern stillschweigend eine Eigentumswohnung gekauft worden ist.

Die Figuren Peltzers leben in seinen ersten großen Romanen in spürbaren Widersprüchen: ein hoher intellektueller Anspruch auf der einen Seite, auf der anderen gibt es aber die krude Notwendigkeit, sich durch mehr oder weniger zufällige Teilzeitjobs über Wasser zu halten. Bernhard Lacan, der Held in Peltzers Debütroman »Die Sünden der

Faulheit« aus dem Jahr 1987, ist 32 Jahre alt und arbeitet als freier Mitarbeiter bei einem Berliner Radiosender, für das Musikprogramm. Die Schallplatten, die er dabei abstaubt, verhökert er beim türkischen Händler gegenüber. Stefan Martinez aus dem zweiten Roman steigt bei einer Konzertagentur ein, als Gesellschafter im Kleinkreditverfahren. Bernhard, im nächsten Roman »Alle oder keiner« von 1999, ist Psychologe und hat einen Fünfjahresvertrag an einem forensischen Institut, mit wenig Aussicht auf Verlängerung. Stefan Matenaar in »Bryant Park« von 2002 hat ein Jahresstipendium in New York, um in dortigen Archiven biografische Studien zu treiben, und Christian Eich in »Teil der Lösung« hangelt sich mit Filmkritiken in Szenemagazinen durch oder mit Wellnessbroschüren über Brandenburg. Jochen Brockmann indes, in »Das bessere Leben«, agiert auf einem höheren Level: Er steht kurz vor der Entlassung in seinem Old-Economy-Unternehmen in Turin, und vielleicht erwartet ihn eine ungewisse Zukunft in China.

Diese Form von sozialer Wirklichkeit kam seit den achtziger Jahren in deutschen Romanen kaum vor. Höchstens hatte die Auseinandersetzung, ob man mit Pelikan- oder Geha-Füllern schrieb, die frühere um die Beatles und die Stones ersetzt. Peltzer blieb dazu in kritischer Distanz. Er hat ein äußerst sensibles Gespür für falsche Töne, für Zynismus, für Legitimationsinteressen. Und es geht ihm vor allem um die Intensität der Wahrnehmung, um das existenzielle Gefühl, im Hier und Jetzt zu stehen. Ob Literatur politisch ist oder nicht, das ist für Peltzer vor allem eine ästhetische Frage: ob die Form dem zeitgenössischen Bewusstsein, den aktuellen Fragen standhält oder nicht.

Schon in seinem ersten Roman »Die Sünden der Faulheit« gibt es dieses genaue Gespür für soziale Unterschiede, für atmosphärische Veränderungen, für die Art und Weise, wie man sich in der hegemonialen Pop- und Medienwelt verortet. »Die Sünden der Faulheit« ist ein Krimi in der Art, wie damals auch Jörg Fauser Krimis zu schreiben versuchte und der neuen deutschen Innerlichkeit die nackte Realität entgegenhielt. Die Hauptfigur Bernhard hat eine verhängnisvolle Affäre mit Florence Blumenfeldt, einer ätherischen Schönheit aus höheren, kunstgeschichtlichen Kreisen. Sie wird dadurch charakterisiert, dass sie in ihrem weißen Lancia laut Talking Heads hört – jene Achtziger-Jahre-Gruppe mit ihrem College-Pop, sehr sophisticated, die ideale Hintergrundmusik für Lounges und Cocktailbars und für asymmetrische Haarschnitte bei Frauen, für dreieckige Ohrringe, die man nur in einem Ohr trägt, und für trockenen Weißwein. Lacan hingegen trinkt Bier und nimmt diverse Aufputschmittel. Von der verführerischen, undurchschaubaren Florence trennt ihn eine Klassenschranke – schon allein durch die Musik, die er hört.

Peltzer beschreibt zwar detailliert die unmittelbare Gegenwart und durchdringt sie, er hat aber überhaupt nichts zu tun mit einer gängigen Pop-Ideologie. Zur atmosphärischen Genauigkeit, mit der er die Gegenwart segmentiert und archiviert, gehört bei ihm unabdingbar auch ein spezifisches Geschichtsbewusstsein. Das unterscheidet ihn von allzu oberflächlichen Propagandisten des Gegenwärtigen.

In dem fulminanten Roman »Alle oder keiner« aus dem Jahr 1999 werden biografische Erfahrungen, werden spezifische Zeitverschiebungen zum zentralen Thema. Das Buch spielt auf zwei Ebenen. Zum einen befindet sich die Hauptfigur Bernhard als Zwanzigjähriger in den siebziger Jahren auf einer Demonstration im Baskenland, zur Zeit des totalitären Franco-Regimes in Spanien. Zum anderen aber sehen wir Bernhard als mittlerweile Vierzigjährigen in seinem Alltag in Berlin-Kreuzberg in den neunziger Jahren. Die lange Anfangssequenz mit der Demonstration, zwischen der aufmarschierten und hochaufgerüsteten Guardia Civil, entfaltet eine Utopie, die Bernhard als Student für sein weiteres Leben bereithält; das Flair einer Stadt wie Pamplona teilt sich gerade auch am Tag dieser Demonstration mit – etwas Fremdes, atmosphärisch Anderes, das man nicht genau einschätzen kann, das Politische und das Sinnliche sind untrennbar miteinander verwoben. In der Fabriketage in Kreuzberg, zwanzig Jahre später, sieht das alles etwas nüchterner aus. Bernhard und seine Freunde haben sich mehr oder weniger eingerichtet und gehen diversen Jobs nach. Aber sie kommen von Lebensvorstellungen her, die sie zu retten versuchen, trotz aller Desillusionierungen. Unausgesprochen geht es durchaus um das Problem, die Ideale aus der Jugend nicht verraten zu wollen.

Ein Schlüsselmoment dafür ist das Konzert mit der brachial lauten Avantgarde-Punk-Gruppe Atari Teenage Riot am Schluss des Romans. Hier erlebt Bernhard einen körperlichen Extremzustand, der die Erfahrung der baskischen Demonstration von damals in die aktuelle Wahrnehmung überführt. Dies ist keine Musik, die man kulinarisch in irgendeiner Weise genießen könnte. Man kann sich zu dieser Musik nur verhalten. Bernhard hängt keiner Nostalgie nach. Er versucht zu verstehen, warum er an einem bestimmten Punkt angelangt ist. Gewisse Gedankenbewegungen von früher sind nicht mehr möglich. Aber er knüpft in anderer Weise daran an. Es geht um Intensität, nicht um Resignation.

Christian Eich, die männliche Hauptfigur in »Teil der Lösung« aus dem Jahr 2007, setzt diese Tradition Peltzer'scher

Romanfiguren fort. Er ist 36 Jahre alt und ein typischer Vertreter des Kultur- und Medienmilieus unserer Tage – bindungslos und freigesetzt, von Augenblick zu Augenblick lebend, ein wissender Zyniker, nicht anpassungsfähig genug, um Karriere machen zu können. Christians Freundin Nele ist 23 und sinnt an der Universität mit Jean Paul, Kleist und den Poststrukturalisten darüber nach, dass, wie es einmal heißt, »die Welt ein Fremdkörper sein kann«. Der Roman ist eine Collage von Bildern, Kameraschwenk folgt auf Kameraschwenk. Und die Musik, die die Figuren nebenbei hören, liefert den passenden Soundtrack. Ein »Pop-Roman« ist »Teil der Lösung« nicht, aber die Musik zeigt die Stimmungslage. Es ist eine Musik, die nichts zu tun hat mit dem Pop-Missverständnis von mittlerweile klebrig gewordener Affirmation und dem Sammeln von Etiketten. Peltzer beschwört durch Film-, Musik- und Literaturzitate ein zeitgenössisches Lebensgefühl herauf, das widersprüchlich, sperrig und lustvoll ist.

Peltzers Romane fangen mittendrin an. Also da, wo Franz Kafka das Gras wachsen hörte. Was Ulrich Peltzer hört, lässt er durch seine Figuren mitteilen. In »Teil der Lösung« diskutiert Christian mit Nele einmal darüber, wie ein zeitgenössischer Roman beschaffen sein sollte. Es gehe um die Großstadt als Zentrallabor der Moderne, um Stimmen aus allen Bereichen. »Wie in *Manhattan Transfer*?«, fragt Nele nach. Christians Antwort lautet: »Anonymer. Als hätte Dos Passos vorher Kafka gelesen.«

Die Antwort von Ulrich Peltzer auf sich selbst hieß dann »Das bessere Leben«. In diesem Roman aus dem Jahr 2015 hat nicht nur Dos Passos Kafka gelesen, hier haben sich die Protagonisten auch in die globalisierte Wirtschaft hineinbegeben und sind Sales-Manager, Risikofinanzier in Grauzonen der Rückversicherungsbranche und Logistiker in internationalen Transportunternehmen. Aber es handelt sich dabei keineswegs um einen Wirtschaftsroman. Es ist in erster Linie ein Bewusstseinsmosaik, ein Roman aus der unmittelbaren Gegenwart, der mit ausgefeilten Erzähltechniken drei handelnde Personen in ihrem Berufs- und Privatleben zeigt. Und wieder stellt sich die Frage: Was bedeuten die Tätigkeiten der Figuren für ihr Denken, Fühlen und Handeln?

Peltzer beschreibt seine Personen nicht von außen, sondern lässt seine Erzählerstimme förmlich in ihre Köpfe hineinkriechen. Es ist eine Weiterentwicklung der »erlebten Rede«, mal ist man näher am Innern der Figur, mal ein bisschen distanzierter. Die Perspektive kann sich mitten im Satz verändern, und auch die verschiedenen Zeitschichten können fast unmerklich ineinander übergehen. Nichts ist hier so, wie es anfangs scheint, vermeintliche Sicherheiten geraten ins Schwanken. Auf raffinierte Weise knüpft dieser Autor an die Errungenschaften der Moderne an, an William Faulkner oder, vor allem in den glänzenden Dialogen, an William Gaddis. So mancher Gegenwartsroman tut so, als hätte es eine Irritation des landläufigen Erzählens, eine Verunsicherung des Bewusstseins und der Wahrnehmung nie gegeben. Oft stellt man sich der Komplexität der gegenwärtigen Gesellschaft gar nicht erst und unterläuft sie mit überkommenen Mitteln des Psychodramas, des Breitwandfilms, mit Comedy oder Selfie-Video. Ein Roman wie »Das bessere Leben« bietet sich dafür an, eine ästhetische Debatte darüber zu führen, was literarisches Schreiben ausmacht, wie Literatur als Kunst und nicht nur als Begleiterscheinung des Journalismus heute aussehen kann.

Im Jahr 2021 gibt es dann einen neuen, unerwarteten Schnitt. Peltzer lässt seine Hauptfigur zum ersten Mal »ich« sagen. Der Roman »Das bist du« ist ein autobiografisches Spiel. Es geht aber keineswegs bis an die Wurzeln zurück, es folgt keiner linearen Chronologie. Der Autor greift einen konkreten Zeitpunkt heraus, mittendrin in seiner Biografie und tatsächlich relativ kurz vor der ominösen »Mitte des Lebens«. In den frühen achtziger Jahren lebte er schon lange in Westberlin, dem herausgehobenen Experimentierfeld für alle möglichen alternativen Lebensformen. In dieser Phase war der Autor und Protagonist Mitte zwanzig, und alles schien noch offen zu sein. Mehrere Optionen waren möglich. Er könnte die Stelle als Schulpsychologe annehmen, die ihm in Oberhausen angeboten worden ist. Oder aber weiter, unter eher prekären finanziellen Umständen, in Berlin bleiben. Peltzer vergegenwärtigt sich einschneidende Szenen aus dieser Zeit, denkt über Erinnerung nach und über Sehnsucht, und er fragt sich: Was genau ist damals geschehen? Hätte die weitere Entwicklung auch ganz anders verlaufen können? Wer ist dieser Mensch, der ich damals war?

Der Roman wendet die Erzähltechniken, die in den vorangegangenen Büchern ausgefeilt wurden, nun auf unmittelbare Erlebnisse an, die Ästhetik seiner Prosa hat nicht von ungefähr etwas mit ihm selbst zu tun: »Es hatte zu schneien begonnen, als wir in der Nacht zu mir liefen, betrunken, eng umschlungen, nach Flocken schnappend, und es schneite weiter, hörte überhaupt nicht mehr auf. Dezember, Januar, den Dreck, das Grau der Stadt, immer wieder in ein märchenhaft glitzerndes Weiß hüllend. Winter genug, die noch kommen würden, schlimmere, mildere. Andere Menschen, andere Orte, Wohnungen, Zimmer, Hotels, es ist unmöglich geworden, eine durchgehende Linie durch die Zeit zu ziehen. Du warst das, du bist das, muss man sich zuflüstern, fast wie eine Beschwörung.«

Mit den gängigen Formen einer Tagebuchprosa verbindet diesen Roman nichts. Er arbeitet wieder mit filmischen Techniken und Schnitten. Die Gegenwart wird durchlöchert. Die Einflüsse amerikanischer Prosa, hier vor allem von Don DeLillo, sind unverkennbar, aber Peltzer mixt sie mit dem Sound von Döblins »Berlin Alexanderplatz« und vor allem mit Punk und New Wave. Sein Protagonist erinnert sich, indem er die stilistischen Mittel jener Zeit zitiert und sie in einen neuen Zusammenhang setzt. Er vergrößert einzelne, fragmentarische Szenen. Sie tauchen in unterschiedlicher Belichtung mehrfach auf und vergegenwärtigen damit den Prozess, wie Erinnerung funktioniert – wie sich beim Zurückblicken in die Vergangenheit ein Bild aus vagen Einzelbestandteilen zusammensetzt und langsam genauer wird. Doch so abstrakt diese äußere Beschreibung klingen mag: Der Text erzeugt in seinem Verlauf einen starken Sog. Hier wird eine ganz eigene Geschichte erzählt, und dass man sie nur so erzählen kann – immer wieder neu ansetzend, assoziativ, reflektierend, wie in einzelnen Film-Stills –, das leuchtet beim Lesen unmittelbar ein.

Der Ich-Erzähler studiert zur Sicherheit Psychologie an der FU in Berlin, aber vor allem schlägt er sich als Kartenabreißer im Kino durch. Und er arbeitet dort an der Kasse, wenn Konzerte stattfinden – das Kant-Kino in Charlottenburg ist der deutlich wiedererkennbare Schauplatz. Eine wichtige Rolle hat daneben der ursprüngliche »Dschungel« am Winterfeldplatz, die nach ihrem Umzug in die Nürnberger Straße mythisch gewordene und einen realen Urwald inszenierende Disco. Dort spielt eine entscheidende Szene. Der Protagonist spricht eine Frau an einem Ecktisch an, die

»Leonore« heißt und mit diesem alten, bis zu Beethoven reichenden Namen eine Schicksalsmelodie verkörpert, die fortan den Text begleitet. Ihre Liebesgeschichte hat etwas Widersprüchliches. Leonore beginnt in einem Institut für Wirtschaftsforschung in Lichtenrade als Sekretärin zu arbeiten, und als der Ich-Erzähler ihren Chef mit Kinnbart kennenlernt, einen Doktor der Volkswirtschaft, merkt er, dass Leonore sich von diesem Milieu bei weitem nicht so abgestoßen fühlt wie er selbst. Trotz ihrer bürgerlichen Neigungen übt die junge Schreibkraft aber weiterhin eine Faszination auf ihn aus.

»Das bist du« markiert, jetzt mit unverhüllt autobiografischen Zügen, den entscheidenden Umschlag von den siebziger Jahren in die Achtziger und die Faszination für neue Theorie, etwa für Theweleits »Männerphantasien« oder David Coopers »Tod der Familie« – also das Lebensgefühl aller Romane Peltzers. Nach den Hippies und den langhaarigen Kiffern geht es jetzt um das Erhaschen des konkreten Moments, um Rausch, Drogen, Glück. In der Diplomarbeit des Protagonisten, deren einschlägige Zitate den Text mitunter wie mit Blue Notes durchsetzen, wird die an Deleuze und Foucault orientierte Aufkündigung jeglichen bürgerlichen Konsenses zelebriert. Der ganze Roman ist eine sinnliche Collage aus Erinnerungsbruchstücken, Zeitgeist-Codes, ästhetischen Überlegungen und Momenten unstillbarer Sehnsucht.

In kurzen Skizzen werden Freunde porträtiert und Typen, die für das Lebensgefühl damals stehen: Nils, der dem Ich-Erzähler erklärt, wie man als Filmvorführer arbeitet und mit komplizierten Vorrichtungen wie dem »Malteserkreuz« umgeht. Oder Lambert, der sich als Künstler durchschlägt und eine Meisterschülerschaft an der Akademie ablehnt. Oder Hartwig und Trafo, unentwegte Zocker des nächtlichen Lebens mit Filmrissen und Abstürzen. Das Milieu und die Figuren im frühen Roman »Stefan Martinez«, der genau dieselbe Zeit beschreibt, werden vierzig Jahre später noch einmal heraufbeschworen – aus einer ästhetischen Distanz, die aber um die Kraft früher Mythen weiß. Die Liebesgeschichte mit Leonore hat in der Erinnerung quälend schöne Momente und entspricht den Drei-Minuten-Songs, in denen sich für den Protagonisten das Leben verdichtet und die Zukunft keine Rolle spielt. Abrupt werden im Text Zitate, Erinnerungen und heutige Fragen ineinandergeblendet und bilden seine Erkenntnisse ab: »Man träumt, wie man lebt, allein.«

Zu den frappierendsten Beispielen für diese Technik gehört eine Passage, in der der Erzähler Johan Huizingas »Herbst des Mittelalters« liest. In Kursivschrift fließt ein Zitat aus diesem Klassiker in das Geschehen: »Zwischen höllischen Ängsten und kindlichstem Spaß schwankt das Volk hin und her wie ein Riese mit einem Kinderkopf.« Es folgt ein kurzes Schlaglicht in die Küche, Leonore und der Protagonist stellen den Gasherd an, und danach schiebt sich kursiv ein weiteres Zitat in den Text: »The Crowd called out for more«, weil im Radio das Nachtprogramm läuft. Es ist eine Zeile aus dem Hit »A whiter shade of pale« von Procol Harum aus dem Jahr 1969, und wie sich hier das »Volk« aus Huizingas Mittelalter mit der »Crowd« des Pop-Publikums vermischt, ist ein spannendes archäologisches Unterfangen. In den achtziger Jahren weist auch die Popkultur schon längst historische Dimensionen auf, und dass die »Crowd« von Procol Harum assoziativ mit dem politisch besetzten Begriff der »Masse« verknüpft wird, ist ebenfalls schon Erinnerung.

Peltzer umkreist die Phase der eigenen Biografie, in der die entscheidenden Weichenstellungen erfolgen und nach denen es kein Zurück mehr gibt. Fast beiläufig beschreibt er, wie er allmählich das Schreiben als eine existenzielle Dimension erkannte, und der Roman »Das bist du« erscheint schließlich wie die radikale Konsequenz daraus. Die Intensität, die Unmittelbarkeit, um die sich alles dreht, ist in den Text selbst eingegangen und zu Literatur geworden. Sie dringt in genau jene Leerstellen vor, die die Theorie zwangsläufig übrig lässt. Und dafür ist Ulrich Peltzer der ideale Autor.

Ukrainische Regentropfenprélude

Natascha Wodins deutsch-slawische Grenzverschiebungen

Natascha Wodin hat, wenn sie spricht, einen unverkennbaren fränkischen Einschlag. Die Klangfarbe ihrer Stimme, vor allem, wenn sie das »R« ein bisschen rollt, stammt aus der Region um das Flüsschen Regnitz, aus der Gegend nördlich von Nürnberg und Fürth, in der sie groß geworden ist. Aber gleichzeitig rührt dieses »R« noch an ganz andere Grundlagen: Es reicht bis ins Russische hinüber. Bis ins Alter von sechs Jahren hat Natascha Wodin ausschließlich auf Russisch gedacht und gesprochen, der Sprache ihrer Eltern. Zwischen dem Russischen und dem Fränkischen ist vieles möglich. Die besonderen Umstände aber, unter denen Natascha Wodin ihre Kindheit und Jugend verbracht hat, bewegen sich jenseits aller Kategorien. Sie wurde im Dezember 1945 als Tochter russisch-ukrainischer Eltern geboren, in einer verkommenen Baracke auf einem Fabrikhof an der Grenze zwischen Nürnberg und Fürth. Die Eltern waren vor Stalin geflohen und wurden dann von den Nazis in Deutschland als Zwangsarbeiter eingesetzt. Nun befanden sie sich als staatenlose »Displaced Persons« außerhalb der Zeiten und Räume.

Die Geburtsbaracke taucht in Natascha Wodins Prosa mehrfach auf, ein gespenstisches Bild mit Taschenlampen, die im notdürftig mit einem Bettlaken zugehängten Fenster aufblitzen. Ihre Kindheit und Jugend sind durchgehend von dieser Existenz als Nichtzugehörige gezeichnet, sie verbrachte sie am äußersten Ortsrand in den »Häusern«, wie die einheimischen Deutschen in der Stadt Forchheim in verächtlicher Abwehr die Siedlung für gestrandete Fremde nannten. Hier wohnten die Heimatlosen und Unbehausten aus dem Osten, die von der deutschen Bevölkerung nie als dazugehörig akzeptiert wurden. Natascha Wodin ist in ihren Büchern immer wieder auf diese Urszenen zurückgekommen. Konsequent schien jene Zeit auf die erste große Zäsur zuzulaufen, nämlich den Selbstmord der Mutter, als die Tochter zehn Jahre alt war. Die »Häuser« am Rande der üblichen deutschen Zivilisiertheit erscheinen in den Büchern der Autorin in unterschiedlichen Zusammenhängen und Beleuchtungen, und im Lauf der Zeit wird das Traumatische, das mit ihnen in Verbindung steht, immer detaillierter beschrieben.

In Natascha Wodins Prosadebüt »Die gläserne Stadt« aus dem Jahr 1983 wirkt die erste Lebensphase, obwohl der gewalttätige, entwurzelte und in einem Kosakenchor singende Vater bereits eine große Rolle spielt, am stärksten von der Russlandsehnsucht der Mutter geprägt. Sie vermittelte der Tochter das Gefühl, dass in der russischen Kultur ihre eigentliche Identität läge – vor allem durch Musik, durch gemeinsames Singen. Daraus entsteht ein Bild, mit dem Deutschland ganz allgemein und als das nicht zu Erreichende schlechthin charakterisiert wird, es ist »Die gläserne Stadt« des Titels, die »sauberste Stadt der Welt«.

Zu diesem Blick auf das Land ihrer Geburt kommt die Hauptfigur auch durch die Konfrontation mit dem wirklichen Russland viele Jahre später. Dafür werden wichtige Lebensetappen übersprungen. In den siebziger Jahren arbeitete Natascha Wodin wie ihre Protagonistin als Dolmetscherin in Moskau, unter schwierigsten Bedingungen. Aber im Mai 1979 lernte sie den um 24 Jahre älteren »L.«

kennen und erlebte anschließend eine der glücklichsten Phasen ihres Lebens. Das Debüt der Autorin reagierte auf diese unmittelbar zurückliegende Erfahrung. Eine Zeit lang schien es tatsächlich so zu sein, als könnte sich im Moskauer Alltag die Möglichkeit einer Heimat verbergen. Bis zum September 1980 lebte Natascha mit L. in der aus der üblichen Gesellschaft herausgehobenen Moskauer Schriftstellersiedlung zusammen. Die Autorin verhüllt die autobiografische Grundlage ihres Buches nicht, aber sie macht sie gleichzeitig zu einem literarischen Stoff: Lew Ginzburg war ein bekannter russischer Dichter, Germanist und Übersetzer. Er starb im Alter von 59 Jahren, kurz nachdem die beiden beschlossen hatten, zu heiraten.

In »Die gläserne Stadt« wird die Zeit der Beziehung mit Lew Ginzburg zu einer Einlösung früher Traumvisionen, die durch die russischen Erinnerungen der Mutter ausgelöst wurden. Aber es bleibt alles dennoch sehr fragil. Vor der Bekanntschaft mit »L.« erlebt Natascha das russische Leben als eine nicht zu bewältigende Herausforderung, es setzt ihr psychisch und physisch zu. Und dem Milieu der etablierten russischen Kulturschaffenden steht sie durchaus zwiespältig gegenüber, sie sieht die Privilegien und Repressionen in der sowjetischen Gesellschaft, und nach dem Tod ihres Geliebten wird sie auch sofort ausgeschlossen. Der Roman endet mit der Rückkehr ins »gläserne« Deutschland, und das zentrale Lebens- und Schreibmotiv der Autorin kristallisiert sich dadurch umso deutlicher heraus: die Suche nach Verortung, die Ruhelosigkeit, das Hin- und Hergetriebensein.

Erst in den folgenden Büchern widmet sich Natascha Wodin den schwierigen und komplexen Phasen ihrer Biografie, die sie in ihrem Debüt ausgelassen hat. Es sind die Jahre zwischen der Zeit in einem katholischen Mädchenheim, in das ihr Vater sie nach dem Selbstmord der Mutter gebracht hatte, und der späteren Berufstätigkeit als Dolmetscherin. »Einmal lebt ich«, 1989 erschienen, ist, lange bevor dieses Wort in Deutschland aufkam, ein autofiktionaler Text: ein schonungsloser Rechenschaftsbericht, der der eigenen Biografie nachspürt und in dem es um die sozialen Verhältnisse und ihre psychischen Implikationen geht. Es ist überhaupt bemerkenswert, dass Natascha Wodins erste Texte parallel zu den später berühmt gewordenen Prosastücken von Annie Ernaux entstanden, die stilbildend geworden sind. Der Unterschied zwischen dem französischen und dem deutschen Sujet bei beiden Autorinnen ist sehr beredt: Das Deutsche zerfällt bei Natascha Wodin in viele verschiedene Bestandteile, und die Risse zwischen den deutschen und den russischen Komponenten im Selbstbild der Autorin bilden das Movens des Schreibens.

»Einmal lebt ich« setzt an dem Punkt ein, als die Erzählerin nach fünf Jahren in der klösterlichen Mädchenschule in die »Häuser« ihres Herkommens zurückkehrt. Die Protagonistin sieht sich der Aggressivität des Vaters, der bis zu seinem Tod Jahrzehnte später kein Wort Deutsch sprechen wird, schutzlos ausgeliefert. Sie ist seinen Forderungen, den Haushalt zu führen und samstags penibel zu putzen, nicht gewachsen, und parallel dazu werden in beklemmenden Szenen die sexuellen Irritationen der Heranwachsenden deutlich. Einmal legt sich der Vater betrunken zu ihr ins Bett, und sie hat sich in einer Vorahnung, von der sie nicht genau weiß, worin sie eigentlich besteht, eine Schere auf den Nachttisch gelegt, um sich im Notfall zu wehren – es kommt nicht dazu, aber damit wird eine spezifische Atmosphäre verdichtet, die das gesamte Buch durchzieht. Den Wechsel zu einer durch und durch protestantischen Schule, in der sie als »Russin« verunglimpft wird, verkraftet sie ebenfalls nicht, und sie ergreift schließlich die Flucht.

Die Romane »Einmal lebt ich« und »Die Ehe« loten die biografischen Abgründe und Leerstellen aus, die die Autorin Natascha Wodin wie ihre jeweilige Protagonistin vor ihrer Tätigkeit als Dolmetscherin in Moskau charakterisieren. Dabei treten soziale Szenerien ins Bild, wie sie in der zeitgleich veröffentlichten deutschsprachigen Gegenwartsliteratur in der Wohlstands- und Markt-Euphorie vor und vor allem nach 1989 kaum vorkommen. Die Erzählerin in »Einmal lebt ich« reißt in die nächstgelegene Großstadt aus, lässt sich von einem Iraner in dessen möbliertes Zimmer mitnehmen und wird, bevor es ihr gelingt, zu entkommen, von ihm mehrfach vergewaltigt. Es folgen lange, demütigende Monate auf der untersten Stufe der sozialen Skala, in denen sie auf der Straße lebt und verdrängt, dass sie schwanger ist, bevor sie das Kind unter Lebensgefahr in der Wohnung des Vaters abtreibt. Der Roman rekurriert auf eine expressionistische Sozialpathetik: Erzählt wird in Form einer Rede an das mit brutaler Gewalt gezeugte und abgetriebene Kind.

»Die Ehe« schließt fast nahtlos daran an. Die Erzählerin rettet sich vor dem übermächtigen Vater in die Heirat mit dem einäugigen Harald und schafft es dadurch, endlich einen deutschen Nachnamen und einen deutschen Pass zu bekommen. Ihr Mann ist, was die Ich-Erzählerin zunächst kaum einordnen kann, Mitglied der NPD, ihre Schwiegereltern sind alte Nazis. Durch den Impuls eines Slawisten aus den USA beginnt sie jedoch langsam darüber nachzudenken, was sie eigentlich ausmacht. Es gelingt ihr über aberwitzige Umwege, eine Ausbildung als Dolmetscherin zu absolvieren und wieder an die russische Sprache anzuknüpfen, die sie nach dem Tod der Mutter fast völlig verleugnet hatte. Dadurch gerät sie, in der Zeit der 68er-Bewegung, in studentische Kreise, lässt sich von Harald scheiden und zieht in eine Wohngemeinschaft, die sie trotz aller Distanz als befreiend erlebt. Am Schluss des Romans bricht sie zu einem ersten beruflichen Aufenthalt nach Moskau auf, und damit ist der Kreis zu ihrem Debüt »Die gläserne Stadt« geschlossen.

Die ersten Jahrzehnte des Lebens von Natascha Wodin sind durchgehend von grundlegenden existenziellen Problemen geprägt, und neben den extremen sozialen Bedingungen, in die sie hineinwächst, geht es vor allem um die alles verunsichernde Frage, was sie eigentlich ausmacht, worauf sie ihre eigene Person gründen kann. Ihre ersten Schreibversuche finden auf Zetteln statt, auf Parkbänken und sonstigen Stationen ihrer Obdachlosigkeit nach dem vorzeitigen Schulabgang. Auf das Jahr 1978 datiert ein Typoskript »An meine Mutter«, das in die erste Veröffentlichung der Autorin überhaupt eingeflossen ist, die Erzählung »Niemandmensch«, die in dem edition-suhrkamp-Band »In irrer Gesellschaft. Verständigungstexte über Psychotherapie und Psychiatrie« 1980 erschien.

Die russische Sehnsucht, die ihr die Mutter hinterlassen hat, wird zu einem Leitmotiv mit vielen Variationen. Doch bereits in ihrem Debüt, als es so scheint, es könne in Moskau in der Liebe zu L. eine Verbindung zerrissener Hälften geben, heißt es: »Ich würde diese Menschen lieben, aber sie nie verstehen können. Ich würde dieses ganze Land nie verstehen können. Es war gleichsam die Kehrseite der Welt, in der ich aufgewachsen war und gelebt hatte.« Und auf der intimsten persönlichen Ebene wird sie durch L. auf dieselbe Kluft gestoßen: »Liebe ich den Übersensiblen, Übersteigerten, vom Untergang Bedrohten, weil mich das hinabzieht in mich selbst, in die allerletzte Wahrheit meiner selbst? Oder liebe ich immer, immer nur einen: den Vater, den ich seit jeher gesucht und endlich in L. gefunden habe?«

Im Jahr 1985 kommt es zu einer völlig unerwarteten Zuspitzung. Natascha Wodin ist in Deutschland zu einer Schriftstellerin geworden, »Die gläserne Stadt« hat sie bekannt gemacht, und auf dem Wühltisch einer Buchhandlung ist sie auf den ersten Gedichtband von Wolfgang Hilbig gestoßen. Diese Verse treffen sie ins Mark: »Sie handelten von der Finsternis und Verdammnis eines Menschen, der der einsamste und verlorenste war, von dem ich je gehört hatte.« Die Autorin spürt instinktiv, dass sie hier auf ein ähnliches Schicksal trifft wie ihr eigenes, und der Sog, der sie zu diesem kaum erreichbaren, hinter dem eisernen Vorhang in Leipzig wohnenden Proletarier hinzieht, ist nur durch solche Tiefenströmungen zu erklären. Im Roman »Nachtgeschwister« hat Natascha Wodin ihre Beziehung und Ehe mit Wolfgang Hilbig thematisiert, und sie hat dabei Zeichen dafür gesetzt, dass es sich hier nicht um eine dokumentarische Darstellung, sondern um eine literarische Bearbeitung handelt. So heißt etwa die Stadt Hanau, in der Hilbig nach seiner Übersiedelung in die Bundesrepublik wohnte, hier »G.«, und die Berliner Immanuelkirchstraße sowie die Metzer Straße, in der die beiden Protagonisten zum Schluss wohnen, tauchen nur abgekürzt als die »I-« und die »M-Straße« auf. Vor allem aber hat die Figur des Mannes von der Ich-Erzählerin den sprechenden Namen »Jakob Stumm« erhalten.

Die äußeren Daten der beiden Biografien und die Chronologie des Geschehens sind jedoch genau zu erkennen, die Autorin will sie gar nicht verbergen, genauso wie bei den mittlerweile schon Literaturgeschichte gewordenen Ereignissen und Büchern. Der Dichter in Leipzig erscheint der Ich-Erzählerin von Anfang an als ein seelisches Pendant: »Ein Arbeiter, der Worte fand für seine aussichtslose Suche nach einem anderen Leben. Es waren die Worte eines Verkannten und Verbannten, die Klopfzeichen eines Unterirdischen, eines Verschütteten, die ich vernommen hatte. Klopfzeichen, die mir galten, ich wusste es mit einer Sicherheit wie noch nie etwas vorher.«

Die Erzählerin ist ihrem langjährigen Freund und Lebenspartner Paul, der sie in die Welten der Wohngemeinschaften und der Befreiungsbewegungen geführt hat – in »Die gläserne Stadt« hieß er noch Helmut –, von Herzen dankbar, sie fühlt sich ihm verpflichtet. Doch was sie zu jenem Dichter hinzieht, ist viel stärker. Es handelt sich um ein großes Lebensexperiment, um die große Obsession, die Verbindung von Literatur und Liebe in die Realität umzusetzen und miteinander leben zu können. Und es geht sie im Innersten an: Sie hat Deutschland und Russland als Antipoden erlebt, aber in der Person von Jakob Stumm, dem DDR-Dichter, wird das für sie plötzlich zu einer Einheit. Noch in den ersten Passagen des Buches, als es schon völlig klar ist, wohin diese fantastische Versuchsanordnung der Liebe geführt hat, scheinen entsprechende Visionen auf. Und auch am Schluss, nach allen Desillusionierungen, gibt es einen Nachhall: ein spezifisch ostdeutsches Lachen, das völlig losgelöst wirkt und das sie im Westen nie gehört hat.

Die Schilderungen Ostberlins und des um 1990 vom Westen bereits ein bisschen angetasteten, aber noch mit allen Verfallszeichen der DDR versehenen Stadtteils Prenzlauer Berg haben im Aufeinandertreffen von Ost-Gefühl und West-Gegenwart eine große Magie. Das Haus in der Immanuelkirchstraße, in dem am Anfang des Jahrhunderts Felice Bauer, die große Versuchung Franz Kafkas, gewohnt hat, gerät zu einem Symbol für Vergeblichkeit und Vergänglichkeit. Die Erzählerin konnte sich hier in eine verrottete kleine Wohnung im Hinterhaus einmieten, und das wird zu einer atmosphärischen Verdichtung des Liebesversuchs mit Jakob Stumm.

Obwohl das »schwere Sächsisch« des realen Dichters am Telefon und seine völlig unromantische, mit den Worten seiner Gedichte scheinbar in keinerlei Zusammenhang stehende Gestalt von Anfang an jegliche Nähe nahezu ausschließen: Die Ich-Erzählerin kämpft trotz aller Desillusionierungen um ihre Vision, um das Wissen darum, dass sie »nicht mehr allein« ist. Und als sie ihn einmal in seiner Wohnung in G. überraschend aufsucht, wird schlagartig klar, worum es geht. Die kaputten Wohnblocks, in denen Jakob Stumm haust, erinnern sie sofort an ihr Herkommen, »auch hier wohnten keine Deutschen«, über den Hof laufen Frauen mit Kopftüchern und langen Kleidern: »Sogar in der äußeren Welt befand Jakob sich an einem Ort, der mich zurückführte in meine Kindheit. Ich wusste nicht genau, ob das Gefühl erst jetzt in mich einbrach oder ob ich es bereits mitgebracht hatte an diesen Ort, das Gefühl, dass die Spule meines Lebens, seit ich Jakob kannte, sich nach rückwärts zu drehen begonnen hatte, in die Vergangenheit, in die Finsternis, in die Rohheit meiner Kindheit, in eine Welt, der ich mich für immer entkommen glaubte und die mir nun in diesem Hof wieder entgegenzukommen schien.«

Die Verwahrlosung des Dichters, seine völlig chaotische Behausung, sein Alkoholismus – all dies wird schonungslos dargestellt, und es finden sich in »Nachtgeschwister« etliche Passagen, die die Lebenstragödie von Wolfgang Hilbig aus intimer Nähe nachvollziehen, in einer Mischung aus tiefem Verständnis und notwendiger Abwehr. Vor allem wird dabei auch das Geheimnis seines Schreibens psychologisch sensibel und differenziert freigelegt. Die Ich-Erzählerin weiß früh, dass Jakob ein »Unheil« für sie sein wird: »Unsere Vergangenheit hatte uns zu dem gemacht, was wir waren, wir konnten beide nicht aus eigener Kraft leben, das war, neben dem Schreiben, unsere tiefste und innigste Gemeinsamkeit und zugleich die ganze Unmöglichkeit zwischen uns.«

Die Erinnerung an die Tiefen und auch an die vereinzelten prekären Höhen dieser Beziehung machen »Nachtgeschwister« für die Autorin zu einer Katharsis: Sie ist im Verlauf des Textes dabei, sich freizuschreiben. In der Auseinandersetzung mit dieser katastrophalen Kulmination aller Ost-Gefühle kann sie viele ihrer Verwerfungen hinter sich lassen. Der sachlich-poetische Ton dieses Textes spricht von einer neuen Offenheit, einem Angekommensein. Natascha Wodin konnte »Nachtgeschwister« erst im Jahr 2009, drei Jahre nach Hilbigs Tod, veröffentlichen, und man merkt durch den zeitlichen Abstand auch eine entsprechende, abgeklärte Distanz.

Die Autorin erschrieb sich ein neues Selbstverständnis, und sie ging mit den Herausforderungen ihrer ukrainisch-russisch-deutschen Herkunft nun anders um. Ein herausragendes Zeugnis dafür ist dann das Buch »Sie kam aus Mariupol« aus dem Jahr 2017. Natascha Wodin hatte sich die Voraussetzungen dafür geschaffen, zum ersten Mal ausführlicher und ganz konkret über das Leben ihrer Mutter nachzudenken, und dazu gehörte auch das Bewusstsein, dass sie von ihr kaum etwas wusste – außer, dass sie ursprünglich aus einem undefinierbar östlich gelegenen Ort namens Mariupol stammte.

Dem Klang dieses Namens geht die Autorin am Anfang dieses wahrlich abenteuerlichen Buches nach. Für sie klebte am Wort »Mariupol« einzig und allein das sowjetische Verhängnis der todtraurigen, verzweifelten Mutter, und wenn sie daran dachte, stellte sie sich immer graue, schemenhaft geduckte Menschen vor schneebedecktem Hintergrund vor, in sibirischer Kälte, und natürlich wurde in dieser Wahrnehmung auch nicht zwischen der Ukraine und Russland differenziert. Als sie beginnt, im Internet über die Heimat ihrer Mutter zu recherchieren, stellt sie fest, dass dieser Ort am Asowschen Meer ein nahezu mediterranes Klima hat und in der Zarenzeit hauptsächlich von Griechen bewohnt war. »Sie kam aus Mariupol«: Das vermeintliche Wissen über ein Herkommen, das immer diffus und mit Scham verbunden gewesen ist, wird plötzlich vieldeutig und schillernd.

Die Autorin beschreibt, wie sie lange Zeit vergeblich versucht, nähere Informationen über die ersten zwanzig Lebensjahre ihrer überall vergessenen Mutter zu bekommen. Kurz bevor sie aufgibt, startet sie über ein russischsprachiges Forum doch noch einmal eine Suchanfrage und bekommt nach einigen Wochen tatsächlich eine Antwort. Ein Internetfreak namens Konstantin betreut irgendwo im russischen Raum eine Webseite, die die griechischstämmige Bevölkerung am Asowschen Meer erforscht, und verspricht, die Autorin bei ihrer Suche zu unterstützen. Stück für Stück wird nun die familiäre Herkunft ihrer Mutter ins Licht gerückt, und was sich da an Unvorhergesehenem und Überrumpelndem enthüllt, ist wie bei einem Krimi aufgebaut.

Der umtriebige Konstantin hat sich Zugang zu diversen Amts- und Kirchenregistern verschafft, und der Name der Mutter Natascha Wodins, Jewgenia Jakowlewna Iwaschtschenko mit dem Geburtsjahr 1920, findet sich tatsächlich in einem entlegenen Verzeichnis, das wegen eines relativ bekannten griechischstämmigen Philosophen aus der Verwandtschaft ihrer Großvatergeneration existiert. Es ist wie ein Schlag, den die Ich-Erzählerin benommen und ungläubig registriert: Sie stammt mütterlicherseits aus einer aristokratischen Familie! Ihre Vorfahren haben eines der luxuriösesten Anwesen in Mariupol bewohnt und verkörperten eine Alltagskultur, die fremd und exotisch aus langsam ans Licht beförderten fahlen und graustichigen Fotografien durchscheint. Irgendwann taucht ein Familienfoto mit Zimmerpalme auf, auf dem vor allem die Großtante Jelena hervorsticht, eine elegante Frau im Brokatkleid mit Stuartkragen.

Die Ich-Erzählerin kontrastiert die grellen, kaleidoskopartig einfallenden Historienbilder mit der Szenerie am ruhigen norddeutschen Schaalsee, mit der stillen Natur hinter großen Fensterscheiben, wohin sie sich zum Schreiben zurückgezogen hat. Das schafft flirrende Effekte wie auf einer Zeitschaukel. Auf dem Bildschirm flimmern immer wieder neue Materialien auf, die der ferne Konstantin im heutigen, real existierenden Russland zutage fördert. Taumelnd gerät die Autorin in eine Vorgeschichte, die überhaupt nichts mit ihrer Kindheit in einer ghettoartigen Armensiedlung in Franken zu tun hat – mit dem rohen, hemdsärmeligen Vater und der Mutter mit ihrem nach innen gerichteten, verschatteten Blick.

Die Bruchstücke, die die Autorin aus ihren spärlichen Erinnerungen an ihre eigenen ersten zehn Lebensjahre hervorkramt, bekommen plötzlich schärfere Konturen. Sergej, der ominöse Bruder der Mutter, entpuppt sich als ein Rotarmist, der an der Front Opernarien sang. Lidia, die Schwester der Mutter, wurde in ein stalinistisches Straflager verbannt und schlug sich nach dem Krieg fünf Jahre in Kasachstan durch. Die Zeitläufte isolierten die Geschwister und kappten die Verbindung zwischen den Generationen. Mit der Hilfe des Genealogieexperten Konstantin stößt Natascha Wodin mitten in den leeren Weiten der ehemaligen Sowjetunion auf ihre verbliebenen Verwandten, und sie kann nun einen alten, kranken Cousin in ihr Herz schließen und ein zartes Familiengefühl entwickeln.

Welche Verheerungen die Hafenstadt Mariupol erlebt hat, deren Weichbild aus dem 19. Jahrhundert fast verführerisch und verwunschen vor Augen tritt, wird in kurzen Skizzen deutlich. In dem fünfjährigen Bürgerkrieg nach der Revolution 1917 wechselte siebzehnmal die Macht, kein Haus blieb stehen, und die überkommenen Strukturen und Selbstverständlichkeiten wichen chaotischen Hungerzuständen bis hin zum Kannibalismus. Nach der Stabilisierung der Sowjetunion änderten sich nur die Formen der Gewalt. Ein kurzer Verweis auf die aktuelle Lage in Mariupol, wo sich bereits während der Niederschrift des Buches in den Jahren vor 2017 ukrainische Soldaten und russische Söldner Gefechte liefern, zeigt: Hier ist nichts abgeschlossen.

Die Mutter der Erzählerin hat in ihrem kurzen Leben die Desaster des 20. Jahrhunderts im Schnelldurchlauf erlebt: die Zerstörung aller Bindungen im Stalinismus sowie das Schicksal der deportierten Zwangsarbeiter in Nazideutschland und danach – ein Kapitel, das fast völlig unbekannt ist. Auf dramatische Weise greift die Lebensgeschichte der Mutter unversehens noch einmal in das Leben der Tochter ein. Und wie in einem Roman werden ihr aus Sibirien die Lebenserinnerungen ihrer Tante Lidia zugeschickt, die erst vor gut einem Jahrzehnt gestorben ist und die sie bei ihren Reisen in die Sowjetunion leicht hätte besuchen können. Die hautnah greifbaren Familienbilder werfen ein neues Licht auf die Erinnerungen, die Natascha Wodin an ihre Mutter hat – auf deren versunkenen, entsetzten Blick, aber auch auf die eigenartige Szene, in der sie in einer fremden Wohnung unvermutet und völlig selbstverständlich die Regentropfen-Prélude von Chopin spielte, wie aus einer anderen Welt.

Das Ukraine-Thema ist für Natascha Wodin mit »Sie kam aus Mariupol« aktuell geworden. In ihrem nächsten Buch, »Nastjas Tränen« aus dem Jahr 2021, verkehren sich dann die Rollen. Die Ich-Erzählerin gehört der kultivierten Mittelschicht in Berlin an, und den unergründlichen, abweisenden Ausdruck in den Augen ihrer Mutter erkennt sie nun, fünfzig Jahre später, in den Augen ihrer ukrainischen Putzfrau Nastja.

Schon als die Erzählerin Nastja zum ersten Mal sieht, wird ihr schlagartig klar: Dies ist die erste Ukrainerin, die ihr Jahrzehnte nach ihrer Mutter begegnet. Und plötzlich ist sie wieder mit dem konfrontiert, von dem sie eigentlich glaubte, es hinter sich gelassen zu haben. In den Augen ihrer Mutter hatte sie das Gebundensein an eine Welt erkannt, die sie in Deutschland fremd bleiben ließ, und durch Nastja gelangt sie jetzt wieder in eine als unheilvoll empfundene Nähe zu slawischen Schicksals- und Weltsichten, die dem westlichen Leben verführerisch und verderblich in die Quere kommen können.

Nastja ist eine immer noch jugendlich wirkende, intelligente Frau und löst widersprüchliche Gefühle aus. Fasziniert und persönlich irgendwie darin involviert, setzt sich die Ich-Erzählerin Nastjas sowjetische Vergangenheit zusammen: Da studiert ihre jetzige Putzfrau Bauingenieurwesen in Kiew und verliebt sich in den Medizinstudenten Roman. Eine Zeit lang leben die beiden in einem ausrangierten, hölzernen Güterwagen auf dem Klinikgelände, und die Probleme, etwas zu essen zu ergattern, sowie die zermürbende Wohn- und Alltagssituation überlagern sich mit den gemeinsamen Motorradfahrten auf die Krim zu den Eltern Romans, die für Nastja zum Sinnbild ihrer Sehnsüchte werden.

Als die Ukraine ein unabhängiger Staat wird, zerbrechen alle Strukturen. Im neuen Wilder-Osten-Kapitalismus führen ein paar Nutznießer des Systems die staatlichen Betriebe und Immobilien mit skrupellosen Methoden in ihren Privatbesitz über. Nastja, die leitende Tiefbauingenieurin, bekommt von der Staatskasse monatelang ihr Gehalt nicht mehr ausgezahlt, und als letzten Lohn erhält sie, nach 25 Jahren Dienst, einen kleinen Sack Reis. Es herrscht Rechtlosigkeit, das Überleben wird zu einem täglichen Kampf, und der fremde Westen erscheint als Chance.

Es ist eine zeitgenössische, osteuropäische Odyssee, die nun beginnt, und selten hat man so hautnah verfolgen können, wie eine gut ausgebildete und pflichtbewusste Person wie Nastja in den Schleudergang der Zeitgeschichte gerät. Sie ist auf die kriminellen ukrainischen Netzwerke angewiesen und landet als Putzfrau bei der Oligarchengattin Marina Iwanowna, die in einem neureichen aufgemotzten Altbau in der Nähe des Kurfürstendamms wohnt, sie äußerst schlecht bezahlt und schamlos ausbeutet. Doch Nastja gelingt es bald, auch bei deutschen Familien zu putzen, und so kommt sie mit der Erzählerin in Berührung.

Als der Passfälscherring auffliegt, der Nastja eine gefälschte ukrainisch-jüdische Identität besorgt hatte, und sie Deutschland verlassen muss, spürt die Verfasserin insgeheim »die letzte Chance, meiner Verwicklung in ihre Geschichte zu entgehen«. Denn sie möchte nichts mit jener »stillen slawischen Volksdemut« zu tun haben, die Nastja von ihren Ahnen und Urahnen in die Wiege gelegt worden sei, als Teil der Geschichte eines »seit jeher geknechteten Landes«. Aber sie kümmert sich um Nastja, und es gelingt ihr, deren Abschiebung zu verhindern und eine sogenannte »Fiktionsbescheinigung« zu ergattern, die ihr eine Zeit lang das Aufenthaltsrecht einbringt. Das bürokratisch schillernde Wort »Fiktionsbescheinigung« wird von der Erzählerin nach allen Seiten hin befragt und in ihre eigene ästhetische Arbeit überführt. Es gibt wunderbare Passagen, in denen die westliche Welt mit den Augen Nastjas wahrgenommen wird, vor allem die Bevölkerung und die Freizeitpraktiken des Prenzlauer Bergs erscheinen wie eine Zirkusvorstellung, mit zauberhaften Arrangements und irren Kostümen. Und obwohl ihr die deutschen Familien, bei denen sie putzt, wie eigentlich unvorstellbare Inseln der Humanität vorkommen und obwohl sie verdutzt registriert, dass die Leute unbeschwert in den Cafés sitzen und offenkundig nicht einem ständigen Kampf ausgesetzt sind wie in ihrer Heimat – etwas in Nastja weigert sich, dazugehören zu wollen und Deutsch zu lernen. Das wäre für sie anscheinend so, als würde sie »Verrat begehen« an einer Welt, »die für immer die ihre bleiben würde«.

Eine bizarre Konstellation entsteht, als Nastja eine Heiratsannonce aufgibt, um in Berlin keine Illegale mehr sein zu müssen. Der Kranführer Achim führt sie gleich mit seiner Harley-Davidson aus, und dadurch wird eine tiefsitzende Erinnerung an das Glück in ihr wachgerufen, an die Ausflüge auf die Krim mit ihrem früheren Mann. Auch hier drehen sich allerdings die Rollen um. Das Bildungsgefälle zwischen der Bauingenieurin, die sich in der Staatsbibliothek Bücher ausleiht, und dem deutschen Rocker mit seinen Pornoheften erweist sich als beträchtlich. Achim entpuppt sich als Heiratsschwindler, der genau weiß, dass Nastja auf die Ehe mit ihm angewiesen ist, und er lebt bald ausschließlich von dem Geld, das sie verdient.

Als Achim schließlich stirbt, bietet die Ich-Erzählerin Nastja an, zu ihr in ihre Wohnung zu ziehen – sie ist von der Unerschütterlichkeit und Geradlinigkeit der Ukrainerin durchaus in den Bann gezogen. Diese ist »glücklich, wenn sie gebraucht« wird, und macht viel für ihre Freundin. Doch als die Erzählerin einmal Rindsrouladen macht, ein festlich gemeintes deutsches Essen, kommt es fast zum Eklat. Nastja schmeckt diese Mahlzeit nicht, sie ist ihr zutiefst fremd, und der Eiserne Vorhang, der scheinbar beiseitegeschoben schien, ist auf einmal wieder da. Die Erzählerin muss erkennen, dass sie für Nastja eindeutig eine Deutsche ist, dass es die ukrainische Gemeinsamkeit, die sie postuliert hat, nicht gibt. Nastja hält unbeirrbar an ihren Gewohnheiten fest. Sie zieht in die Wohnung nicht auf die Weise ein, die die Erzählerin unwillkürlich vorausgesetzt hat, Nastja reicht auch hier nur ein »Eckchen«. Sie streift durch die Stadt, ruhelos wie eine »Straßenkatze«, sie ist viel lieber unter Leuten als allein. Als sie im Zug nach Kiew einmal ein Einzelabteil zugewiesen bekommt, sehnt sie sich danach, wie die Passagiere in den anderen Abteilen »im Stapel« zu schlafen, »in einer Ritze zwischen zwei Transportkisten, süß eingebettet in die Schicksalsgemeinschaft der Reisenden«.

Mit solch komplexen, widersprüchlichen und gegenwärtigen Bildern schließt der Roman, in dem »meine Mutter Regie geführt hatte«, wie die Autorin schreibt. Er erweist sich als Teil einer Auseinandersetzung mit Herkunft und Mentalität, die zwangsläufig kein Ende findet. »Nastjas Tränen« zeigt, wie souverän Natascha Wodin nach vielen Zwischenetappen mit den Zwängen ihrer Herkunft umgeht und eine eigene ästhetische Form dafür findet.

Schwarztorflektüre

Marcel Beyers Expeditionen
in Popkultur und Zeitgeschichte

Marcel Beyers Plattensammlung ist legendär, und es dürfte auch bei absoluten Pop-Spezialisten kaum jemanden geben, der ihm in den vielfachen Verästelungen der neueren Musikgeschichte bis in abseitigste Regionen und Stile hinein etwas vormachen könnte. Beyer hat in den neunziger Jahren für die Musikzeitschrift »Spex« gearbeitet, aber auch eine Magisterarbeit über Friederike Mayröcker geschrieben, sich also in diverser Weise mit Fantasieschwüngen des Wort- wie Musikmaterials, mit konkreter Poesie und dem Hineinhorchen in Sequenzen auseinandergesetzt. Sein Debütroman »Das Menschenfleisch« von 1991 war ein zu diesem Zeitpunkt aufsehenerregendes pop-avantgardistisches Manifest: Es bestand aus Sampling und Scratching, eine lustvolle Collage von Zitaten, die sich offenkundig einer poststrukturalistischen Ästhetik verpflichtet sah und in theoretischen Begriffsschüben geheime Tendenzen zur Primärliteratur freilegte.

Es gibt aber noch ein anderes Feld in den literarischen Forschungen Marcel Beyers. Der Roman »Flughunde« legte es 1995 frei: Die deutsche Vergangenheit, namentlich die des Nationalsozialismus, bildete einen für lange Zeit kaum merkbaren Hintergrund für Beyers Weltaneignung. Bei ihm ist es aber kein historisches Schauerstück, sondern wirkt auf unheimliche Weise in die Gegenwart weiter. So verbindet »Flughunde« die monströse Geschichte um die Tötung der Kinder des Nazi-Propagandachefs Joseph Goebbels mit genauen Reflexionen über elektronische Aufzeichnungsmedien. Damit schließt Beyer direkt an die damals virulenten Denkbewegungen eines Friedrich Kittler an. In der Geschichtswissenschaft griff man erst zehn, fünfzehn Jahre später mit dem »audiovisuellen turn« das auf, was Beyer in »Flughunde« unternommen hatte: elektromagnetische Aufzeichnungen als ausschlaggebende Geschichtsquelle anzusehen. Mit »Spione« (2000) und »Kaltenburg« (2008) setzte Beyer seine Exkursionen ins deutsche Geschichtsgelände fort, immer mit einem sensiblen Gespür für auch unerwartete Verbindungen zwischen Vergangenheit und unmittelbarer Gegenwart.

Als Ausgangspunkt der historischen Expeditionen dieses Autors fungieren äußerst bewusst die Wohlstandsjahre der alten Bundesrepublik, in die er mit einer im Nachhinein auch irritierenden Selbstverständlichkeit hineinwuchs. Im intimen Nachempfinden dieses Referenzrahmens hat Beyer im Lauf der Zeit eine zwischen Selbstironie und erhabener Zitierfreudigkeit vielfach schillernde Variationsbreite entwickelt. Die Gattung, in der das am intensivsten zum Ausdruck gebracht werden kann, ist für Beyer die Lyrik. In seinem Band »Erdkunde« von 2002, als die deutsche Einheit zum Alltag geworden und Beyer längst vom Rheinland nach Dresden gezogen war, werden zeitgeschichtliche Verwerfungen und persönliche Erinnerungen zusammengedacht. Zu einem Begriff wie »Erdkunde« passen ähnlich gestimmte Wörter wie Anorak, Kondensmilch oder Bübchenöl, mittlerweile an den Rand des Bewusstseins gedrängte Dinge des Alltags und des Konsums, die sich zögernd, aber mit einer gewissen Dringlichkeit als Zeichen der eigenen Biografie in die Gedichte mischen. Sie hatten bis in die siebziger Jahre hinein unangefochten Bestand und prägten zwangsläufig die Kindheit Marcel Beyers, als das betreffende Schulfach ganz selbstverständlich »Erdkunde« hieß und die »Geografie« noch in weiter Ferne war. Die Geschichte lässt sich zunächst eher unspektakulär und austauschbar an, enthält aber Verwerfungen, die langsam erkennbar werden.

Der Pop-Diskurs und, auf akademischer Ebene, der Poststrukturalismus sind für Beyer schon zu Beginn der Orientierungsrahmen gewesen, »Das Menschenfleisch« als Zitatcollage aus Theorie, Pop und Erzählstrategien spricht für sich selbst. Es ist aber aufschlussreich zu verfolgen, wie sich in Beyers Texten langsam das Theoretische auflöst und etwas Raum gewinnt, das sich verselbstständigt und sich nur aus dem Schreiben ergeben kann. In »Erdkunde« sind Vergangenheit und Gegenwart gegenseitig so durchdrungen, dass die Kategorien von Zeit und Raum ins Schwingen geraten. Am Anfang, in einer behutsamen Annäherung an den Dresdner Alltag, wird das Fremde in wechselnden Formen umkreist und setzt allmählich ein spezifisches Geschichtsgefühl frei. Die Gedichte fügen, als archäologisch arbeitende Gebilde, mehrere Zeit-Ablagerungen ineinander, von »Bitumen« bis zu »Knochen«. Und das »Kühlboxversagen« des Nachbarn beim »Picknick« stellt eine Verbindung her zwischen den Kindheitserinnerungen des Lyrikers und den Freizeitanmutungen im aktuellen Ostdeutschland. Damit erhält der Osten eine subjektive Tiefendimension: »Mitte / der achtziger Jahre solche / Zeilen wie: Ich kenne / Das Ufer der Wolga, dabei // bist du aus deinem Schlafdorf / kaum herausgekommen.« Der Osten weitet sich, er wird als Raum von Lektüre, Traum und Fantasie erkennbar, und diesen Osten mit dem nunmehr real gewordenen im eigenen Lebensalltag zusammenzubringen ist die Anstrengung dieser Gedichte.

Die Steigerung von Dresden ist Kaliningrad – ein Ort, dem eine gesonderte Exkursion gilt und in dem die verschiedenen Sphären zusammenfallen: Ostpreußenfolklore, Sowjetmacht, der Zweite Weltkrieg der deutschen Väter. Durch die Geschichte bedingt ist er mittlerweile zu einer Kunststadt geworden. Die Kaliningrad-Gedichte bringen widerstreitende Motive auf engstem Raum zusammen. Es ist ein anderer Lack hier, eine andere Beize, ein anderes Plastik. »Holz«, eine große Kategorie alter Russlandvorstellungen und Wolga-Sehnsüchte, stellt sich nun vor allem dar als »Kunstfaserfrage«. Wörter wie »krimsektfarben« stehen für eine unbekannte Art von Gefühl. Und »unter dem Lenindenkmal« sitzen »drei Jungs in Plastikjacken«. Da geht die Geschichte der Väter, die in den Osten einfielen, zusammen mit der Kindheit in Westdeutschland, wo »Brausepulver« existierte, in das akute Jetzt über: »wenn sie sprechen, siehst du // keine Zähne. Wer redet hier von Nasenscheidewänden, / die Pattextüten gehen ans Gebiß.«

»Der westdeutsche Tierfilm« heißt ein großer Zyklus gegen Ende des Bandes, in dem Heinz Sielmanns bedächtige Fernsehkamera und die Panzertruppen vor Stalingrad eine assoziative Verbindung eingehen: »im Grunde sind wir alle auf der Krim gewesen«, heißt es da einmal, und selbstverständlich spielt da mittlerweile auch die Farbe des Sektes mit hinein. Die Geschichte, vor kurzem noch etwas vermeintlich Stillgelegtes, ist wieder in Bewegung geraten. Und paradoxerweise fungiert dabei als Katalysator eine Lebenswelt, an deren Oberfläche alles Geschichtliche getilgt scheint. »Narva, taghell« ist ein Programmgedicht: »Die Sprachen sind mir fremd, als würde / ich Pantoffeln tragen: aber ich // bin da. Kunstfaser, Pelzbesatz und / Einlegsohlen: alle Dinge sind mir nah.«

Aus der Reibung zwischen seiner westdeutschen Kindheit und dem – auch aus finanziellen Gründen – 1996 selbstgewählten Wohnort Dresden schlägt Beyer Funken. Das politische Bewusstsein wird fortwährend neu geschärft. Wiederholt ging Beyer auf die »Pegida«- und Neonazi-Problematik ein, seine Dankrede bei Erhalt des Lessing-Preises des Freistaats Sachsen 2019 im gespenstisch anmutenden, rechts durchwirkten Rathaus von Kamenz war ein politisch-ästhetisches Manifest, das eine deutsche Kultur der Gegenwart durch Neugier auf das Andere definierte. Und Mut zeigt Beyer auch im schwierigen Kulturmilieu mit seinen Netzwerken und Seilschaften: In den Lichtenberg-Poetikvorlesungen in Göttingen 2015 kritisierte er unbeirrbar eine starre Medienkonstante wie Elke Heidenreich, die in der Schweizer Fernsehsendung »Literaturclub« trotz aller Widerlegungen auf einem falschen Heidegger-Zitat beharrte und sich nicht nur moralisch, sondern vor allem televisionär im Recht fühlte. Und tatsächlich: Nicht sie wurde entlassen, sondern der Diskussionsteilnehmer, der sie korrigiert hatte.

Beyer reagiert auf den Literaturbetrieb wie ein DJ. Die besten Beispiele dafür sind die Gedichtbände »Graphit« (2014) und »Dämonenräumdienst« (2020). Hier improvisiert er in überschäumenden Assoziationskaskaden über zeitgeschichtliche Komplexe wie über alltagsmythische Gegenstände, über Fernsehen und Pop, über Fernsehfiguren und Möbelpolituren und setzt sich über alle voreiligen Zuweisungen hinweg. Ein Musterbeispiel für die gegenwartsvirtuosen und kulturarchäologischen Suchbewegungen dieses Autors ist das Gedicht »Don Cosmic«. Es bezieht sich zunächst auf einen Titel des jamaikanischen Posaunisten Don Drummond, der für den Höhepunkt der Ska-Musik in den sechziger Jahren steht, in einem psychotischen Schub seine Geliebte in der Neujahrsnacht 1965 ermordete und einige Jahre später im Gefängnis Selbstmord verübte. »Don Cosmic« bezieht sich aber auch, und damit setzt das mehrteilige Gedicht im ersten Abschnitt ein, auf Gottfried Benns Briefpartner F.W. Oelze, dessen Bremer Handelshaus sich in erster Linie auf den Rum-Import aus Jamaika gründete und dessen Mutter dort in der Hauptstadt Kingston zur Welt kam. Für derlei Überblendungen aus Pop und deutsch-gravitätischer Geschichte hat Beyer ein ungemein scharfes Auge. Im ersten Bild sehen wir Oelze, wie er sich nach Kingston versetzt und ein Pianist auf schwarzen Tasten den Standard »Dinah« variiert. Und diese Dinah versetzt den Kaufmann unversehens in Trance, und zwar in eine spezielle deutsche Trance der dreißiger Jahre: »Gebt Rillen, Höllenyards, gebt // uns den Groove, laßt endlich die ganze / Geschichte kippen, alles ins / Zwischenreich, alles in Moll.«

Beyers »Graphit«-Gedichte bestehen meist aus strengen Blöcken mit drei oder vier Zeilen, die durch Binnenreime und rhythmische Verweise aufgelockert werden und vor allem durch effektsichere Blue Notes bestechen, Akkorde, die sich dem abendländischen Tonsatz- und Emotionssystem entziehen und nicht nur einen global agierenden Handelsmann wie F.W. Oelze aufputschen können, sondern natürlich auch dessen Freund Benn. Dieser steigert sich ebenfalls in einen Rausch hinein und tritt zum Schluss ins Bild, in das eh schon weit aufgefächerte, vielfarbige Licht- und Schattenensemble aus Oelze und Don Drummond: Aus späten Gedichtfragmenten gerät die Zeile »Eingenistet in die Sommerstunde« direkt von Benns Schreibblöcken in Beyers Gedicht hinein. Schon diese »Sommerstunde« ist in der Lage, einen jamaikanischen Reflex auszulösen. Aber sie wird zusätzlich befeuert durch die von Benn danach immer losgelöster hingekritzelten Wortfetzen: »Was bist Du? Ein Symptom ein Affe ein Gnom«. Das verdämmernde Europa und der verdämmernde Dichter werden mit exotischen Reizen konfrontiert. Beyers Gedicht spielt mit dem »Affen« und dem »Gnom«, es setzt diesem auch noch einen »Tropenhelm« auf und hört nach »Westindien«. Was mit »Dinah« begann, endet dergestalt in einem »Dauerton«.

Dieses fantastische Gedicht zeigt exemplarisch Beyers Verfahren. Er spürt verborgene Verbindungen in der Geschichte auf, er zeigt Zusammenhänge, und er verfährt musikalisch. Es ist kein Zufall, dass das Gedicht, das auf »Don Cosmic« folgt, mit der Zeile »Stunden im Dämmer, plötzlich en face« einen geheimen Nachhall birgt – das wirkt wie ein gefaktes Benn-Zitat, mit einer Vorliebe für Schlagermelancholie und perlenden französischen Schaumweinworten. Selbstredend legt Marcel Beyer großen Wert auf die Intonation seiner Gedichte, auf die orale Tradition – er knüpft damit, auch im Gefolge von Thomas Kling, an die Zeit vor dem Buchdruck an, als die Lyrik schon einmal auf Mund und Ohr angewiesen war, auf ihren Performancecharakter. Der schriftliche Text und seine Klanggestalt sind für Beyer gleichrangige Größen. Wenn man seine Gedichte laut spricht, merkt man Wortverbindungen, Wiederaufnahmen, Anspielungen, die vor allem auch dem Rhythmusgefühl geschuldet sind.

In »Graphit« findet sich eine Wendung, die paradigmatisch für die Haltung ist, aus der heraus Beyer spricht. Den Klagen über das Ende der DDR wie auch dem Pathos der deutschen Einheit nach 1989, den historischen Mänteln und Strickjacken hält er sanft entgegen: »Ich stehe da, im / Nicki der Geschichte, und / winke freundschaftlich // über die Sprachbarriere hin.« Der »Nicki der Geschichte«: Damit ist alles ausgedrückt, was Beyers Generation ausmacht. Und plötzlich wird die Pop- und Konsumkultur in etwas Schwindelerregendes emporgehoben.

Der Band »Dämonenräumdienst« hat vor demselben Hintergrund einen geradezu programmatischen Charakter. Man kann ihn so lesen, dass die Rolle, die in der deutschen Lyrik lange die Natur eingenommen hat, jetzt durch die Geschichte ersetzt wird. Aus der Konfrontation mit dem ostdeutschen Raum und dessen mentalen Bedingungen entsteht eine Auseinandersetzung mit dem deutschgefärbten 20. Jahrhundert überhaupt. In den »Dämonen«, die hier benannt werden, sind die Märchen, Mythen und Verstörungen einer durchschnittlichen altbundesdeutschen Kindheit genauso enthalten wie das Weiterwesen der nationalsozialistischen Ideologie. So bekommen auch vermeintlich harmlose Jugendpostillen wie »Der kleine Tierfreund«, die in den Unterstufen der allgemeinen Schulen herumgeisterten, eine untergründig bedrohliche Note. Chiffren eines scheinbar behüteten Konsumverlangens blitzen im »Dämonenräumdienst« überall auf, es gibt die »Tchibo-Taschenlampe«, das Maggifläschchen, den Resopaltisch oder das Rattansofa. Aber das Unheimliche, das in diesen Objekten steckt, wird mehr und mehr beredt. Beyer ist in den Urknall der modernen Pop- und Konsumwelt hineingewachsen, und daraus entstehen Zeilen wie: »So staut die / Kotze sich / in meiner totgetippten linken Schulter / an, Lady In / Red und Dancing Queen und In The Air / Tonight / und Hotel California und Rocket Man.«

Beyer verwirbelt in unvorhersehbaren Bewegungen das Inventar seiner Sozialisation, die Einrichtungsgegenstände, die Tier- und Fabelwesen und überhaupt sämtliche popkulturellen Prägungen. Der Humor, der da am Werk ist, verweist in Abgründe, die mit Plüsch ausstaffiert und deshalb umso horrender sind. Dieser Lyriker vermengt das Schöne und das Schreckliche zu etwas ganz Neuem. Die Vätergeneration des 1965 geborenen Beyer war gleichermaßen vom Zweiten Weltkrieg wie von Elvis Presley geprägt, er fügt das zu einem Bild zusammen. Entscheidend ist, dass das »Ich« dieser Verse auch in eine spezifische Las-Vegas-Atmosphäre hineingeboren worden ist: »Elvis in / seiner späten Gospelphase«. Und wie das Gedicht jene »Sacropopjahre« imaginiert, die »kleine Fischbude des toten King«, und in »Elvis Presleys letzte Fischbulette« beißt: Das birgt ein grausig-lustiges Identitätsknäuel. Was dem diese Zeit inhalierenden Heranwachsenden bleibt, ist neben den Tierfilmen und Bernhard Grzimeks Sendungen aus dem Zoo der »Gospelhase«, der »über die Bühne hoppelt«, und dazu ein paar »Sacropopnoten, denn alles andere / wäre mir zu radikal.«

Zu den frühen Medienerfahrungen, die das Bewusstsein imprägnieren, gehört auch das »fusselnde Gruselfilmmaterial«, als das sich der Flokati-Teppich entpuppt, oder der »Stummfilmhimmel«, mitsamt allem »Schriftschrot, Schriftgranulat, // das auf dem Zelluloid zerfließt«. Und damit wird das konkrete Zentrum dieser Gedichte benannt. Die »Schrift« ist das Medium, mit dem das Gedicht sich selbst reflektiert, und deshalb geht es hier nicht um bloße Erinnerungsfragmente, sondern um die Art und Weise, wie das alles zu einer Kunstform gerinnt. Das erste Gedicht des Bandes mit dem Titel »Farn« führt dies exemplarisch vor. Der Farn ist längst zu einer Torflandschaft geworden, »ein Buch, in unentzifferbarer Schrift verfaßt«, und der dichterische Vorgang erscheint dann so: »ich knipse was an:

Wildsein, / Erinnern, der Versuch einer / Schwarztorflektüre – schwarz auf / schwarz.«

In die Bestandsaufnahme dessen, was die eigene poetische Landschaft ausmacht, die Kunst- und Medienwelten der frühen Jahre, mischen sich Zeilen, die benennen, was in den Texten selbst passiert: »Schreib es auf, sonst musst du es / am Ende noch erleben«, oder: »Ich brauche morgens viel zu lange, / bis ich mich fremdgeschrieben habe.« Beyer schließt an die Selbstreflexionen an, die seit Beginn der Moderne das Schreiben ausmachen und es gleichzeitig in Frage stellen. Den Gegensatz zwischen Hoch- und Populärkultur hat es für diesen Schriftsteller von Anfang an nicht gegeben. Aber das Charakteristische an ihm ist, wie er diese Erfahrung verschiebt und seinen Umgang mit Populärkultur zu ästhetischen Reizen vorantreibt, die an die lyrische Tradition hinterrücks wieder anschließen.

Es ist mehr als ein bloßer Budenzauber, wenn er seinen Amanda-Lear- oder Micky-Maus-Imaginationen auch Anspielungen auf Dichter unterjubelt, die dem Hausbuch deutscher Poesie entstammen. Geradezu identifikatorisch wird es bei einem alten König des Absurden: »Lesen Sie Günter Eich. Das / Spätwerk. Zweiunddreißigmal.« Oder, in einer irrwitzig kalauernden Anrufung Gottfried Benns: »In meinem / Elternhaus lagen keine Marlboros, / wurde kein Dujardin serviert.« Hier werden den Gemälden »Gainsboroughs« bei Benn neue Mängel in der Generationenerfahrung entgegengestellt, und auf Benns heroische Welten zielt in der Folge auch die Erkenntnis: »und zugleich ist es / unendlich schwer, an Orten wie / diesen ein Mann ohne Laserschwert / zu sein.«

Das Jahr 2020, in dem »Dämonenräumdienst« erschienen ist, wurde landauf, landab in den kulturellen Sphären als »Hölderlinjahr« gelistet. Das passte Marcel Beyer sichtlich ins Konzept. Es ist eine besondere Art von Hommage, wenn ein Gedicht den Titel »Weh mir« trägt, den berühmten Ausruf des schwäbischen Weltenzerreißers aus dessen Gedicht »Hälfte des Lebens« zitierend. Auch Marcel Beyer sieht sich zweifellos in der Hälfte seines Lebens angelangt, aber er liest das alles gegen den Strich: »und wo / nehmt ihr, ihr holden Schweine, wenn // es Zeit ist für euch, für die Hölle, den / Sonnenschein, Marienkäfer und / süße punktierte Haut, und wo das / tüchtige Wasser, eure heillosen // Schädel zu tunken und die heillosen / Birnen und Rosen.«

Die klassische Anmutung, die die Gedichte in »Dämonenräumdienst« haben, verrät eine abgründige Ironie. Es sind jeweils zehn Vierzeiler, hübsch geordnet anzusehen, auch wenn sie sich nicht reimen. Doch innerhalb dieser strengen äußeren Form geht es natürlich kreuz und quer, überlagern sich die Zeiten und die Assoziationen. Und besonders die Anfänge wirken oft wie hitverdächtige Tracks: »Wie unter milden Drogen geht / der Tag dahin«, oder: »In meiner Hasenzeit habe ich so häufig / mit Joseph Beuys geschlafen, ich / weiß wirklich nicht mehr, wann er / endlich schwanger war«. Die Bilder werden jedes Mal konsequent weiterentwickelt, so dass für alle ein selbstreferenzieller Rahmen entsteht. Am meisten groovt wahrscheinlich die Eingangssentenz: »Der Dichter arbeitet als Reh im / Innendienst« – was daraus dann wird, ist ein Meisterstück aus Autorpoetik, Hochkomik und Gesellschaftsanalyse. Rezeptionsgeschichtlich unübersehbare Figuren wie Hildegard Knef oder Rudolph Moshammer erweisen sich im Nachspüren ihrer Bedeutungsfacetten wieder einmal als besonders ergiebig, wobei »Daisy«, der Yorkshire-Terrier des Letzteren, äußerst effektvoll die spezielle Beyer'sche Tiermotivik fortsetzt.

Den Schluss des Bandes bildet der sechsteilige Zyklus »Die Bunkerkönigin«, der den Hintergrund der Gedichte noch einmal ganz ausleuchtet. Es geht um die Nachkriegstraumata, die in diesen Kindheitsbildern mitschwingen, um das Unbewusste in den Aufschwungphasen der alten Bundesrepublik und daran anschließend um den titelgebenden »Dämonenräumdienst«: also um das Zerschreiben der Märchenwelten und Fabelwesen, die sich früh festgesetzt haben. Die Risse in den Wohlstandsfassaden werden sichtbar. Marcel Beyers Gedichte zeugen von der Bewusstseinsarchäologie eines poetischen Spürhundes: »ich lasse [...] / die Bunkerlauge, den ewig / nachtropfenden Bunkerschweiß, / lasse das ganze faule Gebräu sich // mit Kriegs- und Nachkriegsdreck / vermengen, lasse Betondecken / Moorboden sein: Ich räume / auf vor meinem inneren Auge.«

Schattenklumpen und Meereskastanien

Emine Sevgi Özdamar verbindet das Türkische
und das Deutsche zu etwas Neuem

Emine Sevgi Özdamar war die Erste. Im Jahr 1991 las sie als völlig unbekannte, aus der Türkei stammende Schriftstellerin beim Bachmann-Wettbewerb in Klagenfurt, und ihre Lesung gehörte zu den seltenen Momenten, bei denen man sofort weiß: Dieser Text wird einmal für eine Zäsur stehen. Man verharrte, und dann versuchte der etwas ältere Juror Karl Corino seinen Eindruck etwas verwirrt in Worte zu fassen: Hier komme frisches Blut in die deutsche Sprache. Özdamars Form von Immigrantenliteratur war völlig ungewohnt, und es dauerte noch geraume Zeit, bis solche Autoren ganz selbstverständlich als Teil des literarischen Lebens in Deutschland wahrgenommen wurden – Autoren, deren Muttersprache nicht Deutsch war.

Emine Sevgi Özdamar hat einen großen Anteil daran, dass das Schreiben zwischen den Kulturen zum Thema wurde. Sie sprach und spricht ursprünglich Türkisch, sie lernte Deutsch, lebte im deutschen Sprachraum und begann in dieser Sprache zu schreiben, und es entstand etwas Neues zwischen den Sprachen, eine ganz spezifische poetische Qualität. Es hatte natürlich schon vorher Texte gegeben, die die Situation nach Deutschland eingewanderter Türken umkreisen. Es handelte sich dabei meist um eine spezifische Gastarbeiterliteratur, das bekannteste Beispiel dafür war das (im Original in einem poetischen Türkisch geschriebene) Rotbuch »Was will Niyazi in der Naunynstraße« von Aras Ören.

Özdamars Roman »Das Leben ist eine Karawanserei hat zwei Türen aus einer kam ich rein aus der anderen ging ich raus«, der dann 1992, im Jahr nach dem Gewinn des Klagenfurter Bachmann-Preises, erschien, sprengte alle bisher gewohnten Zuweisungen an eine »deutschtürkische« Literatur. Diese Autorin ließ sich nie auf die Immigrantenthematik festlegen und entwickelte eine eigene Ästhetik. Özdamar wollte aber auch keineswegs auf ein irgendwie geartetes exotisches Erzählen reduziert werden, das sofort mit ihr assoziiert wurde, nichts lag ihr ferner als die Erschaffung einer entrückten Märchenwelt. Die Wechselbeziehung zwischen dem Türkischen und dem Deutschen bildet bei dieser Autorin nur einen Aspekt. Die orientalischen Erzähl- und Sprachmotive, mit denen sie durchaus spielt, sind bei ihr von Anfang an von den Traditionen der Moderne grundiert, vom Surrealismus und von der Groteske, vom Theater und vom Film.

Es geht in der »Karawanserei« um die Geburt der Erzählerin in der Provinz und die Sprüche der Großmutter Ayse, um den Umzug nach Istanbul, die Pubertät in Bursa, die zeitpolitischen Umstände und den Bankrott des Vaters. 1965, im Alter von 19 Jahren, fasst sie den Entschluss, nach Deutschland zu gehen und in einer Fabrik zu arbeiten. Die abgründig komische Szenerie auf der Zugfahrt dorthin bildet den Schluss des Romans. Entscheidend in diesem Buch ist aber die Sprache. Zum Beispiel nachts in einem Frauenbad: »Weil es Nacht geworden war, saßen jetzt alle Frauen mit den Sternen zusammen, die aus den Badekuppelgläsern heruntergeregnet waren. Die Frauen sahen auch aus wie Sterne, die ihre Adressen nicht mehr wussten. Ich wusch den alten Frauen ihren Rücken, ihre alte Haut redete vom Tod, und die Sterne zitterten um ihre Körper im fließenden Wasser auf dem Marmorboden.«

Özdamar lässt manchmal türkische Redewendungen wie Stolpersteine und Zungenbrecher mitten im Deutschen stehen, ungefiltert, wie als Verfremdungseffekt im Sinne Brechts. Sie arbeitet mit Wortstakkati und Aneinanderreihungen, mit Lautmalerei und Klangfarben. Die Prägungen der Autorin sind unverkennbar. Ihre ersten künstlerischen Schritte unternahm sie auf der Bühne. Von 1967 bis 1970, nach der Rückkehr aus Deutschland, besuchte sie die Schauspielschule in Istanbul und spielte dort unter anderem die Charlotte Corday in Peter Weiss' »Marat/Sade«. Der Rechtsputsch des Militärs brachte sie 1971 dazu, wieder nach Deutschland zu gehen und dort eine Theaterkarriere anzustreben. Als Mitglied der türkischen Arbeiterpartei war ihr erstes Ziel wie selbstverständlich das »Berliner Ensemble« im Osten, das alte Theater Brechts, und es gelang ihr im Lauf der nächsten Jahre tatsächlich, dort allmählich Fuß zu fassen. An der Volksbühne wurde sie schließlich Mitarbeiterin von Benno Besson und Matthias Langhoff. Auf den langen, titelgebenden Satz mit der »Karawanserei« für ihren Roman kam Emine Sevgi Özdamar bei den Proben zu Kleists »Prinz von Homburg« 1984 in Lyon, als sie Bilder und Bühnenszenerien für diese Aufführung ausprobierte – sie war als Regieassistentin von Matthias Langhoff mitgereist. Das Theater ist generell eine der Quellen für Özdamars Prosa. Özdamar ist voller Slapstickszenen, Dialogfetzen und überraschender Bilder, sie spielt auch auf der Bühne der Sprache: »Ich küsste meinem Onkel die Hand mit meinem Mund, in dem ich unter der Zunge den Dialekt dieser Stadt festgeklebt hatte.«

Als die »Karawanserei« veröffentlicht wurde, gab es etliche jubelnde Kritiken, die den neuen Ton Özdamars zu würdigen wussten. Aber durchgesetzt war die Autorin damit längst nicht. Sechs Jahre später wurde der Folgeroman, »Die Brücke vom Goldenen Horn«, der ihre Prosaästhetik ganz konsequent weiterverfolgt und in derselben assoziativen Sprache das Leben auf der Bühne von Istanbul Anfang der siebziger Jahre inszeniert, in der Fernsehsendung »Das literarische Quartett« besprochen. Marcel Reich-Ranicki reagierte dabei auf eine enthusiastische Kritik des Literaturredakteurs Wolfram Schütte in der damals sehr angesehenen »Frankfurter Rundschau«: Das Buch sei nicht lesbar und der Mann, der diese Kritik geschrieben habe, ein »Verrückter«.

»Das Leben ist eine Karawanserei hat zwei Türen aus einer kam ich rein aus der anderen ging ich raus« (1992), »Die Brücke vom Goldenen Horn« (1998) und »Seltsame Sterne starren zur Erde. Wedding – Pankow 1976/77« (2003) bilden Özdamars Istanbul-Berlin-Trilogie, die aus autobiografischen Erlebnissen heraus eine literarische Sprachmagie entwickelt und dabei über subjektive Selbstvergewisserungen weit hinausgeht. Das Theater bildet immer den faktischen wie auch den ästhetisch-inszenatorischen Hintergrund.

Emine Sevgi Özdamar war unter anderem von 1979 bis 1984 am Schauspielhaus in Bochum engagiert. In dessen Auftrag entstand ihr erster literarischer Text, das Stück »Karagöz in Alamania«. Es bezieht sich auf das traditionelle türkische Schattenspiel. »Karagöz« bedeutet »Schwarzauge« und ist der Held des Spiels, der sich mit seinem klugen Esel nach Deutschland begibt. Özdamar erinnerte sich später, dass Matthias Langhoff, nachdem er das Stück in Bochum gelesen hatte, zu ihr sagte: »Das Stück ist ein Phänomen, im wörtlichen Sinne des Wortes. Das neue Volk kommt vor, sie reden im türkischen Denken mit gebrochenem Deutsch, ständig wechselt die Sprache und die Sprachform.«

Auf dieselbe Weise geht die Romantrilogie vor. Der erste Teil spielt noch völlig in der Türkei, mit der Großmutter als prägender Figur: eine Frauengestalt, die die überlieferten Mythen, die Sprichwörter und Lieder vermittelt, aber ebenso der unmittelbaren Gegenwart ihre Dämonen und Gespenster entgegenhält. Auffällig ist, dass der patriarchalische Großvater im Lauf des Textes mit etlichen selbstbewussten Frauenfiguren konfrontiert wird. So ist die Großmutter die Einzige, die den Entschluss der jungen Ich-Erzählerin unterstützt, nach Deutschland aufzubrechen: »Sie soll sich in Alamania ein bisschen lüften.«

Der zweite Roman der Trilogie schließt unmittelbar daran an. Es geht zunächst um die Arbeit in der Firma Telefunken, das Leben im »Frauenwonaym« und um die Politisierung im Vorfeld der 68er-Bewegung in Berlin, bis der Vater sie dazu zwingt, nach Istanbul zurückzukehren – er sagt, ihre Mutter sei erkrankt. Die nächsten Jahre sind gezeichnet vom Leben in der Schauspielschule und im Theater, vor allem aber auch von politischen Aktionen nach dem Militärputsch. Als die Ich-Figur mit ihrem Freund Kelim eine riskante Agitationsreise in die Osttürkei unternimmt, werden sie inhaftiert und verhört, und dieses Mal ist es die Mutter, die die Ausreise nach Deutschland unterstützt: »Flieh und leb dein Leben. Geh, flieg.«

Im dritten Teil, »Seltsame Sterne starren zur Erde«, fungiert das titelgebende Zitat von Else Lasker-Schüler als Leitmotiv: »Seltsame Sterne starren zur Erde, / Eisenfarbene mit Sehnsuchtsschweifen, / Mit brennenden Augen die Liebe suchen«. Die Liebe: Das ist vor allem die Liebe zum Theater, die jede andere Liebe übersteigt. Im Mittelpunkt steht ein Arbeitsaufenthalt in der DDR, in dem sich ein enges Verhältnis zu dem Regisseur Benno Besson entwickelt. Auch als atmosphärisches Zeugnis für das Künstlerleben in der DDR ragt dieser Roman heraus. Sie sei »hier am Theater glücklich geworden«, resümiert die Erzählerin, verschweigt aber nicht, dass ihr dies auch als naive und unpolitische Haltung vorgeworfen wird. Immerhin unterscheiden sie ihre Türkei-Erfahrungen grundsätzlich von ihren westdeutschen Wohngemeinschaftsfreunden. Auf ihre Weise denkt sie per se politisch. Und dass die Sprache, die in ihrem unverkennbaren Personalstil fragmentiert, mit Rückblenden, grotesken Überfremdungen und akrobatisch-komischen Wortspielen arbeitet, zum herausragenden Sujet ihrer Prosa wird, ist auch hier unverkennbar.

Özdamars Istanbul-Berlin-Trilogie ist ein verführerisch leuchtender Meteorit in der deutschsprachigen Literaturlandschaft dieser Zeit. Sie hat diese Autorin zu einer solitären Vertreterin einer Literatur zwischen den Sprachen und Welten gemacht, bei der es um poetische Erkenntnis geht und nicht einfach um eine Bebilderung von gesellschaftlich akuten Problemen. Was diese Autorin dann im Jahr 2021, also eine geraume Zeit später, vorgelegt hat, war abermals eine große Überraschung. »Ein von Schatten begrenzter Raum« ist nicht nur wegen seines Umfangs von 762 Seiten ein Opus Magnum.

Der autobiografische Stoff, auch der bereits bekannte, wird hin und her gewendet, und das Geschehen wird dabei bis zur unmittelbaren Jetztzeit getrieben. Durch Wiederholungen bestimmter Schlüsselmomente und Schlüsselsätze wird eine ganz eigene, charakteristische Atmosphäre erzeugt. Es gibt keine lineare Chronologie, sondern lustvolle Zeitsprünge, einzelne Motive verselbstständigen sich, so dass das Leben selbst wie ein Theaterstück erscheint – es besteht aus vielen einzelnen Szenen, die sich auf unabsehbare Weise ablösen und auch Vorblenden auf Situationen zulassen, die erst dreißig, vierzig Jahre später stattfinden. Die Zeichnungen und sonstigen Artefakte, die die Ich-Erzählerin als Regieassistentin und Bühnenbildnerin zu einzelnen Inszenierungen herstellt und die im Buch eingehend beschrieben werden, werfen auch ein erhellendes Licht auf ihre reale Biografie.

Zu Matthias Langhoffs Aufführung des »Kaukasischen Kreidekreises« von Brecht in Paris bastelt sie beispielsweise Puppen aus Weinflaschen, und das ist von derselben surrealen Prägnanz wie auf der anderen Seite das bohèmehafte, freischwebende Künstlerleben mit der jüdischen Freundin Efterpi aus Istanbul, die jetzt in Paris lebt und deren Eltern in Thessaloniki von den Nazis ermordet wurden. Und die Freundin Mari macht sich auf den Weg von Paris nach Kanada: »Wenn man von seinem eigenen Land einmal weggegangen ist, dann kommt man in keinem neuen Land mehr an« – das ist die Grunderfahrung des Exils. Die aktuelle türkische Situation in der Zeit der Militärdiktatur, die Verbindung zu den Eltern dort wird immer wieder in die scheinbare Leichtigkeit des Theaterlebens hineingeblendet.

Zu einer Woyzeck-Regie von Langhoff in Bochum fertigt die Erzählerin Collagen an, die die Idee der Inszenierung aufnehmen und das Spiel weitertreiben, sie agieren auf dieselbe Weise wie der Text, der die unterschiedlichsten Eindrücke und Augenblicke montiert, mit Schlagzeilen aus Zeitungen, Aufzählungen von Gegenständen und vorgefundenen Wörtern und Sprachlauten, die oft dadaistisch eingesetzt werden, so bei dem Klang von Sonnenblumenkernen. In ihrer Prosa werden Emine Sevgi Özdamars eigene Erlebnisse, ihre Gefühle, ihre biografischen Selbstreflexionen auf dieselbe Weise zum Material wie die Stoffe der Theaterstücke, die sie als Regieassistentin von Langhoff und Besson zertrennt, deren Teile sie anders wieder zusammensetzt und auf eine neue Form zuschneidet.

»Ich wohne in den Schatten, die sich mit Leben erfüllen«, heißt es zu den Woyzeck-Collagen, und ab und zu gibt es Hinweise auf Özdamars ästhetische Prägungen, die von Luis Buñuel ausgehen oder von Francis Bacon. Hier wird die Schatten-Metaphorik, die dem Buch den Titel gegeben hat, eingeführt: In einem Bild Bacons wachsen aus dem Körper der Frau und aus ihrem Stuhl Schatten, und in anderen Szenen werden die Körper, auch in der Liebe, zu »Schattenklumpen«. Vieles geht hier vom Visuellen aus. Özdamar ist eine Autorin, die nie theoretisch oder mit abstrakten Begriffen agiert. In ihrer Prosa fällt wie auch in Interviews und öffentlichen Gesprächen auf, dass sie auf entsprechende Fragen sofort Geschichten erzählt oder Bilder entwickelt. Diese poetische Weltwahrnehmung ist kein Widerspruch zu politischen Aktionen und Überzeugungen, das eine scheint das andere sogar zu bedingen. Schon früh schrieb sie: »Die Politik zog mich nicht vom Theater weg, aber meine Zunge teilte sich. Mit der einen Hälfte sagte ich: ›Solidarität mit den unterdrückten Völkern‹, mit der anderen Hälfte meiner Zunge sprach ich Texte von Shakespeare.«

Ein großes, magisches Bild ist die kleine Insel, auf der Anfang und Ende des Romans spielen. Sie gehört zwar zur Türkei, wirkt aber doch wie außerhalb: Bis zur Vertreibung der griechischen Bevölkerung 1922 gehörte sie zu Griechenland. Die Autorin entwirft hier eine Geschichtsutopie, wie ein Ideal-Europa im Kleinen, ein exterritoriales poetisches Gelände. Es ist die Insel, auf der Apollo geboren wurde, und immer noch wird hier halb auf Türkisch und halb auf Griechisch gesprochen, ja: »Auf der Insel sprachen die Türken unter sich Griechisch« – manche ihrer Vorfahren sind damals von den griechischen Inseln Lesbos oder Kreta hierher umgesiedelt worden. In diesem Raum sind auch die Stimmen von Tieren gegenwärtig, so schaltet sich eine freche Moskitofliege in die Wahrnehmung der Erzählerin ein. Ein fixer Orientierungspunkt ist die »Orthodoxkirche«, die hier natürlich immer noch jenseits der Geschichtsläufte steht und die sich gelegentlich in die Zeilen schiebt, und zum Magischen gehören auch die Krähen, die wie ein antiker Chor auftreten, den Menschen an Wissen überlegen zu sein scheinen und die Zukunft voraussagen. Der Protagonistin, die nach Deutschland aufbrechen will, geben sie eine Botschaft mit auf den Weg, die sie am Anfang noch nicht richtig einordnen kann: »Sie werden versuchen, dir dein Gedächtnis auszulöschen.«

Die Insel liegt dem griechischen Lesbos gegenüber, im Abstand von zwanzig Minuten, und als die Ich-Erzählerin einmal mit dem Fischer Ali Kaptan unterwegs ist, gibt es unwillkürlich einen Umschlag ins Fantastische. Dass die Seeigel hier »Meereskastanien« heißen, bereitet ihn schon vor: »Ich warf einen der kleinsten dieser Seeigel leise wieder ins Meer, das Meer zog ihn nicht hinunter, sondern ließ ihn mit den Wellen und mit dem Poyrazwind, der aus den türkischen Kazbergen wehte, Richtung Lesbos treiben. Ich nahm meinen Koffer, stieg aus Ali Kaptans Boot und lief über das Meer hinter diesem Seeigel her, der nach Europa getrieben wurde, und drehte mich nicht nach hinten, wo Ali Kaptan, vielleicht noch die Hände im Wasser, nach neuen Meereskastanien suchte und sein Boot sich im Meer mit den

Wellen hoch und runter bewegte. Meine Füße wackelten mit den Wellen auf dem Wasser, aber ich schaute nur auf den Seeigel, der sich vor mir mit dem Poyrazwind in Richtung Lesbos treiben ließ.«

Man verfolgt diesen Weg nach Europa, wie wenn es das Selbstverständlichste wäre. Surreale Momente gehen ganz selbstverständlich in Alltagsbeschreibungen über, und so hat auch die lange Zeit des Theaterlebens ohne festen Wohnsitz, die in einzelnen prägnanten Szenen assoziativ aufgerufen wird, von Berlin über Paris nach Bochum und zurück, oft die Anmutung von etwas Traumwandlerischem. Im Hintergrund laufen dabei immer auch die Telefongespräche mit den Eltern in Istanbul mit. Der Titel »Ein von Schatten begrenzter Raum« fängt die Heimat- und Ortlosigkeit mit ein, die politische Dimension ist in der Befragung der eigenen Existenz immer gegenwärtig: das Verschwinden der künstlerischen Avantgarde in Istanbul, der verdrängte türkische Völkermord an den Armeniern 1915 – und auf dem Weg durch verschiedene Friedhöfe versucht die Erzählerin, durch Gedächtnisarbeit in ihrer eigenen Gegenwart heimisch zu werden.

Die schreibende Hauptfigur kann mit einer zurückgelassenen Zigarettenpackung ihres Mentors Benno Besson genauso ins Zwiegespräch treten wie mit einer Remington-Schreibmaschine. Die Gegenstände mit ihrer eigenen Geschichte sprechen wie in den Filmen und Theaterstücken der Moderne, in die die Autorin als junge Frau in einem fragilen Istanbul hineingewachsen ist. Die Heimat, die sich in diesem überbordenden Roman erschrieben wird, ist die Kunst. Und das drückt sich in emphatischen Formeln aus, die immer wieder als ungewohnte Ausrufezeichen im Text auftauchen: »Ich wohne in den Liedern von Edith Piaf«,

»ich wohne in Rainer Werner Fassbinder«, »ich wohne in Pier Paolo Pasolini« – und wenn die Erzählerin ganz konkret gefragt wird, sagt sie nicht: »Ich wohne in Bochum«, sondern: »Ich wohne in Benno Besson.«

Die Telefonzelle im Quartier Latin, von der aus die Autorin nach ihrer Ankunft in Paris Benno Besson zum ersten Mal angerufen hat, wird zum Bild einer Heimat. Sie kommt im Text oft vor. Und zur Typologie des gelebten Lebens gehören die Unterschiede zwischen den Städten und den Begegnungen dort. In Paris schlägt der Liebhaber gleich vor: »Sollen wir durch die Stadt gehen?« In Berlin hingegen fragt der Liebhaber, ob man nicht noch weiter im Bett bleiben wolle. Bloß nicht durch die Stadt gehen!

Berlin ist trotzdem Emine Sevgi Özdamars Wohnort geworden. Ein Grund dafür ist bestimmt, dass es sich bei dieser Stadt um »Draculas Grabmal« handelt, so nannte sie zumindest Jean-Luc Godard einmal. In den Kosmos von »Ein von Schatten begrenzter Raum«, in dem die Zeiten und Sphären und die Moderne durcheinanderwirbeln, passt diese Feststellung jedenfalls sehr gut. Auch sie gehört zu dem flirrenden Teppich aus Zitaten, der den Roman durchzieht und das Gesamtwerk von Emine Sevgi Özdamar noch einmal ganz neu aufleuchten lässt.

Brache Stätten
Reinhard Jirgls Tabula rasa

Reinhard Jirgl tut oft weh. Er steht für das Sperrige und für Lesehürden, ja, er scheint geradezu Barrikaden zwischen sich und der landläufigen Öffentlichkeit aufgebaut zu haben, Barrikaden aus Buchstaben und Satzzeichen und Interjektionen; man braucht nur »Jirgl« zu sagen, und man weiß Bescheid. Seine Romane sind schmerzhaft zeitgenössisch. Sie sind noch nicht einzuordnen in die bereitliegenden Schablonen. Sie benutzen zwar Versatzstücke aus Fernsehtrash und Trivialkultur, aber sie verweigern sich jeglichem Konsens. Bei Jirgl beschleicht einen das Gefühl, dass es doch noch einen Unterschied zwischen E-Kultur und U-Kultur geben könnte. Jirgl ist das, wovor uns die Germanistikprofessoren immer gewarnt haben.

Als sich 1989 in Ostberlin unvermutet die Schubladen öffneten, lagen darin sechs dicke Manuskripte. Reinhard Jirgl hatte 1978 seine Stellung als Elektronikingenieur aufgegeben und schrieb und schrieb, er schrieb die ganze DDR entlang und hindurch, ohne dass sich von diesen Papiermassen etwas abgetragen hätte. Als 1990 in der von Gerhard Wolf herausgegebenen Reihe »Außer der Reihe« im Aufbau-Verlag Jirgls Debüt »Mutter Vater Roman« erschien, gab es die DDR zwar noch, aber die Grenzen hatten sich bereits geöffnet. Man konnte in der DDR kaum etwas anderes von ihm wissen, als dass er als der dreizehnte Beleuchter an der Ostberliner Volksbühne arbeitete.

Die Romane, mit denen Jirgl im literarischen Betrieb dann auf sich aufmerksam machte, waren seine neuesten

Texte und alle bereits nach 1989 entstanden. Mit »Abschied von den Feinden« wurde er 1995 zum ersten Mal von einer etwas größeren Leserschicht wahrgenommen, im Alter von 42 Jahren. Da tritt dem Leser bereits seine ausgefeilte Textkörper-Struktur entgegen, und sie wurde sofort fälschlicherweise einer Gefolgschaft Arno Schmidts zugeschrieben. Die Genese von Jirgls Buchstaben- und Zeichensystemen, seiner Vorstellung vom physischen Charakter einer Buchseite ist jedoch eine ganz andere.

Bereits die frühesten, die Schubladen-Texte Jirgls aus der DDR sind stark szenisch geprägt. Er arbeitet mit Monolog- und Dialog-Fragmenten, die ihre Wucht aus antiken Vorlagen beziehen und mit zeitgenössischer Medien- und Popsprache kurzschließen. Wenn es da mit einem älteren Schriftsteller Berührungspunkte gibt, dann am ehesten mit Heiner Müller, mit dem Jirgl in der Zeit der DDR auch sporadischen Kontakt hatte. Langsam arbeiten sich aus einer Sprachwüste spezielle, klandestine Zeichenschichten heraus, ein alles zersetzendes Theater, Trümmermonologe, die sich keiner dramaturgisch gängigen Form mehr fügen wollen. Was Jirgl in der DDR von allen literarischen Kompromissen fernhielt, also auch von Fährnissen kritischer Distanz, war das Bewusstsein, ohnehin undruckbar zu sein. Mit seinen in uneinsehbaren Höhlen wuchernden Sprachstalakmiten entzog er sich dem staatlichen Zugriff von vornherein. In landläufiger Prosa, in realistisch und psychologisch vorgeformten Erzählhaltungen konnten in der DDR durchaus nonkonforme Inhalte veröffentlicht werden. Jirgls Inhalt aber war die Form.

Diese Form lässt alles neu erscheinen. Von Anfang an kreisen Jirgls Texte um die Abgründe der bürgerlichen Familie. Für die DDR musste das eine doppelte Provokation sein. Dieser Autor wollte und konnte nicht aus dem proletarisch Vollen schöpfen. Jirgls Hölle ist die des Kleinbürgertums der DDR, und das ist – bei der Lektüre wird man damit auf sehr sinnliche Weise konfrontiert – etwas äußerst Zähes, Pechfarbenes, mit schwefligen und salpetrigen Gerüchen, das ziemlich verzerrt und verrenkt nach seinem Ausdruck schreit. Allerdings nennt Jirgl das nicht Hölle, sondern Alltag. Seine erste Buchveröffentlichung heißt nicht von ungefähr »Mutter Vater Roman«.

»Außer der Reihe«: Ort und Zeitpunkt dieser Veröffentlichung sind sehr charakteristisch. Müßig zu sagen, dass dieser »Mutter Vater Roman« aus sämtlichen Rastern herausfiel, auch aus denen der öffentlichen Wahrnehmung. Doch die »Mutter-Vater«-Konstellation erwies sich als ziemlich hartnäckig. »Abschied von den Feinden« aus dem Jahr 1995 und »Hundsnächte« aus dem Jahr 1997 knüpfen nahtlos daran an.

Im Mittelpunkt dieser beiden Bücher stehen zwei Brüder, es geht um Mord und Totschlag wie in antiken Dramen, aber auch um die unmittelbare Zeitgeschichte, die wie ein Moloch den Einzelnen in sich aufsaugt. Am Schluss von »Abschied von den Feinden« steigt der eine Bruder im deutschdeutschen Grenzgebiet aus einem stehengebliebenen Zug aus und wird anschließend sich selbst überlassen, in einem von Bahndamm, Gestrüpp und Häuserruinen geprägten Niemandsland. Am Beginn der »Hundsnächte« ist dann wieder von dieser Figur die Rede. Sie haust in einer Ruine und ist längst zu einem Phantom geworden, zu einer mythischen Figur. Sie bekommt nur Konturen durch das Ineinandersprechen anonymer Stimmen, ein Basso continuo der Dorfbewohner sowie der Abrisskolonne, die die im Grenzstreifen verrottenden Häuser und Ruinen schleifen soll.

Der Text hat mehr als nur einen doppelten Boden. Er blendet unter anderem zurück in die Zeit, als der Mann, der in der Ruine verdämmert, DDR-Jurist war. Und allein daraus hätten andere Autoren mehrere eigenständige Romane gemacht – ein verblüffender Eindruck, der sich bei allen Büchern Jirgls einstellt. Der Mann gerät zum Beispiel in einem Krankenhaus in eine Verschiebeaktion von Spenderorganen in den Westen. Und eine Bar Unter den Linden, in der er sich immer mit einer Geliebten aus dem Westen getroffen hatte, ist der Ausgangspunkt für eine alptraumhafte Odyssee durch das Ostberlin der neunziger Jahre, in flackerndem Schwarz-Weiß-Licht und magischen Großaufnahmen. Eine bizarre Sexszene wird stimmungsvoll mit einer Arie von Maria Callas untermalt, eine wahre Hochzeit von U- und E-Kultur mit knorpeligen Geräuschen.

Es gibt, und das ist für die Dynamik Jirgl'scher Texte wichtig, ein bestimmtes Bild, das sich an mehreren Stellen wiederholt. Immer wieder taucht ein Gitter auf, das in der rechten Ecke eine Öffnung hat: im Design einer Bar etwa, wo sich ein Band weißer Quadrate auf weißem Grund hinzieht und wo am äußersten rechten Rand ein »gestörtes, nicht vollendetes 4eck« sitzt. Oder bei einem Fernseher im Holz für den Lautsprecherton: Die Strebe, so heißt es, »in der rechten unteren Ecke des Quadrats schien ausgebrochen«. Dieses Bild steht für das Erzählprinzip, wie ein Mausklick am Computer. Scheinbar abrupt bricht der jeweilige Erzählstrang ab, und ein anderer beginnt. Das lässt einen ganz bestimmten Sog entstehen, eine Logik aus Rausch und Traum. Der Text bildet Denk- und Gefühlsbewegungen ab, Mechanismen des Bewusstseins, ohne sie eigens zu thematisieren oder zu kommentieren. Lässt man sich von dieser Logik mittragen, vermittelt sich etwas

Fantastisches, eine Wirklichkeit jenseits der bloßen Abbildungen.

Der DDR hat Jirgl sein Schreiben entgegengesetzt. Während die Realität immer weniger greifbar wurde, erwiesen sich einzig und allein die Buchstaben als Halt. Als er im Westen zu veröffentlichen begann, kam er buchstäblich aus dem Nichts. So sind die Albtraumgemälde und glühenden Visionen, die Jirgl in seinem literarischen Kosmos entwirft, etwas Eigenmächtiges, bis hin zu einem poetologischen Bild in »Abschied von den Feinden«. Über den kollektiven Selbstmord eines Indianerstamms im 17. Jahrhundert wird da gesagt: »die sterbenden Leiber verrenkten die Gliedmaßen zu klobig abgewinkelten Figuren – sie ähneln darin ihren Schriftzeichen«.

Schrift und Körper: Hier liegt der für Jirgl entscheidende Zusammenhang. In den Buchstaben wird die Subjektivität aufgehoben. Und so hat sich auch die Figur in der Ruine der »Hundsnächte« literarisch verselbstständigt, sie ist zu einem Sinnbild für das Schreiben selbst geworden. »Ich schreibe, also bin ich«, hallt es aus der Ruine; sie schreibt, während sie stirbt. Hitzige, expressive Satzbilder treiben die Vision immer weiter: die schimmligen Tapetenreste, die beschriftet werden, das zittrige Gekrakel mit einem Bleistiftstummel. Am Ende schreibt die Figur fiebernd mit ihrem Blut weiter, überführt ihr Leben symbolisch in die Schrift.

In jedem seiner Romane führt Jirgl vor, wie wichtig für ihn der Prozess des Schreibens selbst ist. Er stellt ihn aus, er thematisiert und reflektiert ihn, und langsam wird klar, welche Funktion seine besondere Schreibweise und Zeichensetzung haben. Der alphanumerische Code, den er aus der elektronischen Datenverarbeitung übernimmt und dabei manchmal in den Wörtern Buchstaben und Zahlen mischt, verschafft einem Text eine zusätzliche Informationsebene, einen sich den üblichen Rezeptionsbedingungen nicht fügenden Schlüssel. Das ist Teil seines literarischen Prinzips. Jirgls Literatur schottet sich von der allgemeinen Rede ab, vom Common Sense, von den Selbstverständlichkeiten, die in der Öffentlichkeit mit großer Münze gehandelt werden. Diese Form des Schreibens muss zwangsläufig eigenen Gesetzen folgen.

Die Bücher Jirgls aus den neunziger Jahren reagierten auf die Implosion der DDR. Der Roman »Die atlantische Mauer« eröffnet dann im Jahr 2000 ein weiteres Terrain. Nun stehen die USA, der Fluchtpunkt in der Neuen Welt, im Mittelpunkt des Schreibens. Es geht in der »Atlantischen Mauer« um Menschen, die mit einem Schlag alle gewohnten Bezüge hinter sich lassen. Jirgls Sätze kreisen nicht mehr um den Moloch Berlin, um den Schuttplatz aller Hoffnungen. Sie holen zu etwas Neuem aus. Dabei wird der Westen allerdings zusehens inkorporiert in die apokalyptische Landschaft des Ostens; der Osten ist global.

Dies ist eine der erstaunlichsten Entwicklungen der neunziger Jahre, und Jirgl registriert sie mit all seinen Instrumenten. Die westlichen, vor allem aber auch die westdeutschen Zustände nehmen Züge eines östlichen Lebensgefühls an. Jirgl liefert in seinen Romanen keine Gesellschaftstheorien, aber er findet Bilder, die gesellschaftliche Zustände zeigen, das Ausgeliefertsein an die Realität einer ungreifbaren Macht. Schon in »Abschied von den Feinden« gibt es ein Leitmotiv, das die DDR-Totalität nachhaltig wiedergibt, aber auch darüber hinausgreifende existenzielle Dimensionen annimmt. Es kommt in allen Sprechweisen und Handlungssträngen wie beiläufig vor. Es sind Fliegen. Fliegen fallen in Schwärmen am Weihnachtsabend in die

Kirche einer mecklenburgischen Kleinstadt ein, Fliegen verkleben die Scheiben eines stillstehenden Zuges, Fliegen umschwirren den Körper eines gepfählten Eroberers im südamerikanischen Dschungel genauso wie den Körper des Pferdes, das an der DDR-Grenze im Minenfeld zerschunden wird. Die Fliegen, die uniformen Insekten, sind ein Signum, das den Roman durchdringt: keine Individualität, sondern Schwärme, Sendboten des Zersetzenden. Die Fliegen scheinen keinen eigenen Lebenswillen zu haben, sondern in einem fremden Auftrag auszuschwärmen, im Dienst fremder, uneinsehbarer Mächte zu stehen; es ist das Schwirren eines Systems, das die Umrisse eines einzelnen Menschen auflöst.

In Jirgls Roman »Die Stille« aus dem Jahr 2009 wird ein Geschichtsbild entworfen, das damit zu tun hat. Ein Zweig der handlungstragenden Familie ist im brandenburgischen Thalow ansässig, einer vielen Fährnissen ausgesetzten Grenz- und Braunkohleregion. In jeder Generation muss die Familie auf neue Weise um ihr Haus kämpfen. Im Nationalsozialismus soll es militärisch genutzt werden, in der DDR enteignet, und im Nachwendedeutschland soll es dem treuhand-unterstützten Braunkohletagebau weichen. Im Roman werden die Beschwerdebriefe der Familie aus den verschiedenen Zeiten an die jeweiligen Behörden parallel gesetzt, sie unterscheiden sich kaum. Austauschbar erscheinen nur die abschließenden Grußformeln: Heil Hitler, Mit sozialistischem Gruß, Mit freundlichen Grüßen.

Der Einzelne und die Macht: Diese Opposition ist in allen Romanen Jirgls zentral. Eines seiner Bücher trägt den Titel, der im Grunde für alle gelten könnte: Es ist der Roman »Abtrünnig« aus dem Jahr 2005. Einer der Helden ist ein

Journalist, der Schriftsteller werden will – vor allem deshalb, weil ihn seine Psychotherapeutin ermutigt hat, zu seinen Neigungen zu stehen. Einmal möchte dieser Held ihr einen Text von sich vorlesen. Doch er gerät dabei direkt in einen Abendsalon hinein, den sie gibt, und unvermittelt wird er der Gesellschaft als kulinarisches Ereignis serviert. Wie einflussreiche Mitglieder von Literaturjurys auf dieser Party geschildert werden, ist erschreckend real und entlarvend, es muss auch für diesen Roman selbst Folgen haben.

Jirgl arbeitet offensiv mit »Links«, mit der zeitgenössischen Computerästhetik. An einzelnen Stellen des Romans tauchen überraschende Querverweise auf frühere oder spätere Szenen auf, und in den Satzspiegel eingeblockt sind dabei Kästchen, die zum Weiterlesen auf anderen Seiten auffordern. Liest man das Buch regulär von Anfang bis Ende, kommt man bei einem »Amok«-Lauf an, mit dem der Journalist am Schluss alles hinter sich lässt. Folgt man allerdings den Links, dem zweiten Ordnungssystem des Romans, landet man woanders: Man gelangt in eine Endlosspirale, in der sich die Erfahrungen mehr und mehr verdichten und von der Zeit abkoppeln. Dies ist ein poetisches Moment, das auch die theoretischen Abschnitte des Textes erfasst. Jirgl entwickelt eine essayistische Prosa, die mit akademischen Ködern jongliert, sich aber durch eine gesteigerte Subjektivität und durch ausgefeilte Sprachspiele entzieht. Das Kapitel über den »Warencharakter der Sexualität« kommt zunächst wie eine Marx- und Freud-Persiflage daher, geht aber in seiner anarchischen Vermengung von niederer und hoher Sprache, von theoretischen Abstraktionen und Stammtisch-Effekten weit über eine bloße Satire hinaus. Diese Form von Chaos stiftet Erkenntnis. Jirgl scheut zudem nicht vor Kalauern zurück. Die frühere Frau des Helden klagt einmal über »all die Jahre«, die sie mit ihrem Ehemann zusammengelebt hat – in der Verschriftlichung des Romans werden daraus, grenzüberschreitenden Lebensmittel-Discountern folgend, »Aldi-Jahre«.

Auch »Die Stille« jongliert mit mehreren Mustern aus dem Trivialen, mit allem Unrat zwischen Talkshows und Internet-Blogs. Der scheinbar leise Titel »Die Stille« wird im Lauf der Zeit immer dröhnender. Der 68-jährige Georg Adam besucht in diesem Roman seine Schwester im Sommer des Jahres 2003 in Berlin. Sie übergibt ihm für den Sohn Henry in Frankfurt am Main das Familien-Fotoalbum. Es sieht reichlich mitgenommen aus, manche Fotos sind herausgerissen, andere wiederum fast verblichen. Die ersten erhaltenen Bilder stammen noch aus der Zeit vor dem Ersten Weltkrieg. Der Roman Jirgls ist formal nach diesen Fotos gegliedert, von Foto 1 bis Foto 100, doch die einzelnen Kapitel sind beileibe keine Beschreibungen dieser Fotos. Die Bilder wirken eher hineingestreut in eine turbulente und chaotische Handlung. Verschiedene Sprecherstimmen übernehmen dabei die Führung, oft geht die Rede unvermittelt von einer Person zu einer anderen über, und die Fotos haben auf den ersten Blick wenig damit zu tun, sie liefern vor allem einen atmosphärischen Hintergrund. Wieder ist die kleinbürgerliche deutsche Familie der Schauplatz für das existenzielle Desaster des Einzelnen. Die Abmessungen der Fotos im Familienalbum bilden dabei die Grundlage für eine charakteristische Pointe: Die einzelnen Kapitel entsprechen in ihrer Zeichenzahl genau der Größe dieser Fotos.

Auch hier scheint ein eigenständiges System, dessen Normen er selbst genauestens definiert, für den Schreibprozess des Schriftstellers Reinhard Jirgl eine unabdingbare Voraussetzung zu sein. Folgt man aber der Handlung, kommt es zu suggestiven und aberwitzigen Szenen. Der Autor unterfüttert melodramatische Momente mit historischer und sozialer Präzision. Einmal lässt er seine Figuren direkt über den Zusammenhang von Sprache und Form reflektieren. Da sagt Georg über seinen Sohn Henry, der Germanistik studiert hat: »Er verwandelte die deutsche Sprache zu klapperigen Gefügen, kleinlich pedantisch & Recht=haberisch, das tönte wie 1 Zwergenschmiede für Vorgartenschmuck & roch nach Klebstoff & schwachem Strom wie elektrische Eisenbahn.«

So weit darf man hier der Figurenrede Reinhard Jirgls durchaus trauen: Mit den »Zwergenschmieden« und dem »Vorgartenschmuck« eines weit verbreiteten Literaturverständnisses will dieser Autor nichts zu tun haben. Er widmet sich nicht genüsslich den Stillleben eines vermeintlich bürgerlichen Lebens. Für ihn – und das ist wohl das Provozierende – ist Literatur eine Eigenmacht. Jirgl scheut weder vor den großen Mythen der Antike zurück noch vor denen unserer Fantasykultur. Dadurch erscheint er im Universum der Gegenwartsliteratur wie eines jener geheimnisvollen schwarzen Löcher.

Schwarz: Mit dieser Farbe hat man Jirgls Bücher oft assoziiert. Aber man sollte sich nicht täuschen. Diese Schwärze wirkt erhellend. Vier frühe Manuskripte aus der DDR hat Jirgl 2002 unter dem Titel »Genealogie des Tötens« zusammengefasst. Das »Töten« ist ein Motiv, das alle angeschlagenen Themen familiärer und gesellschaftlicher Zerrüttung zusammenführt. Es kann an ohnmächtige, kafkaeske Fantasien im DDR-System genauso rühren wie an Gewaltexzesse an einem Erfurter Gymnasium im Jahr 2010, einer High School in den USA oder einem anonymen Reihenvorort bei Winnenden in Baden-Württemberg. Furios inszeniert Jirgl das gesellschaftlich Unbewusste, den Abgrund hinter sauberen und glatten Fassaden. Er vergegenwärtigt jenen Amoklauf, der tagtäglich stattfindet, den man aber meist nicht bemerkt.

Erst wenn die Wirklichkeit schonungslos durchdrungen worden ist, beginnt etwas Neues. Wenn Tabula rasa gemacht wird, bleiben »Brache Stätten« übrig. So lautet ein Motiv am Beginn und am Schluss des Romans »Abtrünnig«. Die in brachen Stätten erkennbare Gegenwart verweist auf das Kommende. Jirgl hat die Brachen, die Müllhalden, die Verwerfungen genau im Blick, er seziert sie, und während er das tut, setzt die Suche nach Ganzheiten ein. In der Gebrochenheit, in der Vielschichtigkeit, in den physisch wahrnehmbaren Lettern und Zeilen einer Buchseite wird etwas Lebendiges spürbar. »Ich bin glücklich«, lautet in diesem Licht ein überraschender Satz gegen Ende des Buches.

Natürlich ist das kein einfaches Glück. Im Jahr 2017 teilte sein Verlag, der Hanser Verlag in München, mit, dass sich Reinhard Jirgl »vollständig aus der Öffentlichkeit zurückgezogen« habe. Die Texte, die er jetzt schreibe, »verbleiben in Privatbesitz«. Jirgl hat seitdem tatsächlich keine Bücher mehr publiziert oder Lesungen absolviert. Über die Gründe für diesen Entschluss hat der Verlag keine Angaben gemacht. Man kann erahnen, dass dieser Rückzug für Jirgl eine radikale Konsequenz aus seinen Erfahrungen mit dem Literaturbetrieb darstellt, dass er der Ästhetik seiner Texte vollkommen entspricht. Aus seinem Umfeld verlautet, er schreibe weiter und es laufe sehr gut.

Mit Abstand entstehen härtere Zeichen
Lutz Seilers Mechanik der Bild- und Wörterwelten

Im Jahr 1990 erschien in der »Unabhängigen Verlagsbuchhandlung Ackerstraße« in Ostberlin ein broschiertes Bändchen mit »Letzten Gedichten aus der DDR«. Die zehn beteiligten Lyriker waren ganzseitig auf Schwarz-Weiß-Fotos zu sehen, und der drittletzte Autor fiel dabei ein bisschen aus dem Rahmen. Er war der einzige, der noch richtig langhaarig war, die schwarzen Strähnen fielen fast bis auf die Brust. Der eher schüttere Schnurrbart, der dunkle Pullover und die ebenso dunklen Augen verstärkten das Bild. Die vier Gedichte in diesem Band waren die erste wahrnehmbare Veröffentlichung von Lutz Seiler. Und einige Leute wussten, dass er mit demselben Ausdruck wie auf dem Foto zur selben Zeit auch in der »Assel« in der Oranienburger Straße als Kellner arbeitete, einem Lokal, in dem ostdeutsche Aussteiger missmutig die ersten hedonistischen Westhipster musterten, die nebenan im »Obst und Gemüse« verkehrten.

In Seilers Roman »Stern 111« dreißig Jahre später wird die »Assel« noch einmal lebendig, und zwar aus der Perspektive der Hauptfigur Carl Bischoff. Carl findet Kontakt zu dem Kreis um den charismatischen Helden Hoffi, der den Mittelpunkt einer Szene von Ostberliner Hausbesetzern bildet. Die »Assel« gehört zu den Häusern, in denen diese Gruppe ein alternatives Leben jenseits aller staatlichen Zwänge zu führen versucht. Die Grenzen zwischen Lutz Seilers eigenen biografischen Erlebnissen und den Wahrnehmungen seines Protagonisten Carl sind fließend, aber auf jeden Fall hat auch Carl gerade einige Gedichte veröffentlicht. Er sieht das Foto von sich in einer lang erwarteten Anthologie, und es heißt dann: »das lange, wirre, nur halb gekämmte Haar, die Lederjacke, die Zigarette in der Hand, die weichen ernsten Wangen (irgendwie einsam, aber nicht leidend), das Schwarz unter den Fingernägeln, wahrscheinlich vom Kohlenausgraben, und dann: dieser Schnauzbart, seine zählbare Anzahl pubertärer Härchen, die alles (einfach alles) lächerlich machten«.

Diese Selbstironie kommt nicht von ungefähr. Carl denkt in dieser Passage darüber nach, wie ihn seine Freundin Effi wohl auf diesem Foto wahrnimmt. Man merkt, dass hier etwas in Bewegung kommt. Carl will ein Dichter werden. Und auch Lutz Seiler beginnt in den neunziger Jahren, eine Zeitschrift namens »Moosbrand« mit herauszugeben. Und im Juli 1995 ist ihm die zweite Ausgabe des vierseitigen Faltblatts »Die Provinz« gewidmet, herausgegeben vom Literaturbüro Thüringen. Auf der ersten Seite findet sich ein kleines Porträt des Autors von Wulf Kirsten: Seiler habe »die Distanz, der es bedarf, um der Sprache ihre ursprüngliche vitale Würde zuzugestehen. Ich könnte auch von Worternst reden. Wenn Poesie, kaum zu glauben, noch irgendwo irgendwem etwas zum Leben Wichtiges ist, dann müssten diese Gedichte gelten.«

Damit ist ein Ton gesetzt, der die vermeintlich aus der Zeit gefallene und doch verquer in der Zeit stehende Sprache des Schriftstellers Lutz Seiler zu erfassen versucht. Neben Wulf Kirstens Text steht, wie als »Aufmacher«, Seilers Gedicht »pech & blende« – ein programmatisches Gedicht, das auch in seinem im selben Jahr bei »Oberbaum« verlegten Debüt erscheinen und dem im Jahr 2000 bei Suhrkamp veröffentlichten nächsten Gedichtband sogar den Titel geben wird. Und mit diesem Buch ist sein Name plötzlich in ungeahnter Weise präsent. Die Vision seines Romans »Stern 111« löst sich ein.

»Pech« und »Blende« sind Fachbegriffe aus dem Bergbau. Damit öffnet sich ein spezifischer Hallraum aus Seilers Kindheit. Sein Heimatdorf Culmitzsch bei Gera wurde für den Uranabbau geschleift. In den Gedichten ist vom »geiger zähler herz« des der Radioaktivität ausgesetzten Vaters die Rede, das »wismut stadion« taucht einmal auf, in dem die Fußballer der VEB Wismut, des Uranförderbetriebs, auflaufen, und irgendwann wird auch »das ticken der kartoffeln in den speisekammern« benannt.

Lutz Seiler geht es jedoch nicht um eine vordergründige Thematisierung der DDR-Misere, des Raubbaus an der Natur und an den Menschen. Die äußerst verdichteten Texte sind zwar auf die Sozialisation im Sozialismus der DDR, auf die Schul- und die Armeezeit bezogen. Doch die Bildwelt, der Rhythmus, die Zeilensprünge und Alliterations-Stakkati verselbstständigen sich, und sie haben vermutlich etwas mit jenen Innenwelten zu tun, die der Autor in den letzten Jahren der DDR als »Baufacharbeiter«, als Zimmermann und Maurer, als Leser, als Germanistikstudent und als Kellner in verschiedenen gastronomischen Einrichtungen in sich aufgespürt hat.

Das erste Gedicht des Bandes trägt den Titel »mechanik der bildwelt« und überträgt die Art der täglichen Arbeit auf den Prozess des Schreibens. Es gibt Brüche der Bilder und der Grammatik, es gibt Verknüpfungen, die abrupt wirken und unverbunden, die aber dennoch Teile eines imaginären Ganzen darstellen und auf jenen arithmetischen Bild-Nenner zielen, von dem Ezra Pound gesprochen hatte und den Lutz Seiler als seine Form des Aufarbeitens entdeckte.

Am Anfang des Gedichts wird eine Versuchsanordnung aufgebaut: »*die schaukel herunter / schrauben im herbst & herauf / im april.*« Alles geht vom zentralen Bild der Schaukel aus, von der Bewegung des »herauf« und des »herunter« sowie den Zeitangaben »herbst« und »april«, und im Verlauf des Gedichts werden diesen Sinneinheiten immer mehr Entsprechungen hinzugefügt, so dass zwar alles an seinem ursprünglichen Ort zu verbleiben scheint, aber nichts mehr selbstverständlich ist. Das Schaukeln wird zu der Grundbewegung des Gedichts, die die Schwerkraft außer Kraft setzt, Himmel und Erde durcheinanderwirbelt und die Satzglieder neu verschraubt: »täglich // pendelt der vorort unter / den bäumen stündlich / fallen am himmel der höfe // zerriebene schwalben & sauber / gestopfte kommen herauf: die / schwerkraft ihrer augen hängt // roh wie ein ei / über dem globus [...]«

In Seilers Gedichten fällt die Vogel-Metaphorik auf, etwas Vermittelndes, in der Luft Schwebendes, das dann aber in einen spezifischen Sog des Ostens gerät: »deckbettkinder, dampfende vögel« heißt es in einem Kindheitsgedicht (»Latrine«), »wenn im frühlicht kopf / & leben eines vogels auf / einanderschlagen« sind die Schlusszeilen von »grossraum berlin [...]«, und in »an der trift« gibt es die Zeilen »was // geschieht ist vernebelt / vom speichel der vögel«. Die Vögel, die als Sinnbilder der Freiheit gelten, sich über vorgegebene Grenzen hinwegsetzen, werden in Seilers Lyrik in eine dunkle Welt des Ostens heimgeholt, die kontaminiert ist von Giften verschiedenster Art. Und in der Luft liegt Radioaktivität.

Seiler kommt immer wieder auf einige wenige zentrale Metaphern zurück und lädt sie auf. Das Dorf, der Bergbau, die Schwärze des Ostens: Das sind die Grundmuster.

Nur selten ist diese Schwärze, die am beeindruckendsten im Gedicht »Gera« semantisch durchgespielt wird, direkt politisch konnotiert. Aber eine besondere Rolle spielt der Name »Gagarin«, der erste Mann im Weltraum: »Gagarin« wird in Seilers Lyrik zu einer poetischen Metapher, die das östlich Sehnsuchtsvolle mit dem Aufoktroyierten und der Herrschaftssprache vereint. Eine scheinbar intime Familiensituation tritt einmal in der Aufzählung »mutter, vater, gagarin & heike« zutage. Und im großangelegten Erinnerungsgedicht »mein jahrgang, dreiundsechzig, jene [...]« kommt es zu der alles zusammenfassenden, aphoristischen Wendung »wir hatten / gagarin, aber gagarin // hatte auch uns«.

Seilers Texte entstehen sehr langsam, das Durcharbeiten ist ihnen in jeder Zeile anzumerken. Das verfügbare Material legt sich sperrig in den Prozess der Poetisierung und wird verwandelt. Einmal heißt es: »mit abstand / entstehen härtere zeichen«. Dieser Erkenntnis entsprechen alle Gedichte. Der 1963 geborene Schriftsteller lebt seit Mitte der neunziger Jahre in Wilhelmshorst bei Potsdam, und zwar in demselben Haus, das dem dort viele Jahre lang fast wie in einem Gefängnis eingesperrten Lyriker Peter Huchel gehörte. Seiler hat nicht nur in dem Huchel gewidmeten Gedicht »die poesie ist mein schiesshund« an dessen Poetologie angeschlossen: die Beschwörung einer zugerichteten Landschaft, in der sich »Gedicht« auf »Dickicht« reimt und die »beschriftungshierarchien der stadt« die Unmittelbarkeit des Schreibens außer Kraft setzen. Selbst leise Fügungen wie der »unbemannte wimpernschlag« verweisen auf das ringsum militarisierte Gelände. Und einmal, in einer alles durchdringenden Radiometaphorik, vereinigen sich die einzelnen Bestandteile des Seiler'schen Wörterkosmos zu einem alliterierenden Rhythmus, verschwimmen Kindheit und Industriezeitalter, die radioaktive Heimat und ferne Verheißungen: »im radio schlief das radiokind mit / röhren & relais, die es allein / für sich begriff, ein tacken wie / von grossen schiffen, blinken, etwas / zwischen abends aus, dann still / & leise wieder ein: allein // im dunkeln kamen / die später unauffindbaren frequenzen, lokale / frequenzen des alterns, verschwundene / dörfer & / ihr schwaches chromosomen-strichwerk auf / den skalen [...]«.

In Seilers Gedichten wird dem Verschwundenen zwar nachgehorcht, aber das Elegische ist nicht auf die Vergangenheit bezogen, sondern stammt aus der unmittelbaren Gegenwart. Dabei steht neben der Wahrnehmung des Technischen, das bei allen Verwerfungen auch etwas Verheißungsvolles in sich tragen kann, eine prekäre gesellschaftliche Erfahrung im Zentrum. In einem Gedicht des Bandes »im felderlatein« von 2010, das mit seinem Titel »das neue reich« auf Stefan George anspielt, wird das vielleicht am deutlichsten. Es geht Seiler nicht um eine Stilisierung oder Erneuerung der Naturpoesie, es gibt bei ihm keinen »totgesagten Park« aus Ranken, Rosen und Herbst. Sein Ausgangspunkt ist vielmehr das Mechanische, Maschinelle, das Elektrische, der selbstverständliche Umgang mit etwas, das als »Fortschritt« proklamiert und wahrgenommen wurde und danach in völlige Verwahrlosung überging. Umso sarkastischer heißt es in seinem »neuen reich« zum Schluss: »komm in den totgesagten technikpark – fischgräten-estrich« – ein assoziationsgeladener Abgesang auf die DDR.

So leise diese eindringlichen Rhythmusbewegungen aus dem Osten zunächst wirken mochten: Auch der Westen wurde zusehends davon kontaminiert. Seilers Zeitgenossenschaft war im Jahr 2000, als er als Dichter ein größeres

Publikum auf sich aufmerksam machte, eine andere als die, die man landläufig als selbstverständlich empfand. Hier erschien etwas mit fast archaischer Wucht. Der Industrialisierung des Ostens, einer fremden, schweren Mechanik, entsprachen sprachliche Visionen, die tief in der Literaturgeschichte verankert waren und in der DDR als Gegenwelt kultiviert wurden. Die starke Wirkung, die Seiler 2007 bei seiner Teilnahme am Klagenfurter Bachmann-Wettbewerb erzielte, erklärt sich daraus. Es war einer der seltenen Fälle, bei denen man schon nach den ersten Sätzen wusste, dass dies der Preisträger sein würde. Der Titel von Seilers Erzählung rief entlegene und geheimnisvoll sich entziehende Regionen auf: »Turksib«, das ist der Name für die lange Eisenbahnlinie von den muslimischen Teilen der ehemaligen Sowjetunion bis in die eisigen Zonen des fernen Nordostens. Astana in Kasachstan, die »Hauptstadt der Steppe«, wird einmal benannt, und der Ich-Erzähler sieht sich im Zug mit Menschen und Situationen konfrontiert, die wie aus alten Mythen erscheinen.

»Turksib« war der einzige Prosatext, den Seiler zu diesem Zeitpunkt öffentlich machen wollte. Aber er befand sich offenkundig auf einem Weg, der von der Lyrik ausging und zu etwas Neuem führte. Bei der Zugfahrt in der kasachischen Steppe wird wieder ein »Geigerzähler« zum Leitmotiv. Wie dies geschieht, zwingt Vergangenes und Gegenwärtiges unerbittlich zusammen, es kündet von der untergründigen Bedrohung der gesamten Szenerie. Die radioaktive Verseuchung führt in Seilers Kindheit zurück, und sie ist immer noch eine postsowjetische Realität. Der Heizer des Zugs auf seiner langen Fahrt strahlt eine Körperlichkeit aus, die in ihrer Unmittelbarkeit bedrohlich und fremd wirkt. Aber in der Begegnung mit ihm schwingt auch ein Nachhall von Proletariat und Romantik mit – und eine untergründige Hommage an Wolfgang Hilbig. Der Heizer zitiert Heine und lebt, über alle Grenzen hinweg, auch durch eine emphatische Wahrnehmung von Literatur.

Zwei Jahre später erschien Seilers Buch »Die Zeitwaage«, und »Turksib« war eine der dreizehn hier versammelten Erzählungen. Ob die anderen Texte das Versprechen dieses Textes, diese große Suggestion aufrechterhalten könnten, war eine der Fragen im Vorfeld dieses Buches. Und der Autor schlug in den ersten Prosastücken des Bandes tatsächlich eine andere Tonart an.

Auf dem Territorium Kaliforniens geht es um die Geschichte einer Trennung. Sie wird in zwei Fragmenten vorgeführt, mit kurzen, herantastenden Sätze, die das Wesentliche aussparen. Trotz dieses vergleichsweise unauffälligen Duktus einer Short Story wirkt jedoch nichts cool. Auch Seilers amerikanische Expedition lebt von subjektiver Selbstvergewisserung, von einem unverkennbaren Riss zwischen dem Ich und der Welt, sie spielt mit einem Nachklang deutscher Romantik. Der Hauptfigur Färber steht beim Anblick seiner Tochter, die ihn mit ihrer Mutter verlassen wird, jetzt schon »ein trostloses Später vor Augen«, und sehr charakteristisch wird seine Verlorenheit, als die Tochter in einem Freizeitpark einem exotisch anmutenden Seifenblasen-Maschinisten begegnet und er in diesen Seifenblasen förmlich untergeht.

Es gibt etwas, das in diesen westlichen Weiten Seilers Figur Halt verspricht. Färber besucht eine Ausstellung und stößt auf den Namen desjenigen, der die Totenmaske des Künstlers gemacht hat: ein Litauer namens Lipchitz. Diese Litauen-Lipchitz-Verbindung ist etwas, »das ihn umhüllte und eine Art Trost zusprach«, selbst in der öden Einsamkeit vor dem Seifenblasen-Mann taucht sie wieder auf. Und in diesem östlichen Code liegt auch eine Verbindung zu »Turksib«, zu dem russischen Heizer in Kasachstan, es ist eine prekäre Sehnsucht, in der so etwas wie eine Heimat aufscheint. Eine solch vielschillernde, kristallin literarische Heimat, die nichts mit einer konkreten geografischen Heimat zu tun hat, wird in allen Geschichten der »Zeitwaage« beschworen.

Den Hauptteil des Buches machen Erinnerungen an die Kindheit und Jugend der Erzählerfigur aus. Es handelt sich wieder um die »pech & blende«-Welt. Und so, wie in der Erzählung »Turksib« das Motiv der Radioaktivität wieder aufgenommen wird, kehren auch in anderen Erzählungen Stoffe der Gedichte wieder, etwa der »Milchdienst« in der Schule. Die in viele Einzelstücke gegliederte Erzählung »Der Kapuzenkuss« handelt von Hausmeistern, dem Pausenhof und erster Liebe, und alles ist umhüllt vom verblassend grauen Licht des DDR-Alltags. Wie in der Lyrik erscheinen in diesen Texten wenige konkrete Details, die wesentlichen, sinnlichen Erfahrungen in mehreren Perspektiven. Sie tauchen in anderer Belichtung immer wieder neu auf. Die frühe, thüringische, sozialistische Erfahrungswelt verdichtet sich zu einzelnen Chiffren. Autonamen wie »Shiguli« (»über mir der weiße, kühle Himmel des *Shiguli*«) erhalten eine mythische Dimension, genauso wie die Zigarettensorte F6 oder die Zudelsuppe.

Es ist charakteristisch, dass Lutz Seiler in seiner erzählerischen Prosa einige Passagen aufgreift und variiert, die er Jahre zuvor bereits essayistisch reflektiert hat. Und es stellt sich dabei als ein zentraler Moment heraus, wie sich Vater und Sohn am Sonntagmorgen zur Garage aufmachen, um das Auto zu warten und immer wieder zu reparieren.

Die Bestandteile der Werkzeugkiste verbinden sich automatisch mit dem Glockengeläut der nahe gelegenen Kirche. Und so wird das Mechanische, Maschinelle, das Elektrische für diesen Autor ganz zwangsläufig auch zu einem poetischen Ausgangspunkt. Die Vergänglichkeit zeigt sich bei Seiler in einer Vorliebe für Garagen, Motoren, Schrauben und Öl. Er widmet sich, wie es einmal heißt, »magnetischer Sprache« und umkreist etwas, das einst als proletarische Sinngebung proklamiert wurde. Lutz Seilers literarische Technik entspricht genau dem, was er für die Garagen zu DDR-Zeiten anhand der Shigulis, Trabants und Wartburgs beschreibt: »die endlose Inspektion, die immerwährende Durchsicht.« Es ist ein Drehen und Wenden, die Prüfung jedes Details, bis der Satzbau und die Grammatik so fein poliert sind, dass die Worte aus sich heraus zu leuchten beginnen.

Das biografische Material verwandelt sich dabei. Die Erzählung »Die Zeitwaage« bildet eine erste ins Ästhetische übersetzte Version konkreter Erfahrungen, die etliche Jahre später auch im Roman »Stern 111« wieder aufgenommen werden. Schon die Ich-Figur der frühen Prosa besetzt eine leerstehende Wohnung in Ostberlin, kellnert in einer der ersten improvisierten Kneipen in der Oranienburger Straße und beschreibt in glühenden Farben einen Arbeiter, der dort regelmäßig sein Frühstück bestellt. Im Lauf der Zeit wird dieser Arbeiter zu einem Sinnbild, zum Inbegriff jener proletarischen Ideal-Zeit, die es zwar nie gab, die aber jetzt dennoch zu Ende geht. Der kellnernde Ich-Erzähler wird durch die Figur dieses Arbeiters, die im größtmöglichen Gegensatz zu ihm selbst steht, zum Schreibenden.

Gegen Ende der Erzählung »Die Zeitwaage« taucht ein Stück rostendes Metall auf. In eine Hauswand eingeschlossen, schlägt es mit der Zeit durch und wird sichtbar. Es »blüht aus«, sagen die Maurer, und damit schließt der Autor Lutz Seiler seine Identitäten aus Bauarbeiter und Lyriker kurz. Diesem Ausblühen gewinnt er immer wieder neue Bilder ab. Sie gehören zu einem neuen deutsch-deutschen Fundus nach 1990. Einmal werden die neuen Welten in zwei Gedichtzeilen wie folgt zusammengebracht: »die aufgegebenen flaggen von citroën / am alten panzerplattenweg«.

Der »Panzerplattenweg« ist bei diesem Autor stark besetzt. Er markiert von Anfang an das Lebensgefühl in der DDR, das Militärische im Alltag, und in Seilers erstem Roman, »Kruso«, aus dem Jahr 2014 bildet er eines der wesentlichen Motive. Auf der Insel Hiddensee führt solch ein typischer Weg mit Panzerplatten vom Ortsteil Kloster hinauf zur Gaststätte »Klausner«, die in »Kruso« ein wichtiger Ort der Handlung ist. Altes, Verwitterndes und Vermoderndes, technischer Fortschritt und radikale Zeitkritik ergeben ein ständig neu funkelndes Textgewebe. In der Figur des Röntgenstrahlen-Forschers Rommstedt ist Robert Rompe zu erkennen, ein ehemaliger Widerstandskämpfer und Physiker, der auf Hiddensee lebte und gleichzeitig der Stiefvater von Aljoscha Rompe war, dem 2000 verstorbenen Sänger der DDR-Punkband »Feeling B«. Und natürlich hat auch Aljoscha seinen Auftritt. Hiddensee war in der DDR ein geheimer Treffpunkt der Aussteiger. Es war wie das Ende der Welt, der entlegenste erreichbare Teil dieses Staates, und von einem bestimmten Punkt aus kann man, wenn der Tag günstig ist, wie zum Greifen nah die dänische Insel Møn sehen.

»Kruso« spielt in den letzten Monaten der DDR. Die Hauptfigur Ed Bendler flieht aus seinem Studienort Halle an der Saale, wo er über Georg Trakl arbeitet, auf das exterritorial wirkende Gelände Hiddensees. Dort jobbt er in der Gaststätte Klausner – eines der begehrten Ziele für suspendierte oder freiwillig abbrechende Literaten und Geisteswissenschaftler, um als saisonale Arbeitskraft unterzukommen. In der Begegnung mit Kruso, dem heimlichen König der Insel und Kopf der Untergrundszene, der auf Hiddensee eine geheime Gegenrepublik im Kleinen aufzubauen versucht, erlebt Ed eine Initiation. Kruso ist russischer Herkunft und heißt eigentlich Alexander Krusowitsch. Ed wird zu seinem »Freitag«, zur Schülerfigur wie in Daniel Defoes »Robinson«-Roman.

Das Motiv der Insel, das Motiv Robinson, das Motiv der Gaststätte »Klausner«, die sich wie eine Arche Noah über dem Meer erhebt – es gibt in diesem Roman ein dichtes Netz von literarischen Verweisen. »Kruso« knüpft an frühere existenzielle Erkundungen an, an Bildungs- und Entwicklungsromane, die mit Abenteuergeschichten begannen, die aufklärerische Sinnsuche des 18. Jahrhunderts verkörperten und in der Romantik widersprüchliche und suggestive Formen annahmen. Die realistische Ebene – eine Milieustudie über die nonkonforme Szene in der späten DDR – und die Ebene mit literarischen Anspielungen und ihren untergründigen Verflechtungen gehen ineinander über. Die Entwicklung der Beziehung zwischen Ed und Kruso wird durch Gedichtzeilen vorangetrieben, und das Geschehen wird nicht in erster Linie psychologisch motiviert, sondern durch Sprachbilder. Das spektakulärste davon ist der »Lurch«: ein organisch verwesendes großes Geschlängel, das in der Gaststätte »Klausner« der Abwasch im Auffanggitter hinterlässt. In diesem »Lurch« scheint in schwarzer Sinnlichkeit ein grandioses Symbol für das DDR-Leben als solches auf.

Seiler fragt in seinem Roman nach den Möglichkeiten, individuelle Freiheit unter einengenden gesellschaftlichen Zwängen zu erproben. Der politische Gegenentwurf, die Aussteigerkommune auf dem letzten Territorium der DDR, wird aber vor allem mit ästhetischen Fundamenten untermauert. So bleibt er haltbar. Die Besatzung der Gaststätte »Klausner«, die kocht, serviert, putzt und abwäscht, nimmt Züge einer Tafelrunde wie bei Artus an. Schon bei der Ankunft Eds wirkt die Insel wie eine Ritterburg, und ständig schimmern ältere Sprachschichten durch. Derlei Lektüren waren charakteristisch für die Aussteiger in der späten DDR, und wenn Lutz Seiler seinen Ed über die Endzeiterfahrung Trakls reflektieren lässt, ist das auch eine Referenz an sein eigenes Studium. Dämmerung, Verfall und der Fund einer Wasserleiche: Der Forschungsgegenstand wird in der Vergegenwärtigung des Romans zur Lebenswirklichkeit.

In der messianischen Figur des Kruso vermischt sich vieles, was an alternativen Lebensformen gleichzeitig in die DDR-Szene hinüberschwappte: ein Schamanentum mit ganzheitlichen Vorstellungen, das Anlegen heiliger Beete, der Kreislauf von Abwasch, Natur und Magie. Die bewusstseinserweiternden, drogenaffinen Lehren eines Carlos Castaneda gehen mühelos in eine in der DDR subversiv wirkende alte marxistische Dialektik über, und die frühbürgerliche Freiheitsphilosophie geistert selbst durch die Kulissen der repräsentativen Gerhart-Hauptmann-Villa, der kulturellen Hauptattraktion auf Hiddensee, die selbstverständlich zu einem der surreal-fantastischen Handlungsorte wird.

Man lebt auf Hiddensee wie auf »hoher See«, und das Meer erscheint dabei gleichzeitig als ein Sehnsuchtsort und ein mögliches Grab. Die Zeitgeschichte ist dabei auf entsprechende Weise eingewoben: Man bekommt im Sommer

1989 kaum etwas mit. Alle verlassen die DDR, aber in der Gegen-Gesellschaft auf Hiddensee nimmt man davon nicht sonderlich Notiz. Nur durch das Radio, das wie ein magisches Auge mitunter den »Klausner« durchdringt, wird die Zeit der Handlung konkret verankert. Dass die Zeit der Kruso-Gemeinde auf Hiddensee mit dem Ende der DDR zwangsläufig auch untergeht, muss gar nicht näher erklärt werden.

Mit diesem Buch etablierte sich Seiler auch als ein großer Romanautor. Sechs Jahre später erschien sein zweiter Roman, »Stern 111«, der zeitlich direkt an »Kruso« anschließt und dessen Ästhetik erweitert. Das Personal und die gesamte Szenerie sind auf raffinierte Weise verschoben. Der Protagonist Carl Bischoff ist wieder ein poetischer Randzonengänger, der Hals über Kopf in die fantastischen Wirren der Zeitgeschichte gerät und biografische Erfahrungen des Autors in eigene ästhetische Welten überführt. Auch die Protagonisten von »Kruso« tauchen noch einmal kurz auf, Ed und Kruso, und das schließt an Spiegelungen und Doppelgängerfiguren an, die in der Romantik erprobt wurden und auf ihre Weise auf neue zeitgeschichtliche Erfahrungen reagierten. Aber es ist aufschlussreich, wie Kruso, die titelgebende Gestalt aus dem Vorgängerroman, in »Stern 111« im Herbst und Winter 1989 zu einer bizarren Nebenfigur geworden ist. Kruso wird jetzt »Comandante« genannt, gibt sich äußerst militant und hat die Idee, die besetzten Häuser mit ehemaligen DDR-Grenzhunden zu sichern – ein Vorhaben, das kläglich scheitert. »Ein Häuptling ohne Volk«, denkt Carl, als er Kruso sieht.

»Stern 111« spielt in einer Phase des Übergangs, und das unterscheidet diesen Roman vom zeitlos anmutenden, statischen »Kruso«-Modell. Es geht um die wenigen Monate, in denen die DDR noch formal existierte, aber die Grenzen bereits geöffnet waren – eine Zeit lustvoller Anarchie, aber auch der Verunsicherung. Carl erlebt nicht nur den Wechsel des Gesellschaftssystems, sondern auch eine abrupte Veränderung im Verhältnis zu seinen Eltern. Vor allem aber durchläuft Carl seinen ganz persönlichen Bildungsroman. Er kommt nicht nur mit der Hausbesetzerszene Ostberlins in Berührung, sondern parallel dazu auch mit Gedichten, die am Prenzlauer Berg kursieren. Carl ist untergründig auf der Suche nach einem poetischen Dasein, und das Spiel mit gesellschaftlichen und persönlichen Schwellensituationen ist das zentrale Motiv des Romans.

Einen abgründig skurrilen Seitenstrang bildet die Geschichte von Carls Eltern. Sie brechen auf einen Schlag mit ihrem bisherigen Leben und beginnen eine völlig neue Existenz, fliehen – es ist noch nicht völlig klar, ob die Grenzen wirklich offen bleiben werden – im Herbst 1989 in den Westen und lassen ihren Sohn allein in Gera zurück. Das ist eine höchst ungewöhnliche Perspektive in den Wenderomanen nach 1989: ein DDR-Ehepaar um die fünfzig, das direkt nach dem Fall der Mauer die Chance ergreift, den bisherigen Alltag vollkommen hinter sich zu lassen und voller Risiko im Westen neu zu starten. Was sie als leicht auszubeutende Arbeitskräfte in Westdeutschland erleben, wird ohne Klischees beschrieben, aber hautnah und überaus sinnlich.

Das Akkordeon, das die Eltern neben wenig anderem als einzigen eher nutzlosen Gegenstand mit auf die Reise nehmen, bleibt im Roman ein rätselhaftes Moment, ein Motiv, das auf Sehnsüchte jenseits des scheinbar Erreichbaren verweist. Und damit berührt es die Sphäre, in der sich das Leben Carls abspielt, der völlig entwurzelt aus Gera aufbricht und in Ostberlin auf Gedichte stößt, »die groß und wichtig sind«. Der Autor webt Motive und Figuren aus der Literaturgeschichte und aus eigenen früheren Texten in den Roman ein, und am Ende ist ein künstlerisches Netzwerk und Anspielungssystem entstanden, das Carl in gewisser Weise »ankommen« lässt.

In »Stern 111« schließt Seiler auch wieder an die Werkstatt-Träume seiner Kindheitsessays an. Es ist wohl derselbe Shiguli aus der Garage seines Vaters, mit dem Carl in diesem Roman losfährt und in Berlin landet. Bald wird er dort in der Szene als »Shigulimann« bezeichnet, als nachgerade mythische Figur. In der Figur des Carl Bischoff verschmelzen unwillkürlich sein Dasein als Maurer und sein Dasein als Schreibender. Und so bewegen sich auch Seilers Romane in demselben ästhetischen Raum wie seine Gedichte, in denen das Mechanische und das Industrielle aufeinanderprallen, Radioapparate und Radioaktivität zusammengedacht werden. Der Künstler führt das Handwerk auf der höchsten Stufe fort.

Was in »Kruso« das Radio namens »Viola« war, das die Nachrichten des Deutschlandfunks in die Küche der Gaststätte »Klausner« transportierte, das wird im nächsten Roman zum titelgebenden »Stern 111«, einem 1964 produzierten Vorzeigeprodukt der DDR aus dem »Kombinat Sternradio« in Berlin. Man kann die Rolle des Radios in beiden Romanen auch als Teil eines großen Gesangs auf das Ende des mechanischen Zeitalters lesen, den Seiler in einigen Gedichten anstimmt. Doch er geht weit darüber hinaus. Dieser Autor durchdringt die Zeitgeschichte, alles ist gleichzeitig präsent. Die Erinnerung reichert die Gegenwart neu an. Und im Prozess des Schreibens schwingt immer auch die Zukunft mit: »weil kiefern sind wie zum

erinnern / dachtest du an HEIKO, deinen kolbenfüller /
aus dem schmiergerätewerk: / aufstrich, abstrich, kleiner
bogen / großer bogen, in tinte ertrunken / & immer das
löschblatt gerade verschwunden ...«

Ein wenig Mondgeröll
Die Sehnsuchtsfiguren bei Judith Hermann

Als im September 1998 ein schmales Taschenbuch erschien, fiel niemandem etwas auf. Zur Buchvorstellung der 28-jährigen Judith Hermann in einem Ostberliner Café kamen nur eine Handvoll Zuhörer, fast alle aus dem Freundeskreis der Autorin. Doch es dauerte nur wenige Wochen, und »Sommerhaus, später« war zu einem der größten Erfolge der deutschen Gegenwartsliteratur dieser Jahre geworden. Judith Hermann hatte einen Ton gefunden, von dem man gar nicht ahnte, dass es ihn geben könnte. Offenkundig traf sie damit den Nerv der Generation, die in die Zeit nach dem Fall der Mauer hineinwuchs – einer Generation, für die alles offen zu sein schien, die aber gleichzeitig davon überfordert war.

In diesen Erzählungen spielt zwar ein zeitgenössisches Pop-Gefühl die zentrale Rolle, mit der gewohnten Coolness hat es jedoch nicht viel zu tun. »Irgendwo sang Tom Waits«, heißt es an einer Stelle, und das bebildert die Grundstimmung. In manchen Situationen gibt es einen Anflug von Euphorie, aber auch das hat sofort einen gewissen Beiklang – einmal legt jemand eine Platte auf: »Polly Jane Harveys Stimme kommt von sehr fern – ›Is that all there is?‹ Depressionsmusik, denkt Marie«. Und in einer der Erzählungen wird das Rauschen der Musik zum Lebensprogramm: »Wir hörten Massive Attack und rauchten und fuhren die Frankfurter Allee wohl eine Stunde lang rauf und runter«, in der diffusen Beziehung der weiblichen Ich-Erzählerin zum Taxifahrer Stein gibt es »für jede Strecke eine andere Musik, Ween für die Landstraßen, David Bowie für die Innenstadt, Bach für die Alleen, Trans-AM nur für die Autobahn«.

Es steht immer etwas zur Verfügung, doch eines lässt sich im Leben dieser Szenegänger in Berlin am Ende des Jahrtausends nicht verkennen: So opulent die Rahmenbedingungen zu sein scheinen, so leer ist es im Inneren. Es gibt viele Arrangements des Glücks, es gibt viele alberne und komische Situationen, aber immer auch ein merkwürdig klebriges Gefühl am Gaumen, und die Luft ist ein bisschen stickig. Die Protagonisten haben alles schon gesehen. Die Karibik ist ihnen als Erfahrungsraum genauso selbstverständlich wie einzelne Straßenzüge in Lower Manhattan. Doch es fehlt etwas, um diese Erfahrungen als Erfahrungen registrieren zu können. Man steht ein bisschen daneben, weil man nicht so recht weiß, was man da tut. Immer ist in diesen Erzählungen ein Grauschleier spürbar, ein ständiger November. Wenn man ein karges Café am Helmholtzplatz betritt und unwillkürlich den Mantel ein wenig enger um die Schultern zieht, ist man so etwas wie daheim.

Die starke Suggestion der »Sommerhaus, später«-Erzählungen erklärt sich wohl daraus, dass hier alles authentisch wirkt. Die Autorin evoziert unmittelbar die Szenerien und die Atmosphäre. Sie nimmt keine Distanz ein, und sie wertet nicht. Die Sätze sind ausgefeilt. Vieles wird nicht näher ausgeführt, aber es brodelt.

1989 machte eine Westberliner Band von sich reden, die »Poems for Laila« hieß. Sie spielte im September des Jahres die Platte »Another Poem for the 20th Century« ein, die zu so etwas wie dem Soundtrack dieser Stadt wurde. Diese Musik stand für eine langsam entstehende, unbestimmte Sehnsucht nach den neuen Weiten des Ostens, die sich gerade auftaten. Judith Hermann war so etwas wie der Roadie dieser Band, manchmal sang sie auch mit, ihr wird in den Liner Notes der Platte gedankt. Sie hatte eine Zeit lang eine Liaison mit Nicolai Tomás, dem Sänger der Gruppe, den sie in einer rockromantischen Anwandlung in der Little White Wedding Chapel in Las Vegas sogar heiratete. Und obwohl »Sommerhaus, später« erst einige Jahre nach dieser Periode erschien und die Autorin schon längst in die Ostberliner Volksbühnen-Szene eingetaucht war, hat ihr Debütband viel mit den Verheißungen von »Poems for Laila« zu tun.

Die äußere Gestaltung des Taschenbuchs in der »Collection S. Fischer« nahm die neuen östlichen Reize auf. Auf dem Einband sieht man ein russisch anmutendes Holzhaus, mit gedrechselten und geschnitzten Ornamenten, die an entfernte Meere und Seen zu gemahnen scheinen, und das Autorenfoto Judith Hermanns auf der Innenseite ist berühmt geworden – nicht zuletzt durch den Pelzkragen, der inmitten der Kälte und des in Berlin übermächtigen, allgegenwärtigen herbstlichen Graus ein wenig Wärme und Geborgenheit verspricht. Auf den Lesungen von Judith Hermann, die auf einmal völlig überfüllt waren, tauchten verblüffend viele weibliche Zuhörer mit solchen Pelzkragen auf. Und gleich die erste Geschichte des Bandes, »Rote Korallen«, beginnt mit dem Bild der einsamen Urgroßmutter in St. Petersburg.

Was das Buch so extrem zeitgenössisch machte, waren die Einblicke ins Umfeld der Volksbühne am Rosa-Luxemburg-Platz. Anfang der neunziger Jahre konzentrierte dieses Theater alles, was an Widersprüchlichem in Berlin aufeinanderstieß. Hier sammelten sich die Energien, das Anarchische, das Chaotische, das Durcheinanderwirbeln der Zeiten. In der Erzählung »Bali-Frau« heißt es: »Im Sternenfoyer waren lange Tische aufgebaut, es gab unwahrscheinliches Essen und Kühlschränke voll von Wodka und vereisten, kleinen Gläsern, sie hatten eine russische Blaskapelle engagiert und Rotlicht eingeschaltet.«

»Sternenfoyer«, »Roter Salon«: diese Orte sind als Treffpunkte in der Volksbühne eindeutig kenntlich. Als Motto des Bandes dienen zwei Zeilen von Tom Waits: »The doctor says, I'll be alright / but I'm feelin blue.« Keine der Personen dieser Erzählungen weiß genau, warum sie den Blues hat. Sie stecken alle in irgendwelchen Beziehungen, sind unterwegs in Cliquen und Künstlerkreisen, unternehmen fast alles zusammen – trotzdem spürt man eine spezifische Beziehungslosigkeit. Vom Taxifahrer Stein heißt es: »Er war dabei. Und auch nicht. Er gehörte nicht dazu, aber aus irgendeinem Grund blieb er. Er saß Modell in Falks Atelier, legte Kabel auf Annas Konzerten, hörte Heinzes Lesungen im Roten Salon. Er applaudierte, wenn wir applaudierten, trank, wenn wir tranken, nahm Drogen, wenn wir sie nahmen. Er war auf den Festen dabei, und wenn wir rausfuhren, sommers, in die schäbigen, schiefen, kleinen Landhäuschen, die sie bald alle hatten und auf deren morschen Zäunen ›Berliner raus!‹ geschmiert war, kam er mit. Und ab und an nahm ihn einer von uns mit ins Bett, und ab und an sah einer zu.«

Das »wir«, das hier spricht, ist nur scheinbar stark. Derjenige, um den es geht, dieser Stein, sitzt in allen. Die Gespräche in Judith Hermanns Erzählungen, die Begegnungen, die Unternehmungen bewegen sich alle im Vagen, Ungefähren. Und das neue Berlin ist eine selbstverständliche Kulisse, man fährt hinaus zu den märkischen Seen, verbringt die Wochenenden im Oderbruch oder in der Uckermark und kreist um die bevorzugten Lokale und Spielstätten am Fuße des Prenzlauer Bergs. Dass es auf dem flachen Land, rund um Berlin, etwas anders zugeht, steht nie im Mittelpunkt. Es gehört nur zu einem bestimmten Gefühl des Unwohlseins, gehört zum Leerlauf, bebildert ein bisschen die Einsamkeit – wobei kein Wort für dieses Gefühl zur Verfügung steht.

Der Taxifahrer Stein flüchtet sich in die Fantasie eines Hauses auf dem Land. Und es ist merkwürdig, wie unaufdringlich die doch sehr eindeutige Symbolik wirkt, dass das einsturzgefährdete Haus, nachdem Stein es renoviert hat, in Flammen aufgeht. Das Bedrohliche auf dem Territorium der DDR, das sich mit einer Wunschlandschaft verbindet, wird vor allem im Inneren spürbar, es kommt nur zu dürren Sätzen: »Canitz war schlimmer als Lunow, schlimmer als Templin, schlimmer als Schönwalde.« Und einmal erlebt einer der Taumelnden, der ins Oderbruch ausgewichen ist, wie er sich im Traumgespinst verliert.

Mehrmals berechnet eine weibliche Figur genau den Effekt, an welchem Zeitpunkt sie den Knoten ihres Zopfes löst und die Haare langsam fallen. Die Figuren sind auf die unmittelbare Gegenwart fixiert und verlegen etwas Bestimmteres in die Zukunft. Es ist der Gestus des »später«, der in der Titelerzählung »Sommerhaus, später« betont wird, es ist der Gestus des Künstlers, der sagt: »Verena, irgendwann.«

In einer eigenartigen Verführungsszene, zwischen Computersimulationen und einem vertrackten Spiel zwischen Anziehung und Abwehr, heißt es gegen Ende: »Es ist schade, denkt Marie, dass man die Dinge immer nur einmal zum ersten Mal sieht.« Solche Momente sind die magischen Momente in Judith Hermanns Erzählungen. Ihre Figuren merken es eigentlich kaum, wenn sie Dinge zum ersten Mal sehen, aber manchmal gibt es ein leichtes Frösteln. Es entsteht eine Melancholie, die verloren wirkt, man möchte sie gar nicht als solche benennen. Sie hat etwas Verstörendes, weil sie so gut trainiert ist.

Judith Hermann gelang es mit diesem Bändchen, den Kulturjournalismus völlig zu überrumpeln. Die Leser hatten längst gesprochen, bevor das Feuilleton zu reagieren in der Lage war, und natürlich hatte die Begeisterung in der Fernsehsendung »Das literarische Quartett« ebenfalls eine Rolle gespielt. »Sommerhaus, später« erschien zu einem Zeitpunkt, als im Feuilleton ein völlig anderer Ton vorherrschend war. Ende der neunziger Jahre machte etwa im Berliner Hotel Adlon ein »popkulturelles Quintett« mit dem Namen »Tristesse royale« Furore, eine hedonistisch-zynische Performance, die auf lustvoll narzisstische Weise die Möglichkeiten des Konsums ausdifferenzierte und mit Posen und Masken spielte. Das entsprach einem vor allem auch medial vermittelten Zeitgefühl. »Tristesse royale« markierte die Höhe der Zeit. Und irgendwann musste es auch ein zweites Buch von Judith Hermann geben. Als viereinhalb Jahre nach der »Sommerhaus«-Melancholie dieser Fall eintrat, hatte sich die Ausgangssituation grundsätzlich verändert.

Natürlich war »Nichts als Gespenster« dann gebunden und kein Taschenbuch mehr. Die Erzählungen, sieben an der Zahl, waren länger geworden und ausladender, aber Erzählungen waren es immer noch. »Obwohl es mich müde macht, immer und immer wieder die alten Geschichten zu erzählen, kann ich nicht widerstehen und erzähle sie doch«, sagt die weibliche Ich-Figur in »Wohin des Wegs«.

Innerhalb weniger Tage wurden etliche Salven abgefeuert: über mehrere Spalten oder Seiten, immer als Aufmacher, aber oft als Verriss – für den, wenn man ihm glauben mochte, auch 50 Zeilen ausgereicht hätten. Die angekündigte Startauflage von 100.000 Exemplaren heizte offenkundig auch den an, der über dieses Buch schrieb, sie bot auch einen idealen Anlass, als Kritiker auf sich aufmerksam zu machen. Und die Kritiker kreisten deshalb ganz konsequent vor allem um sich selbst – welche Hauptseminarreferate sie selber gehalten hatten beispielsweise und dass Judith Hermann daran erinnerte. Es war von vornherein klar, dass es in erster Linie nicht darum ging, den neuen Erzählungen gerecht werden zu wollen.

»Nichts als Gespenster« nahm den Sound aus »Sommerhaus, später« wieder auf. Es war wie jene zweite Single, die die erste Single, die ein großer Hit war, kopiert, hie und da ein bisschen dicker aufträgt, hie und da ein bisschen verfeinert. Er war wieder da, jener Sound der Vergeblichkeit und Verletzlichkeit. Doch die leitenden Redakteure hatten sich diesmal positioniert. »Sommerhaus, später« und »Nichts als Gespenster« von Judith Hermann sind vielleicht das beste Beispiel dafür, wie Bücher, die sich kaum voneinander unterscheiden, unter veränderten Rahmenbedingungen gänzlich anders aufgenommen werden – sie eignen sich sehr gut als Studie für situationsgebundene Pendelausschläge im Rezeptionsverhalten.

Die Figuren der neuen Erzählungen scheinen dieselben zu sein, sie sind aber ein bisschen älter geworden. Im ersten Text kennen sich die Ich-Erzählerin und ihre Freundin Ruth schon lange, seit der legendären Zeit einer Bohème. Sie haben zusammengewohnt, in einem dieser Hinterhof-Häuser mit Kachelofen und rußigen Fensterscheiben ein paar Jahre zuvor, wo es kalt ist und zu denen durchsichtige Teeschalen und immer wieder hervorgekramte Zigaretten gehören. Und immer läuft eine leicht atonale, vom Country herkommende Musik, ein bisschen schräg und schwebend. Ruth hat sich in Raoul verliebt, aber die Rahmenbedingungen haben sich verändert, sie muss jetzt in einer namenlosen Kleinstadt mit Fußgängerzone, Parkhäusern und Kirchturmspitze Theater spielen. Die Ich-Erzählerin besucht sie dort, und zwischen ihr und Raoul entsteht etwas, das unausgesprochen bleibt, aber intensiver zu sein scheint als die sich rasch auflösende Beziehung zwischen Raoul und Ruth. Worin dieses Intensive besteht, was eigentlich los ist: Niemand erfährt das, weder der Leser noch die Figuren. Aber es teilt sich etwas mit, etwas Verdichtetes und Flirrendes, das nicht genau zu fassen ist.

Alles ist vermittelt, alles ist indirekt, alles ist Kunst. Die Sehnsucht nach Wärme, ein Zufall, ein Lichtfleck – es hält nicht lange vor, aber man kann sich lange daran erinnern. Die schönsten Erzählungen dieses Bandes sind »Kaltblau« und »Die Liebe zu Ari Oskarsson«. Beide spielen im hohen Norden, in beiden spielen Schnee, Kälte und Dunkelheit eine ausschlaggebende Rolle, endlose Horizonte und Fischfabriken. Dies ist die Landschaft Judith Hermanns, eine von nichts unterbrochene Weite und Leere, karge und entlegene Verrichtungen, ein spröder, monotoner Alltag, in den ab und zu das Nordlicht fällt, mit glühenden, völlig unbegreiflichen Farben. In diesen Erzählungen, wo im menschenleeren, dunklen Raum des Nordens die inneren Stimmungen einer suchend berauschten Metropolenszene eingefangen werden, ist die Autorin ganz bei sich selbst.

Es gibt allerdings einige Erzählungen, in denen die Handlungsanweisungen, die Versuchsanordnungen im Text stehengeblieben sind. Die Wort- und Beziehungslosigkeit der handelnden Personen wirkt manchmal allzu programmatisch. Man konnte Judith Hermann durchaus einige Maschen nachweisen, einige Attitüden. Von der Schnörkellosigkeit amerikanischer Short Stories hatte sie manchmal ein bisschen zu viel gelernt. Aber die Sensibilität, mit der die Autorin Stimmungen einfing, war immer noch groß.

Nach dem sensationellen Erfolg von »Sommerhaus, später« und der Reaktion der Kulturjournalisten darauf bei »Nichts als Gespenster« schien die Autorin Judith Hermann auf ein Normalmaß reduziert worden zu sein. Es dauerte sechs Jahre, bis sie ihr nächstes Buch veröffentlichte – wieder einen Band mit Erzählungen, mit dem Titel »Alice«. In ihren »Frankfurter Poetikvorlesungen«, die im Jahr 2023 erschienen, deutet die Autorin an, was in diesem langen Zeitraum um sie herum passierte – ein Innehalten, der Beginn einer langen Psychoanalyse, in der die Lebensumstände in ihrer bürgerlich gebrochenen Familie eine große Rolle spielten. Und eine neue »Wahlfamilie« trat ins Bild: das ungebundene, undefinierte Leben mit wechselnden Freunden in einem Haus an der Nordsee, das Judith Hermann von ihrer Großmutter geerbt hatte und das im Sommer für alle offenstand. Über ihr öffentliches Bild als Autorin, über das Weiterschreiben nach dem Wirbel um »Sommerhaus, später« und den Kritiken zu »Nichts als Gespenster« schweigt Judith Hermann in ihren sehr persönlichen, dabei aber höchst reflektierten poetologischen Äußerungen. Es ist spürbar, dass das Changieren zwischen der realen Familie und der »Wahlfamilie« ein entscheidendes Moment für ihr Schreiben ist. Verlässlichkeiten hat es für sie von Anfang an nicht gegeben, und ihre Texte sprechen darüber, indem sie dieses Zentrum umkreisen, aber nicht benennen.

Man merkt in »Alice«, dass die Autorin in einem neuen Gelände unterwegs ist. Die Beziehungen von früher haben sich verflüchtigt, es gibt keinen Stoff mehr für prägnante, augenblicksberauschte Erzählungen. Judith Hermann bewegt sich in Richtung Roman, ohne dem schon ganz zu trauen. Mit Alice gibt es eine Hauptfigur, um die sich alle fünf Geschichten des Buches zentrieren. Und sie handeln auch vom selben Thema: vom Tod. Die erste Erzählung, »Micha«, ist die längste und dichteste: Das Sterben von Micha im Krankenhaus wird begleitet von seiner jetzigen Frau Maja und seiner früheren Freundin Alice. Derlei Dreiecksverhältnisse und Beziehungs-Spiegelungen bilden Leitmotive in diesem Band. Es sind biografische Ausschnitte aus dem Leben von Alice, die mehrere Facetten zusammenfügen und eine Entwicklung erkennen lassen. Auch die letzte Geschichte, in der die bisher aufgetauchten Personen noch einmal zusammengeführt werden, oder das Bild der Spinne, das in verschiedenen Situationen wiederkehrt, verraten einen auffällig neuen Form- und Gestaltungswillen.

Judith Hermann schreibt mit ihrer »Alice«-Figur die Chronik einer Wohlstandsgeneration fort, die zusehends irritierter mit ihren eigenen Möglichkeiten umgeht und sich selbst eher ratlos gegenübersteht. Aber es verändert sich etwas. Sie reagiert seismografisch genau auf die Entwicklungen, auf die Verengungen des Horizonts, auf die Atmosphäre des Alltags. Ihre Sätze werden knapper, oft sogar elliptisch. Manchmal fallen abrupte Rhythmuswechsel auf, einzelne Dialogfetzen sind pointiert in Passagen von indirekter Rede gesetzt. Das Besondere dieser Autorin bleibt jedoch immer erkennbar, ihr Ton ist ein anderer als der, der in ihrer Generation vorherrscht. Diese Autorin vermeidet die Tricks der Distanzierung, des Zynismus und des augenzwinkernden Darüberstehens und bietet dadurch offene Flanken. Obwohl sie in dieselben kulturellen Muster und

Selbststilisierungen hineingewachsen ist, unterscheidet sie sich grundsätzlich von vergleichbaren Kollegen wie etwa Christian Kracht oder Benjamin von Stuckrad-Barre.

»Alice« bildete eine Zwischenstufe auf dem Weg zum Roman, und es dauerte wieder ungewöhnlich lange, nämlich fünf Jahre, bis 2014 endlich das erste Buch von Judith Hermann herauskam, das mit dieser Gattungsbezeichnung aufwartete: »Aller Liebe Anfang«. Sie schien damit an einem vorläufigen Endpunkt angelangt zu sein. Das Irisierende der früheren Erzählungen ist in jenen Stillstand übergegangen, der zum Thema des Romans wird. Die weibliche Hauptfigur ist um dieselbe Zeitspanne, die zwischen dem vorangegangenen Buch und dem jetzigen liegt, älter geworden. Sie befindet sich offenkundig in einem anderen Lebensabschnitt als die vorangegangenen Protagonistinnen, die Erzählstimme ist verhaltener als bisher, und sie scheint nicht einmal mehr so rauchig zu sein wie sonst. Die Sätze wirken zum Teil wie bloße Regieanweisungen: »Das Haus liegt in einer Siedlung am Stadtrand. Es ist ein einfaches Haus mit zwei Stockwerken und einem moosigen Ziegeldach.« Vereinzelte Gegenstände sind für den Requisiteur gleich mit angegeben: Herd und Spüle befinden sich unter dem Fenster, in der Mitte der Küche steht ein Tisch mit vier verschiedenen Stühlen.

Das ist nicht mehr die Zeit einer Künstlerbohème, und es ist auch nicht mehr ein Wanderleben auf dem Theater. Man ist irgendwo angekommen. Stella lebt in ihrem kleinen Siedlungshaus in einer nicht näher erkennbaren, aber provinziell anmutenden Stadt mit ihrem Mann Jason und ihrem Kind Ava. Die betreffende Siedlung wird die »alte« Siedlung genannt, im Gegensatz zu einer »neuen« ganz in der Nähe. Beschrieben wird vor allem die Straße, in der

Stella wohnt, mit Häusern, denen man ihre Jahrzehnte bereits ansieht und die wohl deswegen in die Nähe von etwas Unwirklichem, Märchenhaftem rücken.

Am unheimlichsten aber ist »Mister Pfister«, der sechs, sieben Häuser neben Stella wohnt: ein etwas heruntergekommener, ungefähr dreißigjähriger, undefinierbarer Mann, der eines Tages bei Stella klingelt und auf verstörende Weise in der Türsprechanlage um ein Gespräch mit ihr bittet. Als Stella dies ablehnt, kommt er jeden Tag wieder, klingelt und hinterlässt Briefe oder auch Päckchen in ihrem Briefkasten. Stella beobachtet ihn oft hinter ihrem Fenster, wenn er rituell klingelt, sich langsam eine Zigarette dreht und dann mit bedächtigen Schritten weitergeht.

In der Beziehung mit Jason ist Stella, so scheint es, einigermaßen glücklich. Sie kennen kaum andere Leute in der Gegend, und es gibt kleine, spröde Judith-Hermann-Stellen, die darauf hindeuten, dass hier etwas fast stimmig sein könnte. Eine Geste zum Beispiel liebt Stella an Jason: wenn er sich mit der Hand vom Nacken aus über den Kopf fährt. Sie würde ihm das nie sagen, weil sie fürchtet, er würde diese Geste dann nicht mehr machen. Und mit ihr sprechen kann er eigentlich nur, wenn er Auto fährt. Er ist viel unterwegs, saniert und baut Häuser. Dass er oft weg ist, betont das Kammerspielartige des Textes, die durch Mister Pfister entstandene Atmosphäre. Es hat etwas Bedrohliches, auf diese Weise ruhiggestellt zu sein.

Dazu gehört auch, dass die äußere harte soziale Wirklichkeit zum ersten Mal stärker in die Wahrnehmung einer Hauptfigur Judith Hermanns hineinflackert. Stella arbeitet als Hauskrankenpflegerin und besucht regelmäßig bedürftige Alte. Sie wirken in ihrer bürgerlichen, künstlerisch angehauchten, verdämmernden Welt wie Schemen aus der eigenen Zukunft. Die Schilderung der Todesnähe dieses gelebten Lebens ist fernab jeglicher Sentimentalität. Es sind knappe Charakterstudien, die Stella wie beiläufig einen Spiegel vorhalten: Hat sie sich ihr Leben so vorgestellt, wie es jetzt ist?

Die Sprache dieses Romans ist auf der Suche. Manchmal schmuggeln sich Erinnerungen an das gemeinsame Leben Stellas mit ihrer Freundin Clara in den Text, Schemen aus der eigenen Vergangenheit. Vor zehn Jahren haben beide die Großstadt verlassen und jeweils eine Kleinfamilie gegründet. Clara ist immer noch Stellas wichtigste Bezugsperson. Sie telefonieren regelmäßig und lange. Die Zeit mit Clara steht für das Ziellose, Unbeschwerte, das mit Ende zwanzig, Anfang dreißig auf dem Höhepunkt war: Signale aus der mittlerweile mythisch gewordenen Zeit der Autorin Judith Hermann. Eine zufällige Episode fungiert wie ein Katalysator: die Straßenbahnbekanntschaft, die Stella damals wortlos mit in ihre Wohnung nahm. Sie schlief nur einmal mit diesem Mann, sie sah ihn danach nicht mehr. Dieser Moment steht für die Möglichkeiten eines vergangenen Lebens, die sich plötzlich verstärkt durch die Kulissen des jetzigen schieben.

Einmal erzählt Stella ihrer Tochter Ava eine Gutenachtgeschichte, und sie weiß, was Ava am liebsten mag: eine Geschichte, in der nichts passiert, »eine Geschichte, die vom Gleichmaß aller Tage erzählt, davon, dass alles bleibt, wie es ist.« Genauso möchte sich Stella eigentlich auch ihr Leben mit Jason vorstellen – bis Mister Pfister auftaucht und alles brüchig zu werden scheint.

Der Plot, der Showdown, die Sprache, sogar die Namen und der nicht zu lokalisierende Ort der Handlung: all dies verdankt sich angloamerikanischen Anregungen, dem lakonischen Geschichtenerzählen, das das lodernde Zentrum nicht direkt zu beschwören braucht. Psycho-Vokabular wird weitgehend ausgeklammert. Dennoch unterscheidet Judith Hermann von solchen Vorbildern eine Art romantischer Trotz. Deutlich wird das etwa daran, wie Stella mit Jasons Augen ihr eigenes Zimmer sieht: das Bord »an der Wand, auf dem ein Kardinalsvogel aus Porzellan neben einer Schneekugel, einem goldenen Buddha und einer Reihe von Steinen aus dem Schwarzen Meer steht; Stellas Bücherregal, Stellas Schreibtisch, ihre Stifte und Kerzen, für Jason sicher alberne Räucherstäbchen, die Perlenketten am Stuhlbein, die Vogelfeder an der Wand und seit zwei Wochen das orangene Tuch im Fensterrahmen festgeklemmt und um den Fenstergriff geknotet, ein orangenes Tuch mit weißen Pfauen darauf.«

Hier gibt es einen Sehnsuchtskern. Er ist an ein bestimmtes Lebensgefühl gebunden, an eine Substanz aus Generations- und Zeiterfahrungen. Judith Hermanns Figuren werden zusehends erwachsener und desillusionierter und verschreckter. Aber man erkennt sie wieder. Das erklärt die enge Bindung ihres Lesepublikums an diese Autorin, das offenkundig parallel mit ihr älter wird und jede ihrer Veränderungen nahezu identifikatorisch verfolgt.

Im Gegenzug aber wurden die Journalisten und Kritiker immer misstrauischer. Judith Hermanns Ton des Vagen und Unbestimmten löste manchmal sogar Aggressionen aus – vermutlich deshalb, weil in ihrer Generation, die dafür bekannt wurde, »irgendetwas mit Medien machen zu wollen«, viele Aktivisten ganz entgegengesetzte Haltungen propagierten. Die Reportage etablierte sich gerade als Königsdisziplin in den Zeitungen und Magazinen und forcierte Coolness und Konkretion. Sie suggerierte, dass man über den Dingen stand und sich gegen subjektive Irritationen abdichtete. Der Medientheoretiker Michael Rutschky etwa, der in dieser Zeit in Berlin sehr einflussreich wurde, fand für zeitgemäßes Schreiben die Parole: »Keine Befindlichkeiten!« Aber Befindlichkeiten – das war gerade das, worum sich bei Judith Hermann alles drehte.

Die Pointe ist, dass diese Autorin ursprünglich wirklich Reporterin werden wollte. Als sie nach einiger Zeit den Plan aufgegeben hatte, an der Hochschule der Künste Pianistin zu werden, bewarb sie sich an einer Berliner Journalistenschule. Es gibt frühe Beiträge von ihr für das damalige Deutschlandradio Berlin, zum Beispiel über Feng Shui, wo es darum geht, in der eigenen Wohnung die Einflüsse aus der Umwelt zu erkennen. Im Originalton Judith Hermanns heißt es: »Auch im Hof Nr. 26 grünt es. Männertreu, Geranien und Rosen gedeihen auf Beeten, eingerahmt von Pflastersteinen. Auf dieser Seite ist die Mauer bemalt, zwischen Rhododendron-Büschen leuchten Gartenzwerge, und auf einem kleinen Schuppen hält ein Porzellanhund Wacht. All das verdanken die Mieter ihrem Hauswart Werner Finesske.«

Das ist geradezu schulbuchmäßig, doch als es an der Journalistenschule ernst wurde, versagte die Autorin. Sie wollte eine Reportage über eine verlassene Kaserne in Werneuchen schreiben, und sie erzählt im Nachhinein, dass sie dabei eine »Fülle von Bildern« wahrnahm und sich nicht entscheiden konnte: »Das war zuviel. Wirklich zuviel.« Die Erzählungen von »Sommerhaus, später« entsprachen ihr offenkundig viel mehr. Obwohl sie nah an der amerikanischen Short Story mit deren Verwandtschaft zum journalistischen Schreiben waren, transportierten sie doch etwas ganz anderes. Und damit handelte sich Judith Hermann genau jene Vorwürfe ein, mit denen man im hochprofessionalisierten Medienmilieu äußerst schnell bei der Hand war: »raunend« oder »larmoyant« waren in dieser Zeit die am häufigsten benutzten Negativwörter. Zu den Geheimnissen dieser Autorin gehört, dass sie die Techniken der Reportage sehr gut beherrscht – aber wenn sie ins Zentrum ihres Schreibens vorstößt, wenn es zwangsläufig auch um ihren eigenen subjektiven Aggregatzustand geht, dann verlässt sie, bei aller Reduktion und stilistischer Zurücknahme, den Ton der Reportage. Sie entfernt sich von diesem Sicherheitsnetz und bewegt sich immer weiter hinein in unsicheres Gelände.

Der Roman »Aller Liebe Anfang« kam in der Presse nicht gut weg. Aber es ist erstaunlich, wie die Autorin darauf reagierte. Nach den langen Abständen, die bisher zwischen ihren Veröffentlichungen lagen, überraschte es, dass sie bereits zwei Jahre später den Erzählungsband »Lettipark« veröffentlichte. Der Roman, als Markierung eines Stillstands und einer Krise, fungierte offenbar als eine Art Katalysator. Als er fertiggestellt war, schien es für Judith Hermann wieder möglich zu sein, sich auf den Ursprung ihres Schreibens zu besinnen. Die Erzählungen in »Lettipark« wirkten wie eine Befreiung. Die knappen, scharf skizzierten Prosastücke knüpften wieder direkt an den Sound von »Sommerhaus, später« an. Programmatisch geht es um »unsere mittleren Jahre, unsere Schwächen«, wie es einmal heißt, und der Satz »Ivo und ich waren in unserer ersten Ehe« zeugt auch davon, dass bei allen Schwankungen sogar so etwas wie Selbstironie möglich ist. Man hat irgendwelche Jobs, man lebt in meist unsicheren Partnerschaften, doch es gibt bei alldem ein charakteristisches Selbstgefühl, mit dem man schulterzuckend bereit ist, die Dinge so zu nehmen, wie sie nun einmal geworden sind. Die Perspektive verändert sich. Sophia, Ada, Rose und wie sie sonst alle heißen, sind beileibe nicht saturiert. Immer ist da etwas, das zehrt und an die eigenen Wünsche und an frühere Vorstellungen erinnert – aber es drückt nicht nieder, sondern gibt auch Kraft.

Die Erzählung »Zeugen« etwa entwirft ein schwer zu erfassendes, poetisches und mehrdeutiges Augenblicksglück. Im Fischlokal bei Anice – Judith Hermanns Orte haben bei aller Undefiniertheit auffällig oft etwas Angloamerikanisches, das sie der deutschen Schwere etwas entrückt – treffen sich zwei Paare. Sie kommen auf den hellen Vollmond über ihnen zu sprechen. Am Morgen hatten ihn die Ich-Erzählerin und ihr Mann Ivo, beide Mitte vierzig, bereits gesehen, und ihr Lebensgefühl schien sich darin zu spiegeln: »bleich und weiß wie aus chinesischem Papier und so, als hätte er einmal zu uns beiden gehört und das hätte sich aus Gründen, die uns unklar waren, ein für alle Mal erledigt.« Henry, der andere Mann am Tisch, erzählt dann am Abend, dass er einmal Neil Armstrong, den ersten Mann auf dem Mond, in einer Bar getroffen habe. Die kurze Erzählung besteht aus kleinen Dialogen, scheinbar belanglosen Gesprächen, und das Motiv des Mondes und die Begegnung mit Neil Armstrong scheinen dazwischen auf. Alles kulminiert in einer unscheinbaren Szene auf einer Brücke. Die Ich-Erzählerin kann mit Ivo nicht darüber sprechen, was ihr gerade durch den Kopf geht, über den Mann im Mond und was er bei ihr auslöst, und die Geschichte endet mit den Sätzen: »Ich konnte nur seine Hand halten, die warm war und irgendwie spröde, so als wäre ein wenig Mondgeröll von Armstrong an Henry und von Henry an Ivo weitergegeben worden, achtsam, durch all die Jahre hindurch. Ich konnte nur neben ihm auf der schwankenden Brücke stehen und über den Fluss sehen, das schwarze Wasser absuchen, abtasten, nach einem unwahrscheinlichen Funken, einer Möglichkeit.«

Mit dem »Mondgeröll« hat sich diese Autorin wieder auf das ihr vertraute Gelände begeben. Ihre Figuren finden sich nicht ab. Sie zeigen sogar einen gewissen Widerstand gegen die überall bereitliegenden Möglichkeiten des Konsums und die damit einhergehenden abgeklärten Haltungen, sie verweigern sich dem Einverständnis. In der Beharrlichkeit, die eigenen Unsicherheiten in den Mittelpunkt zu stellen, liegt womöglich sogar etwas Subversives – der Gestus des Bescheidwissers, die abgedichtete Kolumnen- und Homestorysprache der Magazine ist dieser Autorin jedenfalls fremd. In der titelgebenden Erzählung werden sogar programmatisch »die vielversprechenden Schatten« beschworen, »Wege ins Ungefähre«: Sie pocht offensiv auf ihre Poetologie.

Vielleicht liegt darin auch die Erklärung, warum der Roman »Daheim«, der 2021 erschien, allseits ein überraschender Erfolg wurde. Judith Hermann schien plötzlich wieder vom Nimbus von »Sommerhaus, später« zu profitieren – sie war sich treu geblieben, sie hatte durchgehalten, und die positiven Kritiken zu »Daheim« ließen darauf schließen, dass sie wohl endlich angekommen war. Die Heldin ist 47 Jahre alt und folgt damit ihrer Autorin, auch darin zeigt sich Judith Hermann konsequent. In leichter Verfremdung findet das Geschehen des Romans »an der östlichen Küste« statt, obwohl alle äußerlichen Attribute eher für die Nordsee sprechen, der sommerlichen Zuflucht der Autorin. Die atmosphärische Verschiebung in den Osten ist fast so etwas wie ihre ästhetische Standortbestimmung: Selbst hier, wo von ihr keine Rede ist, ist die mystisch-verspielte, russisch geprägte Großmutter präsent, die in Judith Hermanns Prosa oft direkt auftaucht. »Daheim«, der Titel des Romans, übernimmt die Inschrift des Hauses an der Nordsee, das die Autorin von dieser Großmutter geerbt hat – in ihren »Frankfurter Vorlesungen« erzählt sie ausführlich von den verwickelten Erbangelegenheiten und dem verrückten Onkel, der in diesem Haus wohnte, die Invasion des Berliner Szenevolks um seine Nichte aber durchaus neugierig begrüßte.

Der Anfang von »Daheim« wirkt wie eine effektvoll konzipierte Kurzgeschichte, mit einem Zauberer und einer verloren auf eine Tankstelle blickenden Zigarettenraucherin auf einer Terrasse, also der sofort wiedererkennbaren Ich-Erzählerin. Doch plötzlich weitet sich der Text, und in das Geschehen sind erratische Motive eingewoben wie die Käfige und Fallen, die an verschiedenen Stellen in neuer Form auftauchen und unter der realistisch ablaufenden Handlung noch eine andere Ebene einziehen.

Zauberwelten, Melancholie und das völlig unromantische Leben in der industriellen Landwirtschaft gehen eine intensive Verbindung ein. Die Ich-Erzählerin ist vorübergehend an diesem vermeintlich trostlosen Ort gelandet, die Verbindung zu ihrem ziemlich versponnenen Mann Otis scheint leergelaufen zu sein, und als sie dann auf Arild trifft, der fast 1000 Schweine hat und aus der Tiefkühltruhe Schnitzel und Blumenkohl holt, wirkt sie auf ungeahnte Weise geerdet. Er tanzt wie ein Bär, die Bierflasche in der Hand, zum Beispiel auf J.J. Cales »After Midnight«, und als er einmal zu ihr kommt, um ihr zu helfen, mit Taschenlampe und Vorschlaghammer, nach Dung und Schweinen stinkend, heißt es nur: »Ich fand ihn unwiderstehlich.« Die Ich-Erzählerin ist »versessen« auf die Art, wie er geht: »Er schiebt unsichtbare Dinge aus dem Weg.« In »Daheim« gibt es überraschend skurrile und komische Szenen, unerwarteten Aberwitz. Die weibliche Figur macht sich auch ein bisschen über sich selbst lustig. Überall ist ein doppelter Boden eingezogen, und mitten im Text flirren Erkenntnisse, die nach allen Seiten hin offen sind: »Was brauchen wir und worauf können wir verzichten. Wir sind Trabanten, denke ich, wir kreisen um unsere Sonnen, jeder um seine eigene.«

Das ist der Kern von Judith Hermanns Schreiben, es ist ein Lebensgefühl, das alle zentralen Figuren ihrer Prosa definiert. Jetzt aber kündet es von einem neuen Selbstbewusstsein. Als die Autorin in ihren »Frankfurter Poetikvorlesungen« zum ersten Mal öffentlich über ihre Art des Schreibens reflektierte und Ansätze zu einer Poetologie formulierte, wurde dies deutlich. Obwohl sie in ihren Vorlesungen mit dem Titel »Wir hätten uns alles gesagt« viel von ihren Eltern spricht und etliche intime Details verrät – etliches bleibt auch im Dunkeln. Gerade die engsten Beziehungen sind fragil, und sie haben immer auch etwas Fragwürdiges. Das Zentrum der Ästhetik Judith Hermanns liegt in Sätzen wie: »Ich kann davon erzählen, dass ich das Eigentliche nicht erzählen kann, das Verschweigen des Eigentlichen zieht sich durch alle Texte.« Sie spricht in einer durchaus abgründigen Ironie auch von der »Geheimniskrämerei«, die ihr von Freunden immer vorgehalten werde: In einem Provinzhotel, in einem bestimmten Moment mit ihrem Lebensgefährten, sei ihr plötzlich klargeworden, wie die »Geheimniskrämerei« ihrer Prosa mit »den verdunkelten Zimmern meiner Kindheit« zusammenhänge.

Judith Hermanns poetologische Selbstreflexionen sind eine für diese Autorin sehr ungewöhnliche Form. Sie sprechen scheinbar direkt von den Lebensumständen und prägnanten Momenten dieser Autorin. Aber als die erste Vorlesung beginnt, ist man gleich mittendrin in einer Judith-Hermann-Erzählung, und vermutlich liegt darin schon die entscheidende Aussage. Die Geschichte spielt auf ihrem ureigenen Terrain, nachts in Berlin am Prenzlauer Berg. Um Zigaretten zu kaufen, was für die Atmosphäre Judith-Hermann'scher Erzähltableaus zwingend notwendig ist, geht die sich erinnernde Poetikdozentin in einen Späti an der Kastanienallee und trifft dort überraschend auf ihren Psychoanalytiker, zwei Jahre nach dem Ende ihrer langjährigen Analyse, der rauchbewusst eine Packung American Spirit erwirbt. Es kommt zu einem kleinen Smalltalk, dann verschwindet der Mann in einer Kneipe, die unvermutet drei Meter weiter liegt und die man fast übersehen hätte. Dies ist der Stoff und der Ton, wie man ihn von dieser Schriftstellerin kennt, etwas Traumverhangenes mit scharfen realistischen Konturen, und wie sie dann dem Analytiker in die Kellerbar folgt, wie diese Lokalität als eher trostlos beschrieben wird, wie dieser Dr. Dreehüs allein an der Theke sitzt, im schummrigen Licht – das liest sich wie eine späte Fortsetzung von »Sommerhaus, später«. Wenn die Ich-Erzählerin in den »Frankfurter Vorlesungen« unvermutet ihrem Psychoanalytiker an einem Schauplatz wie jener Kellerbar begegnet, ist das von einer großen, generationsspezifischen Konsequenz: »Es war ein wenig so, als stünden wir in diesem speziellen, scharf gestellten, frostigen Schlaglicht einer Short Story, die irgendwo beginnt, etwas einfängt, wieder abbricht, bevor es zu Conclusion und Fazit kommen kann.«

Die Begegnung mit ihrem Psychoanalytiker, der in der Realität offenkundig einen ganz anderen Namen trägt, in der auf stimmige Weise abgehalfterten Bar »Trommel« in der Kastanienallee, die wirklich existiert – ist das ein Traum, eine Story wie in ihren üblichen Berliner Szenarien? Sie schildert ihre Erfahrungen, als ob die für ihre Erzählungen entworfenen Figuren sie machen würden. Dass dabei vieles ausgeklammert wird, zeigt das Wesentliche ihrer Literatur: Das Weggelassene bringt das Geschehen zum Leuchten. Konkrete Erinnerungen an ihre Kindheit und Jugend beschreibt die Poetikdozentin so: »Keine detaillierte Abfolge von Ereignissen, dann habe ich, bin ich, wurde ich, nichts von alledem. Strecken von Schwarz, tonlos, ein unvermittelter Augenblick wie ein Schnappschuss, zurück in etwas Stummes, Taubes.«

An manchen Stellen ihrer Vorlesungen reflektiert Judith Hermann darüber, wie eine Geschichte entstanden ist, denkt über den Impuls und das Motiv nach und über die verschiedenen Fassungen, die immer kürzer werden: »und das, was in der letzten Fassung unwiederbringlich verloren ist, ist das, wofür ich die Geschichte geschrieben habe.« Es führt aber zu einem »Nachleuchten«, zu einer »metaphysischen Verdichtung«. Und einmal gelangt sie so zu einer prägnanten Definition für ihre Art des Schreibens: »Jede Geschichte erzählt von einem Gespenst. Am Ende ist das Zentrum der Geschichte ein Schwarzes Loch, aber es ist nicht schwarz, und es ist nicht finster. Es kann im besten Falle glühen.«

Das Erstaunliche an dieser Autorin ist, dass sie unverhüllt an ihrer eigenen Lebensgeschichte entlangschreibt, dass sie im Grunde nie etwas erfindet – und dass dieser Stoff trotzdem immer etwas bisher Verborgenes bereithält. In der Art, wie sie das nicht beschreibbare Zentrum benennt, erzeugt sie sprachlich tatsächlich dieselben Effekte wie die Popmusiker, die hin und wieder auftauchen und wie Chiffren genannt werden. Judith Hermann erzählt scheinbar einfach und nachvollziehbar, aber sie transportiert dabei etwas Dunkles, Nervöses und gespannt Abwartendes, etwas Gegenwärtiges. Wenn man einmal etwas über das Lebensgefühl dieser Jahre nachlesen möchte, dann liefert diese Autorin einen Grundtext – aus einer Zeit, in der die Desillusionierung selbstverständlich wurde, eine nie restlos auszulotende Sehnsucht aber blieb.

Zeitschmetterlinge

Thomas Lehrs Romanhelden
verpuppen sich stets neu

Im Jahr 2012 hat Thomas Lehr einen Band mit Aphorismen herausgebracht. Einer davon heißt: »In dieser Reihenfolge: Kunst entsteht aus Hochmut, Schmerz, Geduld.« Thomas Lehr weiß, wovon er spricht. Sein erster veröffentlichter Roman, »Zweiwasser oder Die Bibliothek der Gnade«, hatte 359 Seiten. Der nächste Roman, »Die Erhörung«, steigerte sich auf 463 Seiten. »Nabokovs Katze«, die dann folgte, brachte es auf 511. »Schlafende Sonne« schließlich, sein Roman aus dem Jahr 2017, weist stolze 637 Seiten auf. Thomas Lehr setzte immer noch eins drauf.

Was ihn elektrisiert, ist der Roman. Der Roman bietet die Form, in der sich die ganze Welt abbilden kann, keine halben Sachen. Doch genau dies führt zu etlichen Irritationen. Es wirkt frappierend, dass jeder von Lehrs Romanen ganz neu ansetzt. Er sucht für jeden Stoff seine ureigene Form. So entstehen scheinbar unterschiedlichste Texte. Der Autor sitzt an seinem Schalt- und Mischpult, er sitzt an seinem hochdifferenzierten Weltbewegungs-Instrumentarium und sieht dabei jedes Mal wie ein völlig anderer aus. Aber er ist jedes Mal derselbe. Das ist das wirklich Neue an diesem Schriftsteller und vermutlich das, was das wirklich Zeitgenössische ausmacht.

Schon »Die Erhörung« von 1995 verhandelt die ganz großen Dinge: Politik, Geschichte, Liebe. Sofort fällt auf, wie sehr Thomas Lehr das opulente Erzählen liebt, das Schwelgen in Situationen, das Ausmalen von Biografien, das Atmosphärisch-Sinnliche. Aber wie er das tut, kann verstörend wirken. Der Roman besteht aus zwei Romanen, sie würden im Normalfall berührungslos nebeneinander herlaufen. Der Autor verwickelt und verwirrt sie untrennbar: Da ist ein zeitgeschichtlich stark aufgeladener politischer Roman auf der einen Seite und auf der anderen eine existenzielle Fallstudie, eine seelische Grenzerfahrung, ein Arrangement mit Engeln, Träumen und Psychiatrie.

»Nabokovs Katze« aus dem Jahr 1999 entfaltet ein Breitwandpanorama, eine Sittengeschichte aus der Bundesrepublik und vor allem die sexuelle Erweckung jener Generation, die in den späten sechziger und frühen siebziger Jahren ihre Pubertät erlebte. Georg, die Hauptfigur, spielt einen Bildungsroman aus dem 19. Jahrhundert nach, den der Autor geschickt inszeniert, und beantwortet in vielen kunstvollen Mäandern, die bis nach Mexiko und Nordamerika führen, die Frage, warum die Kinder aus der Mittelschicht, denen in der kurzen Ära Willy Brandts die Möglichkeit des Aufstiegs geboten wurde, so ziellos durch ihr Leben irren.

Lehr wagt es, im Wissen um eine Spätzeit, mit allen ironischen Brechungen und Übertreibungen einen Roman im klassischen Stil zu schreiben, über den Erfahrungsweg eines jugendlichen Helden. Diese Generation ist die erste, die von der sexuellen Befreiung profitiert – doch wer früh reift, bleibt länger unvollendet. Camille, das Mädchen, das dem fünfzehnjährigen Georg schlaflose Nächte bereitete, setzt auch dem vierzigjährigen Georg noch zu: Trotz aller sexuellen Ausschweifungen mit anderen Frauen, die er in seinem raffiniert ausgeleuchteten Film-Milieu erlebt, bleibt Camille die wahre Obsession. Er hat nie mit ihr geschlafen, und als dies am Schluss des Romans endlich geschieht – kurz vor der Midlife-Crisis, die den Beginn des Erwachsenen-Daseins erahnen lässt –, löst sich alles auf, bleibt alles im Unklaren. Einer von Thomas Lehrs Aphorismen lautet dementsprechend: »Der Künstler spielt mit der Welt. Aber sie kann einfach nicht verlieren.«

»Nabokovs Katze« schöpft aus dem Vollen, und Thomas Lehr ist in der Folge etwas widerfahren, das einer größtmöglichen Anfechtung gleichkommt. Er fand sich nämlich auf der Titelseite des Wochenmagazins »Der Spiegel« abgebildet, mit einer rot-weiß gestreiften Blechtrommel in der Hand. Er schien eine Sehnsucht zu erfüllen, die immer wieder suggeriert wird: dass es literarische Enkel von Günter Grass geben könnte. Wie geht man damit um?

Lehr schrieb, wie um allen Missverständnissen vorzubeugen, eine Novelle. Sie hat schmale 142 Seiten und trägt den Titel »Frühling«. Jedem, für den »Nabokovs Katze« vor allem ein satter Pubertäts- und Adoleszenz-Schmöker war, musste das wie ein Schlag ins Gesicht vorkommen. »Frühling«, das ist der atemlose, in zahllose Einzelscherben zerspringende Monolog eines Sterbenden. Die grammatikalischen Sinneinheiten werden durch eine exzentrische Zeichensetzung durchkreuzt und außer Kraft gesetzt. Punkte und Kommata stehen mitten im Satz, häufig auch Doppelpunkte und Ausrufezeichen; sie bilden neue, assoziative Bezüge. Vor allem aber stellen sie die gewohnten Abläufe in Frage. So, wie der große Roman »Nabokovs Katze« die angemessene Form für den Inhalt fand, so ist es auch mit der Novelle »Frühling«. Es sieht nur ganz anders aus.

Deutlicher als mit dieser Novelle konnte Thomas Lehr nicht klarmachen, dass er sich um Erwartungen, um Rezipientenforschung, um literarisches Kalkül überhaupt nicht schert. Der Autor von »Frühling« scheint ein gänzlich anderer zu sein als der Autor von Nabokovs Katze«, von »Die

Erhörung« oder gar des als erstes Buch von Thomas Lehr veröffentlichten Romans »Zweiwasser oder Die Bibliothek der Gnade«. Dies Letztere ist eine Literaturbetriebs-Satire, angefeuert von den Erfahrungen mit dem Schreiben und dem Anbieten des ersten großen Manuskripts. Fast könnte man meinen, Lehr habe mit diesem Debüt bereits alles vorweggenommen, was der Literaturbetrieb mit ihm künftig anstellen würde – seine diversen Nominierungen zum Deutschen Buchpreis und deren Begleitumstände scheinen einzulösen, was »Zweiwasser oder Die Bibliothek der Gnade« vorausgesagt hat. Vielleicht kommt es deswegen zu dem charakteristischen Hakenschlagen dieses Autors, zu den vermeintlich abrupten Kehrtwendungen, die die beeindruckende Konsequenz seines Schreibens oberflächlich verdecken.

Die Novelle »Frühling« sah nun aus wie ein Sprachkunstwerk in der Nachfolge von James Joyce oder Arno Schmidt. War Lehr damit ein experimenteller Autor? Ein avantgardistischer Monologisierer? Mit seinem nächsten Buch drehte er den voreiligen Exegeten wieder eine lange Nase. Der Titel lautet »42«. Hier wird eine Fährte gelegt, die sich bald als sehr heimtückisch herausstellt. Denn diesmal fühlten sich vor allem Science-Fiction-Liebhaber angesprochen. Wer Douglas Adams und sein Kultbuch »Per Anhalter durch die Galaxis« gelesen hat, weiß, dass die Zahl »42« hier, auratisch und geheimnisvoll, als Chiffre für die Erklärung der Welt, für den letzten Sinn stand – als Ergebnis einer aufwendigen mathematisch-physikalischen Berechnung. Eine der interessantesten Nebenerscheinungen der Romanrezeption war nun, wie sich die Douglas-Adams-Fans dazu verhielten. Vielleicht ist das einer der größten Vorzüge dieses Romans: In Internet-Foren jenseits des landläufigen Feuilletons wurde »42« ausgiebig diskutiert und für interessant befunden. Allerdings: Dieser Roman wird nie zu Fantasy, nirgends tauchen fantastische Wesen auf. Es ist alles auf eine verstörende, irreale Weise – realistisch.

Wir befinden uns in der Forschungsstätte »CERN« in Genf, mit weltweit führenden Experimenten der Atomphysik. Und plötzlich, um 12 Uhr 47 und 42 Sekunden, bleibt hier die Zeit stehen. 70 Menschen, die sich zufällig im Bannkreis des CERN-Inneren aufhalten, leben weiter wie zuvor, können sich bewegen und halten sich innerhalb der gewohnten Zeitvorstellungen auf, sie altern und agieren wie üblich. Der Rest der Welt aber steht still.

Lehr entwickelt aus dieser Grundkonstellation heraus Expertisen über das Phänomen der Zeit, über die Unwägbarkeiten der Wahrnehmung. Er tut dies, ohne jemals esoterisch und irrational zu werden. Die vereinzelten theoretischen Passagen, in denen Quantenphysik und Zeitexperimente eine Rolle spielen, dienen als Beschleuniger der Handlung. Sie wird zum Thriller.

Und immer wieder rühren die Szenen dieses Romans an verborgene Welten aus Sprache und Literatur. Eine aberwitzige Erkenntnis in einem Schloss bei Montreux, die zum Finale führt, verdankt sich dem Geist Vladimir Nabokovs, der dort die letzten Jahre seines Lebens verbrachte. Und der Ich-Erzähler findet für sich und seine Schicksalsgefährten einmal ein passendes Wort: Es heißt »Zeitschmetterlinge«. Auch da arbeitet Nabokov, der bekannte Schmetterlingssammler, hinter den Kulissen. Wie so viele Figuren in den Romanen des großen Russen gelangt auch die Hauptperson bei Lehr am Schluss zu der Erkenntnis, eine literarische Figur zu sein.

»Zeitschmetterlinge«: dieses Wort könnte auch auf alle anderen Romanhelden Thomas Lehrs zutreffen, so verschieden sie sind, auf Anton in der »Erhörung« genauso wie auf Georg in »Nabokovs Katze«. Thomas Lehr findet die verschiedensten Formen – von der Satire über die verästelte psychologische Innenschau, vom mit Kodacolor satt ausstaffierten Geschichtspanorama bis zum brüchigen inneren Monolog. In »September. Fata Morgana«, seinem opulenten und grandiosen Roman aus dem Jahr 2010, geht er noch einen Schritt weiter. Er verbindet die fragmentarische, assoziativ abbrechende und wieder neu ansetzende westliche Prosa mit dem rhapsodisch märchenhaften orientalischen Erzählen. Der Duktus der alten Epen, der sich vor expressivem Pathos nicht scheut, mischt sich mit der Reportage, mit minuziös aufgezeichneten Dialogen, mit der medial aufgeladenen Wirklichkeit. Lehr verwendet dabei keine Satzzeichen. Der Text gliedert sich in einzelne Absätze, in freie Rhythmen, mal in eher getragener und bilderreicher, mal in kolloquialer Rede. Die formale Überlegung in diesem Roman ist äußerst konsequent: Es geht um den Gegensatz zwischen Orient und Okzident, und dieser Gegensatz wird durch die Form des Romans wieder aufgehoben – durch jenen frei schwingenden Duktus, der an die Epen Homers genauso gemahnt wie an die Märchen aus 1001 Nacht. Von diesem Duktus kann man sich tragen lassen. Doch es gab einige Kritiker, die sich darüber entrüsteten, dass Lehr keine Kommata und auch keine Punkte setzte. Das reichte ihnen schon dafür aus, mit dem Lesen gar nicht erst zu beginnen. Thomas Lehr hatte den dazugehörigen Aphorismus schon lange vorher geschrieben: »Der Kritiker ist die gefrorene Gestalt, die mit der Axt auf das Meer einschlägt.«

Die Schauplätze in »September. Fata Morgana« sind New York und Bagdad, und die jeweiligen Lebenssphären erscheinen parallel. Wir folgen vier Personen: Martin und seiner Tochter Sabrina in den USA sowie Tarik und seiner Tochter Muna im Irak. Es geht um ein untergründiges Geflecht, um einzelne Motive, sprachliche Bilder und musikalisch eingesetzte Wiederholungen. Und immer intensiver wird dabei das literarische Gespinst, das sich durch die Sätze zieht, von eingeschobenen Passagen Walt Whitmans und von Hafis bis zu den aktualisierten »Kindertodtenliedern« von Friedrich Rückert. Heimlich, unter der Oberfläche, jenseits der politischen Diskurse gibt es einen Gegenentwurf, so etwas wie eine versteckte Utopie. Sie zeigt, dass Orient und Okzident immer produktiv aufeinander bezogen waren. Der Untertitel des Romans, »Fata Morgana«, ist auch eine Gattungsbezeichnung.

Lehr geht es um ein großes Poem, um ein Epos, das sich nicht im bloßen Erzählen und in einer spannungsgeladenen Handlung erschöpft. Und diese Gattung, die sich ständig auf unerwartete Weise wandelt und phosphoresziert, nimmt in einem neuen Großtext wieder eine andere Form an. Thomas Lehr plant eine großangelegte Trilogie, deren erster Teil 2017 unter dem Titel »Schlafende Sonne« erschienen ist. Der Roman nimmt dieses Mal das gesamte 20. Jahrhundert bis zur unmittelbaren Gegenwart in den Blick, greift einige Figurenkonstellationen in unterschiedlichen Zeiten heraus und bindet sie assoziativ aneinander. Dreh- und Angelpunkt ist dabei ein Tag im August 2011, als die bereits berühmte Künstlerin Milena Sonntag eine umfassende Werkschau eröffnet. Das hat auch Einfluss auf die Form des gesamten Romans: Während des Lesens stellt sich allmählich heraus, dass der Text nach dem Prinzip der

»Bilder einer Ausstellung« aufgebaut ist. Was in den einzelnen historischen Tiefenbohrungen erzählt wird, hat sein Pendant in bestimmten Installationen und Gemälden.

Die 1970 geborene Milena Sonntag verbindet in ihrer Biografie Ost und West. Sie wächst als Tochter des DDR-Malers Andreas Sonntag in die Dresdner Kunstszene der achtziger Jahre hinein, und die Schilderung einer charakteristischen Performance wird zu einem der Kabinettstückchen des Romans. Unverkennbar der Gruppe um den »Neuen Wilden« A. R. Penck nachgebildet, werden an diesem Abend die Feuerbachthesen von Karl Marx zugespitzt und gegen die Verhältnisse in der DDR gerichtet. Die einzelnen Umstände zitieren konkrete historische Ereignisse: Genau den hier heraufbeschworenen »Freejazz-Rock-Punk« praktizierte damals in Dresden die Gruppe um Penck und Helge Leiberg, und der spätere Einbruch ins Atelier, bei dem die Artefakte zerstört werden, entspricht dem Fall Penck genauso wie die Art und Weise, wie die Stasi Andreas Sonntag zur Ausreise in den Westen zwingt. Das Fiktive ist in die reale Zeitgeschichte eingebettet. Eine neue ästhetische Ebene wird eingezogen, die etwas rätselhaft Gleißendes hat. Die biografischen Details der Hauptpersonen sind zwar äußerst differenziert ausgestaltet, sinnlich aufgeladen und mit überraschenden atmosphärischen Verdichtungen, aber sie scheinen noch etwas anderes mitzutransportieren.

Ihren späteren Mann Jonas, einen Freiburger Physiker, lernt Milena Sonntag 1991 in einem Nationalpark in den USA kennen. Dort stößt sie auf den an beiden Händen verbundenen Mann aus der alten Bundesrepublik, der beim Klettern abgestürzt ist. Die gebundenen Hände, die Namen Jonas und Milena – das ist natürlich alles voller

Anspielungen, und es ist kein Zufall, dass beide sich kurze Zeit später in einem Göttinger Philosophieseminar wiedertreffen. Ihre erste Liebesnacht ist ein Motiv, das in den gesamten Roman ausstrahlt. »Schlafende Sonne«, der Titel des Romans, nimmt es auf. Es geht weniger um konkrete Schlüsselsituationen als um erratische Bilder, die vieldeutig sind und nicht bis ins Letzte zu entschlüsseln. Es geht um das Epische.

Jonas, der Freiburger, ist Astrophysiker und forscht über die Sonne. Als er in Göttingen in philosophische Kreise gerät, wird sein Satz »Ich bin nur Physiker« zu einem geflügelten Wort. Diesem werden im Verlauf des Romans immer neue Wertigkeiten abgewonnen – ironisch, erkenntnistheoretisch, biografisch. Physik, Philosophie und Poesie gehen ineinander über. Und hier kreuzen sich auch die Interessen von Jonas und Milena, denn beide zeigen sich fasziniert von den Forschungen des Solarexperten Karlheinz Plessner. Diese Verbindungen sind es, die den Autor Thomas Lehr elektrisieren – der seinerseits Biochemie studiert hat. Das analytische Vorgehen der Naturwissenschaften bildet für ihn die Grundlage zum Synthetisierenden der Literatur. Sein Roman hat neben den Phänomenen der Astrophysik das Licht der Erkenntnis überhaupt im Visier. In den Handlungen des Romans gibt es sich vielfach schneidende Linien. In den akademischen Kreisen in Göttingen spielt neben dem Solarphysiker Plessner der Antiquar Friedrich Bernstorff eine große Rolle, und die Zentralfiguren sind Esther Goldmann, die der katholischen Philosophin Edith Stein nachgebildet ist, und der Phänomenologe Edmond, also Edmund Husserl. Dessen theoretischer Ansatz, die »Lebenswelten«, bildet auch einen Hintergrund für die Ästhetik des Romans von Thomas Lehr.

Das grundsätzliche Formprinzip des Buches kann man an den beiden augenzwinkernd vorangestellten Motti erkennen. Sie umkreisen nämlich das Phänomen der »Spirale«. Lehrs Roman ist ein Spiral-Roman, es gibt eine philosophische, eine physikalisch-naturwissenschaftliche und eine ästhetische Spielform der Spirale. Die Installations-Künstlerin Louise Bourgeois, mit der die Hauptfigur Milena einmal verglichen wird, definierte die Spirale als einen »Versuch, das Chaos unter Kontrolle zu bringen«. Und genau darum geht es dem Roman.

Der Text besteht aus vielen unübersehbaren Drehbewegungen, in jedem Kapitel gibt es überraschende Verschränkungen der Perspektiven. Wie bei einer Spirale wechseln so Innen und Außen. Erzählt wird vom Zentrum, von einem inneren Wirbel aus, nicht dem chronologischen Zeitstrahl entlang. Man kann Milenas Ausstellungseröffnung im Jahr 2011 als dieses Zentrum erkennen, das – wie bei einer Sonne – radial die Erzählstränge freisetzt. Der Autor Lehr hat eine Vorliebe für etwas, das eigentlich längst nicht mehr geht, er ist weder cool noch abgeklärt, er neigt zu Bekenntnissen und liebt trunkene Bilder, Genitivmetaphern und das Schwelgen in sich verselbstständigenden Sprachwelten. Sehr plastisch werden etwa der »weißliche Film«, der sich nach der Ausweisung von Andreas über die DDR legt, oder Michelangelos David in Florenz, in dem verschiedene Zeitschichten und Wahrnehmungen zusammentreffen.

Es geht, wie es einmal ungeschützt heißt, um »den Abgrund des Glücks«. Und in diesem Sog definiert Milena den Standpunkt der Kunst als ein »radikales Außerhalb«. Das gilt auch für den Roman von Thomas Lehr. Es wirkt wie eine Provokation, wie wenig sich dieser Autor um landläufige Erzähltheorien schert. Der Beginn des Romans, in dem in einzelnen Tableaus Milenas Ausstellung erträumt und konzipiert wird, ohne Figurenpsychologie oder Fingerzeige einer Handlung, ist in seiner hermetischen Wucht ein großes Wagnis. Es geht hier eindeutig um Literatur als Kunst, nicht als Serviceleistung für Gefühle oder als Wiedererkennungs-Akrobatik.

Die Kunst horcht den geheimen Schwingungen nach, sie weiß vieles schon vorher. Eine von Lehrs Figuren sagt einmal: »Es gibt einen Grad von Realität, gegen den der Gedanke nichts hilft.« Aber hin und wieder blitzen Hinweise darauf auf, dass die Realität immer einen Hinterhalt hat. Und genau dort befinden sich die Romane von Thomas Lehr.

Im ostdeutschen Ich-Versteck
Der Verwandlungskünstler Ingo Schulze

Als Ingo Schulze zum ersten Mal als Schriftsteller in der Öffentlichkeit auftrat, war schon alles gesagt. Der Laudator zum Alfred-Döblin-Preis des Jahres 1995 sprach erst einmal ausführlich über Katja Lange-Müller, an die der Hauptpreis vergeben wurde, und im Übergang zur Würdigung des Förderpreisträgers stellte er die irritierte Frage: »Wer aber ist Ingo Schulze?« Der Name klang ja wirklich wie ein Pseudonym, das sich hinter normativen Setzungen des Alltags versteckt, wie eine Tarnung im Landläufigen. Und mit diesem etwas verwirrten Ausruf war tatsächlich die Grundfrage an die Texte dieses Autors gestellt. Denn was Autor ist, was Name und was überhaupt die reale Grundlage für alles hier Geschehende – das entpuppte sich mit der Zeit als Schulzes General-Thema.

Schon in seinem ersten Buch, »33 Augenblicke des Glücks«, führt Ingo Schulze einen Herausgeber namens »I. S.« ein, hinter dem er sich versteckt und der vorgefundene Texte der Öffentlichkeit übergibt. Sie gehören einem geheimnisvollen Reisenden aus St. Petersburg, der »Hofmann« heißt. Dessen Papiere tauchen nach einer Zugfahrt hinter der Handtasche einer Dame auf und stellen das Manuskript der im Buchtitel annoncierten »33 Augenblicke« dar.

Die Ich-Fiktionen und Ich-Aufspaltungen des Erzählens werden von einem fernen, verheißungsvollen Licht her beleuchtet, aus dem Osten, in dem vielleicht doch auch die Sonne aufgehen könnte. Das schrille, ungeordnete Leben in St. Petersburg, das noch vor kurzem Leningrad hieß, zeigt

Ungezügeltes und Unbeherrschtes am Werk: Kriminelles, das niemand mehr als kriminell erkennt, weil es der Normalzustand ist, aber gleichzeitig auch stille, versunkene Momente, die sich völlig außerhalb der Zeit stellen. »33 Augenblicke des Glucks« – das spielt auf eine Kultserie an, die Ende der siebziger Jahre im russischen Fernsehen lief und »17 Augenblicke des Frühlings« hieß. »Glück« war in der sowjetischen Kunstszene eine ironische Größe, mit der die Kunstvorstellungen der Stalinzeit wachgehalten wurden.

Das Wenige, was wir vom vermeintlich gewissenhaft recherchierenden Herausgeber I.S. über den Verfasser Hofmann und die Umstände seines Tuns erfahren, lässt das Ganze eher noch rätselhafter erscheinen, eine vage umrissene Eisenbahnfahrt und seltsam undurchdringliches Geschäftsgebaren deutscher Manager im zeitgenössischen Russland bilden den Grundton. Hofmann ist ein Angehöriger der deutschen Wirtschaftskolonie im St. Petersburg der frühen neunziger Jahre. Er notiert verschiedenste Eindrücke und schlüpft dabei in unterschiedlichste Rollen, die 33 Augenblicke sind Reportagen aus dem Wirtschaftsleben, satirisch zugespitzte Miniaturen, Traumnotate, Filmdialoge. Immer geht es vom realen Alltag aus, und immer kippt es in eine Schräge, die mal leichter und mal schwerer ausfallen kann.

Altes und Neues durchdringen einander, historische Abläufe in ihrer gewohnten Vorstellung von Zeit und Entwicklung werden durcheinandergewirbelt, und es ergibt sich etwas Drittes, was die Zeit außer Kraft zu setzen scheint. Alle Figuren und Bilder wirken wie Zitate. Einmal tritt der absurde Exzentriker Daniil Charms auf, unter einem Pseudonym, das er selbst gewählt hatte, ein andermal sehen wir gestrandete Akademiker aus dem Sowjetmilieu, eine Wodka-Dekadenz ehemaliger Funktionsträger im Gewand von Tschechows Dramenfiguren – das nichthaltbare adlige Dasein des 19. Jahrhunderts verschränkt mit der Nomenklatura des 20. Die Skizzen aus einer fremden, wirren Wirklichkeit Anfang der neunziger Jahre zaubern eine zweite Wirklichkeit hinter der ersten hervor und schließen an Vladimir Sorokins postsowjetische Grotesken an.

Das literarische Spiel wird schnell zum eigentlichen Thema. Hofmann, der deutsche Wirtschaftsmann, zeigt sich gegen Ende in einer science-fiction-artigen Maschinengewehr- und Mafia-Sequenz als immer ungewisser werdender Bezugspunkt, als Quell der fantastischen Handlung. Und dann wird die Büroangestellte Viktoria Federowna ein Buch aufschlagen, in dem, ohne Namen zu nennen, die Geschichte dieses Hofmann erzählt, ja, ein alternativer Klappentext zum vorliegenden Buch des Ingo Schulze entworfen wird. »Viktoria Federowna seufzte leise, klappte das Buch wieder zu […], schloss ab und ging.«

Die Herausgeberschaft jenes »I. S.« zitiert ein altes Muster. Dass sich damit über die gewohnten Vorstellungen von Autorschaft hinweggesetzt wird, bekommt aber eine ungeahnte Aktualität. Wirklichkeit und ihre Vermittlung werden immer unübersichtlicher miteinander verzahnt: »I. S.« spielt den Unkenntlichen. Zur Zeit der bürgerlichen Aufklärung war die Anonymität des Autors, das fiktive Spiel mit Herausgeberschaft ein dynamischer Prozess zur Herausbildung des einzelnen, bürgerlichen Ich – mittlerweile scheint der Kreis geschlossen, und das Ich verschwindet wieder zurück in den Text.

Ingo Schulze hatte mit seinen »33 Augenblicken« eine verblüffende ästhetische Variation der frühen neunziger Jahre vorgelegt, und er führte das in seinem zweiten Buch, das für einen jungen Autor ja als das schwerste gilt, folgerichtig weiter. Er veröffentlichte 1998, vier Jahre später, nicht den erwarteten Roman, sondern wieder eine raffinierte Komposition aus Erzählungen, die alle miteinander zu tun haben, aber dennoch in sich geschlossen sind und rätselhaft irisieren. Wenn aber im ersten Buch Vladimir Sorokin als ein geheimer Bezugspunkt fungierte, so war es nun die amerikanische Short-Story-Coolness von Raymond Carver. Das schien dem deutschen Schauplatz weitaus eher zu entsprechen. Wieder schlüpfte Schulze in eine vorgefundene literarische Form, um sich gleichzeitig als Autorinstanz unkenntlich zu machen.

»Simple Storys« besteht aus 29 Momentaufnahmen in Altenburg, einer mittleren Provinzstadt im Dunstkreis von Leipzig und Dresden. Altenburg hat nicht mehr den exotischen Touch St. Petersburgs, in dem die »33 Augenblicke des Glücks« verborgen waren. Altenburg ist karg, deutsch und simpel. Dieser Austragungsort ist offenkundig nur durch harte Augenblicksprosa zu erreichen, hard-boiled style, keine Exzesse von Raum, Sprache und Zeit. Und so führen in Altenburg zwischen 1989 und ungefähr Mitte der neunziger Jahre Danny, Lydia, Patrick, Frau Dr. Holitzschek oder die Familie Meurer ihr recht unspektakuläres Leben. Sie haben wenig miteinander zu tun, obwohl sie an diesem kleinen Ort zwangsläufig aufeinanderstoßen müssen. Was ihre Situation historisch auflädt, die ungesicherte Existenz nach dem Zerfall ihres Staates und der anarchische Zustand am Beginn des neuen, wird fast nie direkt zur Sprache gebracht. Wir sehen diese Figuren in ihrem Alltag, in Großaufnahme, in meist zufälligen Konstellationen. Das ist zunächst einmal alles.

Es gibt keine Psychologie, keine fortlaufende Handlung, es gibt immer nur ein paar Personen. Doch gerade weil so viel ausgespart zu sein scheint, baut sich langsam eine untergründige Spannung auf. Diese Prosastücke haben auf eine andere Weise als in Schulzes erstem Buch die Vorstellung eines authentischen Ich hinter sich gelassen. Sie arbeiten mit filmischen Mitteln. Der Vergleich mit Robert Altmans Film »Short Cuts« drängt sich auf – es gibt kein lineares Erzählen, keine Angebote zur voreiligen Identifikation. Durch Parallelmontagen setzt sich ein zeitgenössisches Panorama zusammen, an dem sich der Zustand der Gesellschaft und diverser Individuen assoziativ ablesen lässt.

Altenburg ist zwar nicht Los Angeles, aber gerade das ist das Perfide an der Art, wie Ingo Schulze Robert Altman und dessen Story-Gewährsmann Raymond Carver covert. Schulze tut so, als wären Los Angeles und Altenburg miteinander kompatibel. Alles Anachronistische, Stehengebliebene der ostdeutschen Provinz wird formal aufgehoben. Wir sehen die Figuren handeln und fühlen und in einem anonymen Jobkarussell kreisen, als befänden sie sich am Ende des 20. Jahrhunderts. Und ob sie wollen oder nicht: genau da sind sie auch.

Alles, woran man sich halten könnte, fehlt: atmosphärische Beschreibungen, Kommentare eines unsichtbaren Erzählers, Bindungen zwischen den Personen. Kaum hat man sich an das Ehepaar Meurer gewöhnt, wie es Anfang 1990 in einer improvisierten Reisegruppe nach Italien fährt, ist man schon mitten im Gefühlsleben einer Kellnerin im Gasthaus »Wenzel«. Die Dynamik, in der sich die Geschichten aufeinander beziehen, ist zunächst unerklärlich.

Nichts mehr ist in Altenburg, wie es war. Diejenigen, welche scheinbar das Sagen hatten wie der Schuldirektor Ernst Meurer, verlieren jeglichen Boden unter den Füßen. Solche wie Eddi sind immer obenauf, obwohl dieses Obenauf mittlerweile nicht mehr so eindeutig ist wie ehedem. Es zählt nur der jeweilige Augenblick. Der entbundene Osten ist da schon viel weiter als Westdeutschland mit seinen gewachsenen Strukturen, und Altenburg bekommt unter Schulzes Blick tatsächlich auch etwas von der Bronx. Intrigen, Karrieren, die Manöver, sich das vergleichsweise schnöde Auskommen zu sichern: In kleinen Alltagsstakkati wird diese deutsche Szene festgehalten. Wenn der Ort der Handlung beschrieben wird, geschieht das meist in Form von Regieanweisungen, es herrscht ein sachlicher Drehbuch-Ton. Das Buch besteht vor allem aus Monologen und Dialogen, aus abgelauschten O-Tönen. Diese Form reagiert seismografisch auf die Frage nach dem Ich in der DDR und danach.

Die eigene Sprache des Schriftstellers Ingo Schulze scheint nur durch ein Paradoxon zu fassen zu sein: Sie existiert dadurch, dass sie alle möglichen Sprechweisen einnehmen kann. Und das trifft auch auf den großen Roman zu, der nach Ingo Schulzes zwei ersten spektakulär wirkenden Prosabänden endlich in der Luft zu liegen schien, der von allen apostrophierte große Wenderoman, den just dieser Autor zu schreiben hatte. Er ließ sieben Jahre lang auf sich warten. Und er verblüffte mit derselben Camouflage. Wieder schlüpft Ingo Schulze in die Rolle eines fiktiven Herausgebers. Nur so, und das wird von vornherein als Programm ausgestellt, ist der offenkundig autobiografische Stoff, den der Autor in »Neue Leben« bearbeitet, literarisch plausibel umzusetzen.

»Neue Leben« ist ein prekärer Punkt in der Entwicklung Schulzes, weil er sich hier zum ersten Mal der großen Romanform dezidiert stellt, seine sich unkenntlich machenden Schreibweisen aber beibehält. Vom Volumen her erfüllt das

Buch den Anspruch des großen Hauptwerks: Es umfasst fast 800 Seiten, wird aber wiederum nicht »Roman« genannt. Der volle Titel führt die mittlerweile erkennbare Schulze-Tradition augenzwinkernd fort: »Neue Leben. Die Jugend Enrico Türmers in Briefen und Prosa. Herausgegeben, kommentiert und mit einem Vorwort versehen von Ingo Schulze«. Und natürlich ist gerade dieser »Ingo Schulze« eine veritable Kunstfigur. In den Fußnoten, die er auf vielen Seiten einstreut, entlarvt er sich manchmal selbst als penibler Rechthaber. Und die Briefe und Prosastücke des Enrico Türmer, die er vorlegt, stellen dieselben Vorgänge in mehreren Varianten anders dar, je nach Ansprechpartner und Zusammenhang. Die eine »richtige« Wirklichkeit gibt es nicht.

Wie in »Simple Storys« geht es um das Städtchen Altenburg. Enrico Türmer ist, fast wider Willen, dort 1989 zu einer Symbolfigur der »Wende« geworden und hat eine wirkungsvolle Rede in der Kirche gehalten. Er gründet dann eine Wochenzeitung in Altenburg und entwickelt sich zu einem formidablen Geschäftsmann. Das Theater und die Kunst, denen lange seine ganze Energie gehörte, hat er dabei peu à peu hinter sich gelassen. In vielen kleinen Sequenzen wird die ganze Unsicherheit, der Zusammenbruch von Idealen, das Verschwinden eines sicheren Selbstverständnisses dargestellt. Ingo Schulze und Enrico Türmer verschwimmen, die Figurengrenzen sind nie ganz eindeutig zu ziehen, aber genau dies, so legt es der Text nahe, ist die adäquate Form, das Selbstgefühl des Ostens in dieser Zeit auf den Punkt zu bringen. Und dazu gehört auch, dass der Autor die Erwartungshaltung an einen großen Gegenwartsroman konsequent durchkreuzt.

Im kurz danach erschienenen Erzählungsband »Handy« treibt Schulze sein Spiel mit Form und Inhalt auf die

Spitze. Die Spannung zwischen Haupt- und Untertitel deutet schon einmal die Richtung an: »Handy. Dreizehn Geschichten in alter Manier«. Sechs dieser Texte waren im Lauf der letzten Jahre an manchmal entlegenen Orten bereits erschienen, und sie werden auch zum Teil offensiv als bloße Gelegenheitstexte ausgestellt. Schulze versucht damit, das Zeitgefühl der Gegenwart mit der überkommenen Form von Lesebuchtexten zu koppeln und dadurch neue Reize zu erzeugen.

Das Aufeinanderprallen von Ost und West muss nicht eigens als Thema ausgestellt werden, es kann wie in der Geschichte »Berlin Bolero« in einem kleinen Halbsatz, in einem unscheinbaren atmosphärischen Detail plötzlich an die Oberfläche treten, mitten im neuen Spekulations-Berlin. In der Titelgeschichte »Handy« ist eine alltägliche Erfahrung der Ausgangspunkt: dass ein Gerät wie das Handy, Ende der neunziger Jahre noch eher ungewohnt, zunächst als großer Fortschritt erscheint, dann aber als Zeichen von Fremdbestimmung wahrgenommen werden kann. »Ingo Schulze« braucht hier nicht mehr als Herausgeber in Erscheinung zu treten, »Ingo Schulze« hat sich radikalisiert. Die Figur »Ingo Schulze« tritt jetzt scheinbar zum ersten Mal ohne erkennbar doppelten Boden als reale Handlungsfigur auf, als ein Schriftsteller, der die üblichen Riten des Literaturbetriebs mitmacht. Man liest es ohne Arg als Erlebnisbericht. Doch allmählich merkt man, dass das so auch nicht stimmt. Die »Handy«-Geschichten spielen sich in Andeutungen ab, im Atmosphärischen, im Vagen, obwohl sie so konkrete, realistische Umrisse zu haben scheinen. Es bleibt etwas Unheimliches zurück.

Mit den »Handy«-Geschichten, die wieder ein großer Erfolg waren und mit dem publikumsträchtigen Preis der Leipziger Buchmesse ausgezeichnet wurden, schien der Autor Ingo Schulze in gewisser Weise an einem Endpunkt angelangt zu sein. Zunächst hatte er wie der russische Grotesk-Artist Vladimir Sorokin ausgesehen, dann wie der amerikanische Short-Story-Arrangeur Raymond Carver, und in »Handy« machte er aus dem In-eine-Rolle-Schlüpfen das eigentliche Thema: Da ist es fast unmöglich, zwischen autobiografischer Erzählung und fiktionaler Zuspitzung zu unterscheiden, zwischen lebenden Personen und ästhetischen Verweisen, zwischen Dichter und Schulze.

Das Chamäleon hatte sehr oft seine Farben gewechselt. Doch langsam stellten sich in diesem Farbwechsel Veränderungen ein. Schulze wurde sich zunehmend seiner alten Identität als Ostdeutscher, als DDR-Bürger bewusst und begann, sich publizistisch immer öfter in den Ost-West-Diskurs einzumischen, als zeitpolitischer Debattenbeiträger. Als 2008 der kleine Roman »Adam und Evelyn« erschien, konnte man diesen Text auch als Reaktion auf diese allmähliche Veränderung der Schriftstellerrolle lesen. Es geht dabei nicht mehr in erster Linie um Camouflage, sondern um eine nachdenkliche Selbstvergewisserung, die die ästhetischen Verkleidungsspiele eher melancholisch nachklingen lässt.

Die Entstehungsgeschichte dieses Buches ist sehr beredt. Der Berlin Verlag, der langjährige Verlag Ingo Schulzes, hatte eine großangelegte ambitionierte Reihe mit vielen ausländischen Verlagen initiiert, in der bekannte Autoren alte Mythen neu erzählen sollten. Und als sich Ingo Schulze des biblischen Initiationsmythos um Adam und Eva angenommen hatte, entwickelte sich daraus etwas Unvorhergesehenes. Im Vergleich zum großangelegten Wende-Unterlaufroman »Neue Leben«, in dem Schulze alles in die

Waagschale zu werfen versuchte, was er zu Ost und West und 1989 zu sagen hatte, nimmt sich »Adam und Evelyn« anfangs wie ein leichthändiges Nebenwerk aus. Doch es entwickelt sich ein neuer Schulze-Ton. Das Buch liest sich süffig, kurzweilig, wirkt rasch dahingeworfen mit einer Lust am Einfall und seiner Ausführung. Der Roman hat viele kurze Kapitel und besteht fast nur aus Dialogen.

Schulze verlegt die Adam-und-Eva-Geschichte, zunächst unmerklich, in die DDR-Zeit um 1989. Adam ist ein eleganter Damenschneider, der sich mit den Verhältnissen auf recht souveräne Weise arrangiert hat. Er liebt sein Handwerk, und er liebt die Frauen, denen er schöne Kleider maßgerecht auf den Leib zaubert. Adam wirkt wie ein Idealfall dessen, was Günter Gaus einst als die »Nischenexistenz« der DDR-Bewohner ausgemacht zu haben glaubte. Adams Freundin Evelyn ist Anfang 20 und zwölf Jahre jünger, und einmal, im Sommer 1989, erwischt sie Adam in flagranti mit einer seiner Kundinnen. In seiner Wahrnehmung betrifft sie das nicht unmittelbar, er liebt die Kundinnen vor allem deshalb, weil er es noch mehr liebt, ihnen adäquate Kleider zu schneidern, und fühlt sich dabei wie im Paradies. Aber Evelyn nimmt dies zum Anlass, sofort mit ihrer Freundin Simone nach Ungarn in den Urlaub zu fahren. Flugs beginnt sie eine Affäre mit Simones Cousin Michael, der in der Bundesrepublik wohnt. Inzwischen ist Adam Evelyn mit dem Auto nachgefahren und trifft sie am Plattensee, wo sie ursprünglich bei einer befreundeten ungarischen Familie gemeinsam Urlaub machen wollten. Er zeltet im Garten, Evelyn aber zeigt ihm die kalte Schulter und wohnt weiter mit Simone und Michael im Haus.

Die politische Umbruchphase dieser Wochen ist hier mit einer sehr intimen, konkreten Liebesgeschichte kurzgeschaltet, und in diesem Zusammenwirken von individueller und globaler Perspektive erscheint die Handlung unaufdringlich auch wie eine Neuauflage des alten Adam-und-Eva-Stoffes um Verführung und Vertreibung aus dem Paradies. Langsam dringt durch, dass Ungarn die Grenzen für DDR-Bürger öffnen wird und dass in Bayern schon Auffanglager vorbereitet werden. Michael, der Mann aus dem Westen, fährt ab, seine Arbeit in Hamburg ruft. Doch Evelyn zögert, sich ihm gleich anzuschließen. Schließlich fährt sie dann doch zusammen mit Adam über die Grenze, über Österreich nach Bayern, und in einem Hotelzimmer liest ihr Adam aus der Bibel, dem dort einzig verfügbaren Lesematerial, die Geschichte von Adam und Eva vor. Über die gesamte Handlung legt sich damit ein großes Assoziationsnetz, ein Spiel mit Motiven und Verweisen: Was hat es mit der Vertreibung aus dem Paradies auf sich? Was ist das Paradies? Was macht Eva mit Adam, worauf lässt Adam sich ein?

Adam erweist sich immer deutlicher als eine sensible Person, die ihr ehemaliges Leben nicht so einfach abstreifen kann. Während sich Evelyn in München relativ schnell zurechtfindet und ein Studium beginnt, das ihr in der DDR verweigert worden ist, sieht Adam die Bilder von den Montagsdemonstrationen in Leipzig und gerät in eine Depression, die der Arzt als »Übersiedlungssyndrom« diagnostiziert. Passend dazu findet er Arbeit bei einem »Flickschuster«, wie er es nennt, einer gesichtslosen Änderungsschneiderei. Sein Handwerk ist nicht mehr gefragt, die Frauen des Westens sind längst an Konfektion gewöhnt und nicht an maßgeschneiderte Kleider. Der Schluss bleibt jedoch offen, Adams Sicht der Dinge ist nicht die Sicht des Romans. Und wenn er am Ende, mit sehr ruhigen, bedachten Bewegungen, die Fotos verbrennt, die er immer von seinen Modellen gemacht hat, ist klar: Es wird, es muss etwas Neues beginnen.

Wenn man die »33 Augenblicke« oder die »Simplen Storys« mit »Adam und Evelyn« vergleicht, fallen die Veränderungen auf, die der Schriftsteller Ingo Schulze mit der Zeit durchgemacht hat. Er behandelt die Verhältnisse nicht mehr aus einem virtuos inszenierten ästhetischen Abstand heraus, sondern reflektiert sich selbst als Teil des Ganzen. Erst allmählich, und zwar ziemlich lange nach dem Fall der Mauer, nimmt er sich selbst als ehemaligen, von sozialistischen Utopien geprägten Bürger der DDR wahr. Einer Aufsatzsammlung aus dem Jahr 2022 gab er einen Titel, der einem Aphorismus des Aufklärers Georg Christoph Lichtenberg entlehnt ist und im Original lautet: »Der Amerikaner, der den Kolumbus zuerst entdeckte, machte eine böse Entdeckung.« Für Schulze ist diese Umkehrung der Perspektive zentral. Er überträgt das auf die Wahrnehmungsweisen der Ost- und der Westdeutschen und irritiert damit vermeintliche Selbstverständlichkeiten.

Ingo Schulze ist eben in der DDR erwachsen geworden, und zwar in den achtziger Jahren, als sich seine westlichen Generationskollegen in der Bundesrepublik mit ganz anderen Fragestellungen beschäftigten. Im Gegensatz zu ihnen spielte für Schulze die popkulturelle Wende des Westens keine Rolle. Sie brachte eine Verlagerung des vorherrschenden Diskurses mit sich und begann mit einer zunächst subversiven Affirmation des Kapitalismus, mit Distinktionsgewinnen durch ausdifferenzierten Konsum. Schulze dagegen arbeitete sich in dieser Zeit noch vehement am Sozialismus ab. Er engagierte sich 1989 in der Bürgerrechtsbewegung der DDR und erlebte das Desaster, dass das »Neue Forum«

bei den entscheidenden Wahlen 1990 nur 2,9 Prozent der Stimmen erhielt. Die Erfahrung eines herrschaftsfreien Raums, von 1989 bis in den Sommer 1990 hinein, als der Beitritt der DDR zur Bundesrepublik unausweichlich geworden war, hat ihn geprägt. Und seit den nuller Jahren registrierte er immer bewusster, dass vor der Tagesschau die aktuellen Börsenkurse »als ein von außen verhängtes Schicksal« verkündet werden, genauso wie anschließend der Wetterbericht. Die alte gesellschaftskritische Frage »Wem nützt das?«, die er einst von Bertolt Brecht gelernt hatte, wurde dadurch immer aktueller. Mit einer sich abkapselnden DDR-Identität hat Schulze dabei nichts zu tun. Sein Fixpunkt sind die wenigen Monate, in denen in der zu Ende gehenden DDR Vorstellungen von Gleichheit und Freiheit ausprobiert wurden.

Überlegungen zur Erzähltechnik und politische Differenzierung hängen für Schulze immer deutlicher zusammen. Tagesaktuelle Glossen über Wörter wie »Abwrackprämie« oder ironische Einwürfe gegen geistesaristokratische Anwandlungen des Schriftstellers Martin Mosebach stehen in Schulzes publizistischen Einlassungen ganz selbstverständlich neben sensiblen literarischen Einfühlungen. Seine Faszination für das poetische Verfahren von Vladimir Sorokin hat auch eine gesellschaftspolitische Komponente: »Wir müssen das Selbstverständliche und Bekannte als das Fremde und Unbekannte zeigen. Die Literatur muss auf Schritt und Tritt staunen und nichts als gegeben hinnehmen. Das wäre die Voraussetzung, um jene zu attackieren, die die Welt nach ihren Interessen und Bedürfnissen einrichten, um sie dann als gegeben und unveränderlich hinzustellen.«

Auf den ersten Blick scheint der Roman »Die rechtschaffenen Mörder« aus dem Jahr 2020 direkt in die aktuellen

Diskurse einzugreifen. In den Medien wurde in dieser Zeit häufig der Fall einer Dresdener Buchhändlerin aufgegriffen, die lange als an der Gegenwartsliteratur interessierte Linksliberale galt, aber dann eine dezidierte Nähe zu deutschnationalen Kreisen und speziell zur Partei AfD entwickelte. Mit diesem Assoziationsfeld spielt Ingo Schulze in diesem Roman von Anfang an.

Allerdings beginnt er mit einer Schulze-typischen Irritation. Der Text hebt an wie eine Novelle aus dem 19. Jahrhundert, der erste Satz könnte von Heinrich von Kleist sein. Schulze operiert also wieder mit Täuschungsmanövern, mit Versatzstücken aus der Literaturgeschichte, und arbeitet mit einem altväterlichen Legendenton, der untergründig die Erkenntnis transportiert, dass man diesem seit jeher misstrauen sollte. Erzählt wird die Geschichte des Dresdner Antiquars Norbert Paulini, eines Büchernarren, wie man ihn sich gemeinhin vorstellt. Paulini hat sein gesamtes Leben damit zugebracht, nur zu lesen, was in der ruhiggestellten DDR-Gesellschaft eine reale Option war. Als sich ihm in dieser überschaubaren Lebenswelt die Möglichkeit eröffnet, ein Antiquariat zu gründen, scheint alles im Reinen zu sein. Obwohl Paulini völlig unpolitisch wirkt, agiert er in der DDR-Gesellschaft doch äußerst subversiv – er hat Bücher in den Regalen, die keineswegs der DDR-Ideologie entsprechen und den Geist einer kulturbürgerlichen Gesellschaft heraufbeschwören, die außerhalb seines Antiquariats schon längst ad acta gelegt worden ist.

Die von Paulini verkörperte Form von Zeitlosigkeit wandelt sich mit dem Herbst 1989. Plötzlich treten finanzielle Fragen in den Vordergrund, die in der DDR so gut wie keine Rolle spielten. Der Beruf des Antiquars ist unter den neuen wirtschaftlichen Bedingungen nicht mehr lukrativ. In der Umbruchszeit 1989/1990 steht Paulini allein an der Elbe und weiß nicht mehr, »wer er war«. Und es folgt die Bemerkung: »Früher war ihm das nur beim Lesen widerfahren.«

Paulini kümmert sich zwar nicht um die Zeitläufte – er konstatiert höchstens mit Gottfried Benn den »leeren Raum um Welt und Ich«–, aber dann verliert er sein Haus, seine Frau (sie war bei der Stasi) und schließlich auch die Wertschätzung der Mitbürger, die seine Tätigkeit früher als eine Art Rettungsanker sahen, jetzt aber als weltabgewandt ablehnen. Am abrupten Schluss des langen ersten Teils des Romans hat der Protagonist sich in einen abgelegenen Ort in der Sächsischen Schweiz zurückgezogen und schwingt auf einmal rechtsradikale Reden.

Es folgen noch zwei kurze Teile, die die Irritation, die sich da eingestellt hat, auf formal raffinierte Weise fortführen, aber völlig neue Perspektiven einnehmen. Plötzlich tritt ein Schriftsteller namens »Schultze« auf, ein alter Trickkünstler, der mit autobiografischen Daten des Buchautors Ingo Schulze aufwartet und von seinem »Paulini«-Projekt erzählt. Er hat, wie sich jetzt herausstellt, den ersten Teil des vorliegenden Romans geschrieben. Jetzt spricht er als Ich-Erzähler und rekapituliert seine Begegnungen mit Paulini. Damit stellt sich gegenüber dem Vorangegangenen ein völlig neuer Ton ein. Es wird plaudernder, direkter und gegenwärtiger. In der Figur des frühreifen Schriftstellers Ilja Gräbendorf, der in Paulinis Zirkel als ein junger Star agiert, sind unschwer gewisse Züge des Dresdner Lyrikers Durs Grünbein zu erkennen. Vor allem aber spielt jetzt die geheimnisvolle Lisa eine große Rolle, die bei Paulini als Buchhändlerin arbeitet und die den Ich-Erzähler verzaubert.

Zunächst scheint es sich um eine romantische Liebesgeschichte zu handeln. Aber dann entpuppt sich das Ganze unerwartet als eine Ménage-à-trois, und es kommt zu dramatischen Verwicklungen. Die Rolle, die Paulini für Lisa spielt, wird immer undurchschaubarer, und dabei verknüpft sich die politische Geschichte mit einer höchst emotionalen. Bis zum Schluss dieses zweiten Teils bleibt die eigenartige Bindung Lisas an Paulini etwas, das den Ich-Erzähler »Schultze«, der, genau kalkuliert, immer etwas vage und unkonturiert bleibt, in Atem hält und als Cliffhanger endet.

Der dritte Teil ist wiederum aus einer ganz neuen Perspektive geschrieben. Unvermittelt spricht die westdeutsche Lektorin jenes Autors Schultze, und dieser Schultze wird dabei zum Teil eines Geschehens, das auch die Lektorin nicht mehr richtig überblicken kann. Am Ende steht der Tod, aber es bleibt offen, wie sich das Verhältnis von Opfer und Täter genau darstellt. Die Lektorin rekonstruiert die Geschehnisse, aber es bleibt ihr nur, das Rätsel, vor dem sie steht, als solches zu benennen. Sicher ist nur, dass am Schluss ein bosnischer Antiquar namens Juso Livnjak das Erbe Paulinis antritt. Mit dieser Figur erweist Schulze seinem bosnischen Schriftstellerkollegen Dževad Karahasan und dessen Roman »Der Tod des Nachthimmels« seine Reverenz, und es entsteht ein Verweisungszusammenhang, der sich den tagespolitischen Fragen entzieht.

»Die rechtschaffenen Mörder« ist ein Roman, der ästhetisch wie politisch hoch reflektiert und dabei voller Abgründe ist. Was vermeintlich eindeutig ist, löst sich auf. Die Gefühle der Ostdeutschen stehen im Zentrum, aber parallel dazu geht es um die falschen Zuschreibungen, die DDR rückblickend als eine idyllische Nische zu deuten. Ingo Schulze zielt mit seinen ausgefeilten Fragen, Antworten und Leerstellen mitten in ein zeitgenössisches Unbehagen. Der Autor legt Fährten aus, die er dann immer mehr verwirrt, um plötzlich ganz woanders wieder neu anzusetzen. Am Ende weiß man weniger als vorher, aber das ist als Beginn einer neuen Bewusstwerdung zu verstehen.

Das Verhältnis zwischen Kunst und Politik tritt bei Ingo Schulze im Lauf der Jahre immer mehr in den Vordergrund, und dabei fällt auf, dass in seinen literarischen Texten die Figur des Künstlers immer problematischer wird. Man kann sich dem Antiquar Paulini und dem vertrackt offengehaltenen Schluss von »Die rechtschaffenen Mörder« auch dadurch nähern, dass man Schulzes Erzählung »Tasso im Irrenhaus« aus dem Jahr 2010 danebenhält. Da geht es um einen Besuch in Winterthur, um sich das Bild »Tasso im Irrenhaus« von Eugène Delacroix anzuschauen, und der Ich-Erzähler Ingo Schulze scheint das Geschehen wie im Tagebuch festzuhalten. Scheinbar unbeteiligte Nebenpersonen – Mitreisende im Flugzeug von Rom oder anschließend auf der Fähre nach Friedrichshafen – vermitteln jedoch etwas Unheimliches, Dräuendes, so dass sich der Schriftsteller während seines eintägigen Aufenthalts in der Schweiz bald selbst wie Tasso vorkommt und sich als verlorener Dichter wie in einem Irrenhaus wähnt.

Angekommen in der Galerie, beginnt sich Schulze in das Bild zu versenken, weil er einen Vortrag darüber halten soll. Da verwickelt ihn ein zwielichtiger Schweizer in einen Dialog, dem er nicht mehr entrinnen kann – zumal der Schweizer alle möglichen Hintergründe dieses Bildes erläutert. Als der schriftstellernde Ich-Erzähler dem allwissenden Schweizer einmal etwas entgegenhält, erwidert dieser bloß: »Da kennen Sie die Künstler schlecht.« Und der Leser ahnt: Dieser Satz gilt auch ihm. Der Ich-Jongleur, der Versteckspieler, der artistische Ostdeutsche – Schulze hat seine Form gefunden, und sie sieht immer anders aus. Deswegen stellt sich die Frage »Wer aber ist Ingo Schulze?« in Wirklichkeit nie.

Der Jenseitsüberschuss

Die Akrobatschwäbin Sibylle Lewitscharoff zwischen Erdenschwere und Leichtigkeit

Das Schwäbisch-Knorzige ist nie über den engeren Wirkungsbereich seiner Region hinausgedrungen. In anderen Breiten wird es als etwas Pittoreskes und Absonderliches wahrgenommen, das für allgemeinere Zwecke keine Relevanz hat, und in der deutschen Literatur hat es außer dem ins Extreme zugespitzten Hölderlin kaum Spuren hinterlassen – die milde Mörike-Linie ist das Gegenteil davon und steht auf einem anderen Blatt. Vielleicht ist es deshalb so bemerkenswert, mit welcher Verve die gebürtige Stuttgarterin Sibylle Lewitscharoff in den Jahren nach 2000 die deutsche literarische Landschaft erobert hat. Solch einen Ton war man nicht gewöhnt, er wurde als erfrischend und originell gefeiert. Charakteristisch ist etwa, dass die Autorin schon im zweiten Satz eines anmutig daherkommenden Insel-Bändchens über Dante das Wort »Heilandzack« unterbringt. Gemeinhin wird es im Schwäbischen im Modus des derben Fluchs verwendet, Lewitscharoff hingegen filtert in ihm das Potenzial eines größtmöglichen Lobs heraus.

Der schwäbische Distinktionsgewinn, den diese Autorin an entscheidenden Stellen immer wieder nutzt, zeigt sich auch am Beginn ihres 2003 erschienenen ersten großen Romans »Montgomery«. Der Ich-Erzähler findet sich eines Nachts kurz vor vier auf dem Campo de' Fiori in Rom wieder, als er einen hageren Mann in einem dünnen Regenmantel sieht und ihn plötzlich, nach vierzig Jahren, als seinen alten Schulfreund Montgomery Cassini-Stahl erkennt. Der

Mann heißt wirklich so, wie sich herausstellen wird, der Erzähler aber ruft ihn mit folgenden Worten an: »Blechle! Du bist doch der Blechle.«

Dieser Diminutiv ist Programm. »Blechle«, das dimmt den so großspurig in Erscheinung tretenden Namen des Mannes sofort auf eine akzeptablere Ebene herunter und ist Teil einer leisen, nicht immer leicht greifbaren Ironie, mit der die Gegebenheiten generell wahrgenommen werden. Es ist der Autorin zuzutrauen, dass sie für ihren Helden als schwäbischen Part seines Familiennamens nur deswegen »Stahl« gewählt hat, um mit der Assoziation »Blechle« spielen zu können. Und »Heilig's Blechle« ist zudem ein sehr häufig gebrauchter Ausdruck des Erstaunens, mit dem die in der Gegend um Untertürkheim und Sindelfingen übliche Wertschätzung des Kraftfahrzeugs religiöse Dimensionen bekommt. Über derlei Bande spielt Sibylle Lewitscharoff oft, und meistens mündet das dann in Glaubensfragen.

In »Montgomery« führt diese anarchisch geistreiche Autorin bereits die Grundmuster ihres Erzählens vor, die sie stets in neue Stoffe einwirken wird. Der Vater ihrer Hauptfigur ist ein nach Stuttgart geratener Italiener – in Lewitscharoffs eigenem Fall ist der Vater ein Bulgare –, und aus dem Zusammenprall unterschiedlicher Kulturen entsteht ein Spannungsfeld, das ständig neue Formen annimmt. Das enge schwäbisch-pietistische Milieu wird mit dem katholisch-prunkvollen Rom konfrontiert, und der Held wird nicht nur mit seinem Nachnamen prächtig und barock inszeniert, sondern auch mit seinem Vornamen: Der Vater, ein Kinonarr, schwärmte für den Schauspieler Montgomery Clift, dachte dabei aber nicht daran, dass »Montgomery« in Stuttgart noch etwas ganz anderes auslöst. Der in Schwaben mythisch verehrte Generalfeldmarschall Rommel war nämlich im Zweiten Weltkrieg bei seinem Afrikafeldzug vom englischen General Montgomery empfindlich geschlagen worden. Kein Wunder, dass Montgomery Cassini-Stahl in seiner Kindheit und Jugend ständig gehänselt wurde und außer seinem kranken, im Rollstuhl gefangenen Bruder keine gleichaltrige Bezugsperson hatte.

Solch eine Zerrissenheit, solch ein Zwiespalt ist typisch für Sibylle Lewitscharoffs Kunst, und nicht nur in »Montgomery« wird dies auch mit filmischen Attributen versehen. Als der Ich-Erzähler dem schwäbisch-italienischen Helden begegnet, lebt dieser bereits seit 30 Jahren in Rom und ist Inhaber einer großen Filmproduktionsfirma. Gerade arbeitet er an einer Verfilmung der Lebensgeschichte von Joseph Süß Oppenheimer, die Lion Feuchtwanger 1925 zu einem Roman inspiriert hatte, die aber gleichzeitig die Vorlage für einen der wirkmächtigsten Nazi-Propagandafilme war: »Jud Süß« von Veit Harlan. Mit der sich langsam enthüllenden Lebensgeschichte von Cassini-Stahl führt das zu verschiedenen Überblendungen. Die Nachkriegszeit in Stuttgart steht neben dem »Dolce vita«-Rom der frühen Sechziger, die Filmkulissen in Cinecittà mit Schlaglichtern aus dem zeitgenössischen Rom bekommen einen schwäbischen Echoraum aus dem 18. Jahrhundert – aus der Zeit, als der Jude Joseph Oppenheimer zum Finanzrat und wichtigsten Berater des Herzogs von Württemberg aufstieg und schließlich nach heftiger antisemitischer Hetze hingerichtet wurde.

Wenige Tage nachdem der Erzähler Cassini-Stahl alias »Blechle« auf dem Campo de' Fiori getroffen hat, erfährt er vom Tod des Filmmagnaten. Mit vielen Andeutungen und Spiegelungen sind Cassini-Stahl und sein Filmheld Joseph Oppenheimer aufeinander bezogen, und die Städte Stuttgart und Rom vereinigen sich zu einem einzigen magischen Innenraum – nicht nur, weil ausgerechnet in Cinecittà die längst zerstörte alte Stuttgarter Innenstadt wieder aufgebaut wird, sondern vor allem, weil Cassini-Stahl durch diese nachträgliche Ästhetisierung seiner Heimat sich von den Traumata seiner Sozialisation lösen zu können scheint. Aber auch diese Bewegung wird durch etwas Gegenläufiges konterkariert: Der Erzähler stößt bei seiner Rekonstruktion der Biografie Cassini-Stahls auf das Gerücht, dieser habe kurz vor seinem neunten Geburtstag seinen behinderten Bruder im Schwimmbecken ertränkt.

Damit taucht in »Montgomery« zum ersten Mal ein zentrales Motiv in den Prosatexten dieser Autorin auf: der Tod und der Umgang damit, vorgetragen in einem schwebenden Ton, der zwischen Leichtigkeit und ausdrucksvollen Bildern changiert. Dadurch wird die Schwere von großen Themen wie Schicksal und Schuld, die immer mitschwingen, vorübergehend in eine andere Sphäre gehoben, und diese Sphäre ist das Geheimnis im Schreiben Sibylle Lewitscharoffs.

In »Consummatus«, ihrem nächsten Roman, wird diese Sphäre auch direkt benannt. Da sitzt der mittelalte Stuttgarter Studienrat Ralph Zimmermann im »Café Rösler«, und dort tritt er ganz selbstverständlich in Kontakt mit dem Jenseits. Im Café Rösler sprechen die Toten zu ihm, und er lässt, während er Kaffee um Kaffee und Wodka um Wodka trinkt, dabei einige Stationen seines Lebens Revue passieren. Die wichtigste davon ist offenkundig die Liaison, die er vor ungefähr zwanzig Jahren einige Monate lang mit der Rocksängerin Joey hatte. Da tourte er mit ihrer Band durch Europa, und dass diese Joey, die bei Lewischaroff

181

mit bürgerlichem Namen Johanna Skrodzki heißt und aus Berlin kommt, ihr Urbild in der legendären »Nico« hat, ist von Anfang an klar: ein deutscher Mythos aus den sechziger Jahren, unsterblich geworden durch die »Bananenplatte« mit Lou Reeds »Velvet Underground«.

Mit Nico ruft Sibylle Lewitscharoff, nach dem Dolce vita aus Rom und seiner Cinecittà, wieder äußerst virulente Geister aus der Kunstwelt des Pop und der glamourösen Verheißung auf. Nico hieß eigentlich Christa Päffgen und stammte aus Köln, sie hatte etwas Blondes und Unausschöpfliches, und mit ihrer rauhen Stimme holte sie in den Ohren der US-amerikanischen Underground-Szene – im Zusammenhang mit Lewitscharoffs »Consummatus« ist das verblichene Wort »Gemeinde« allerdings treffender – etwas aus den abgründigen Tiefen des alten Europa herauf, etwas Deutsch-Verruchtes. Nico, das war der deutsche Akzent auf coole und verführerische Weise. Wie sie in dieses Buch Sibylle Lewitscharoffs hineingerät, ist allerdings unerhört.

»Consummatus« ist ein Roman, der mit allen Wassern gewaschen ist, vor allem mit Weihwassern. Die Verbindung von bibelfest unterlegten Totenritualen mit dem Rockfeeling der ersten durch und durch von der Popkultur geprägten bundesdeutschen Generation geschieht hier ganz schwerelos. Es stellen sich keine Fragen nach hoher und niedriger Kultur, hier geht ganz selbstverständlich alles ineinander über. Nicos Faszination und abgründige Verführung braucht in Lewitscharoffs Roman keine aufwendigen Rückversicherungen, sie gehört von vornherein zu Ralph Zimmermanns Lebenswelt, zur zeitgemäßen schwäbischen Entgrenzung. Die Autorin schaltet große existenzielle Fragen und lustvolles Zeitgefühl ganz beiläufig zusammen. Schnell sieht man sich in die Erinnerungsnetze dieses Studienrats Zimmermann hineingezogen, der eine ziemlich bewegte Vergangenheit hat und augenzwinkernd an den authentischen Familiennamen des Barden mit dem Künstlernamen Bob Dylan gemahnt – das gehört mit zum Spiel.

Die Szenerie im Café Rösler, mit den dort anzutreffenden Damen und dem Timbre in Altrosa ist hyperrealistisch abgebildet. Und die Atmosphäre auf einer Mittelmeerinsel in den siebziger Jahren, wo Joey alias Nico (die real tatsächlich auf Ibiza starb) Hof hält und Ralph Zimmermann eine Zeit lang ihr Steigbügelhalter sein darf, wird, mit vielen kleinen listigen Verweisen, vor Augen geführt, als ob es Filmzitate wären. Genauso lässt sich auch die Sache mit den Gestalten der Toten lesen, die Zimmermann im Café Rösler umschwirren. Er ruft sie in seinem unendlich scheinenden Monolog auf, und sie kommen tatsächlich ab und zu selbst zu Wort und fahren ihm in die Parade. Blass gedruckt, von den zur Identifikation einladenden Kaskaden Zimmermanns schon formal deutlich abgegrenzt, kommentieren die Toten die Gedanken des Romanhelden. Das ist voller Situationskomik und hat mit althergebrachten Vorstellungen wie »Durchbrechen des landläufigen Erzählens« oder »Auflösung der gewohnten Ich-Perspektive« nicht mehr viel zu tun.

Das Durchkreuzen der Assoziationen der Hauptfigur mit anderen Stimmen, mit Alltagswissen und Bildungsgut, mit Anspielungen auf Heidegger und die Doors, Stefan George und Andy Warhol, das kann sich getrost auf Erkenntnisse berufen, die bereits in der Ära der Romantik formale Konsequenzen gefunden haben, aber vor allem bei Jean Paul. Dieser altfränkische Wortjongleur und Bewusstseinsgräber, der auch viel im Jenseits schaufelte und die theologischen Exkursionen seiner Zeit begierig kommentierte, ist einer der wichtigsten Bezugspunkte von Lewitscharoffs Schreiben. Auch er spaltete seine Figuren in viele Figuren auf und kommentierte das irdische Geschick probehalber aus Engels- und Himmelsperspektive. Consummatus – ironisch könnte man das auf Ralph Zimmermann beziehen (»Der Vollendete«). Er selbst verweist auf das letzte Wort von Jesus am Kreuz: »Consummatum est«, »Es ist vollbracht«, und das bezeichnet den Endpunkt des Monolog-Rausches von Ralph Zimmermann, aber auch denjenigen des Romans selbst.

Der immerwährende Traum, der an eine Person gekoppelt ist, wenn man sie verloren hat, die Sehnsucht, das metaphysische Verlangen: Alles ist hier eingefangen, und auch hier wieder mit teils aus dem urwüchsig Schwäbischen herrührenden Sprachschlenkern, die in ihrer uneinholbar zarten Bitternis eine Antwort auf die untergründig fortwährend gestellten letzten Fragen geben. »Und der Himmel, diese unermessliche Scheinblüte, sie blüht und blüht«, heißt es einmal an einem Kapitelende: Zeitloser hätte man das auch um 1800 nicht formulieren können. Einmal wird eine kühne Verbindung von Danneckers schwäbischem Schiller-Denkmal zu Michelangelos David gezogen, ein andermal die Größe Richard Burtons in Filmen der fünfziger Jahre beschworen: Das hat alles etwas mit dem langsam grau werdenden Studienrat Ralph Zimmermann im Stuttgarter Café Rösler zu tun, vor allem aber mit den Visionen der Autorin Lewitscharoff. Bei ihr werden Pop und Bibel eins. Und eine große Rolle spielt dabei die »Kreuzschlitzschraube«, Consummatum est, mit der Zimmermann ins Jenseits vordringt.

Die Gestalten und Namen in »Consummatus« kann man sich sehr gut in der Art von Comicfiguren oder leichten Strichzeichnungen vorstellen. Die Kreuzschlitzschraube, die auch messianische Vorstellungen zum Vorschein bringen kann, wäre solch ein grafisches Element. Sibylle Lewitscharoffs Kunst hat viel mit visuellen Aspekten zu tun, sie hat von Anfang an auch tatsächlich gestrichelt und gezeichnet. Ihr Debüt ist 1994 im Verlag der Münsteraner Galerie Steinrötter erschienen, in einer minimalen, dem Genre der Bildenden Kunst geschuldeten Sammlerauflage. Es hieß, nach einer chassidischen Legende, »36 Gerechte« und war mit Scherenschnitten der Autorin versehen, die gut zu den Gestalten ihrer Kurzprosastücke passten. Ihre Abenteuergeschichte des »Höflichen Harald« hat sie 1999 selbst durchgehend illustriert, im Marbacher Literaturarchiv präsentierte sie 2009 eigene szenische Papierobjekte zu ihren Lieblingsschriftstellern. Und der Text, mit dem sie 1998 in Klagenfurt schlagartig bekannt wurde und auch gleich den Bachmann-Preis bekam, wirkt eindeutig wie die Umsetzung einer bildnerischen Idee: »Pong«, diese wilden Prosaminiaturen, haben einen Protagonisten, der wie ein Strichmännchen agiert und in der menschlichen Gemeinschaft seine ihr fremde Identität spielend behauptet.

»Pong« ist eine Spielfigur, die fast organisch aus einem Brettspiel hervorgegangen ist, das die Autorin zwei Jahre vorher präsentiert und »Satzbau« genannt hat, mit Wortkarten und Figuren. Gleich zu Beginn wird er als »Verrückter« vorgestellt, und das ist kein Zufall, wie Lewitscharoff 2013 noch in ihrer Dankrede zum Büchner-Preis anlässlich von Büchners Novelle »Lenz« klarstellte: »Die geistige Zerrüttung ist auch mein höchstpersönliches Hausthema, das mich wieder und wieder umtreibt.« Das »Verrückte« gehört für diese Autorin unabdingbar zum künstlerischen Agieren, so wie »Pong« auf »Ping« antwortet und die Bälle über das Netz hin- und herfliegen. Die Figur Pong eignet sich ideal dazu, die Absurditäten der menschlichen Gesellschaft genau zu benennen und sie dadurch auch fernzuhalten. Und sie weist auch exakt jenen Jenseitsüberschuss auf, der bei Lewitscharoff immer anzutreffen ist – das Metaphysische als Gegengewicht zu den irdischen Verstrickungen, die meist zwischenmenschlicher und familiärer Natur sind und Fragen nach dem Tod genauso wie nach dem Leben stellen. Pong gelangt in der unerbittlichen, kleinteiligen Art und Weise seiner Wahrnehmung zu den komischsten Effekten, das betrifft die Beziehungen zwischen Mann und Frau genauso wie Tischsitten und Fragen der Bekleidung.

Wenn Sibylle Lewitscharoff über andere Schriftsteller spricht, stehen Namen wie Kafka oder Beckett obenan. Beiden eignet eine Art von grausigem, existenziellem Humor, den auch sie kultiviert. Das Luft- und Gliederpuppenwesen Pong ist eindeutig hier zu verorten, womöglich sogar im selben Dachboden oder Treppenhaus wie Kafkas merkwürdige »Odradek«-Gestalt, die einen besorgten Hausvater allein ob ihrer rätselhaften Existenz quält. Lewitscharoff hat in verschiedenen Phasen ihres Schreibens auf die »Pong«-Figur zurückgegriffen und sich mit ihr vergewissert: »Einem Verrückten gefällt die Welt wie sie ist, weil er in ihrer Mitte wohnt.«

Einen großen Erfolg erzielte sie mit ihrem Roman »Apostoloff« aus dem Jahr 2009. Man kann dieses Buch als einen Befreiungsschlag deuten. Die Autorin versammelt hier alle Themen, die sie umtreiben, und findet dafür eine hochkonzentrierte Form. Dass es sich um eine autobiografische Aufarbeitung handelt, ist unverkennbar. Es spricht, ungewöhnlich für Lewitscharoff, eine weibliche Erzählstimme, eine Tochter. Sie rechnet mit ihrem Vater ab, einem Selbstmörder, der die Tochter durch sein Charisma in den Bann gezogen und dann brutal auf sie selbst zurückgestoßen hat. Das Ganze geschieht auf dem Rücksitz eines Autos, eine Suada, die an Thomas Bernhard erinnern mag, aber in ihrem heftig-weiblichen Duktus eine ganz eigene Note entfaltet. Man befindet sich auf der Rundreise durch Bulgarien, und Lewitscharoff hat dabei ihre eigene Familiengeschichte in eine wütende, zeternde, aber auch schwärmerische und singende Prosawelt überführt, eine Kunstwelt, die aus vielen Anspielungen und Querverweisen besteht und ihre eigene Wahrheit birgt.

Dieses bulgarische Roadmovie hat eine Vorgeschichte, die wie einige andere Erzählstränge aus der Vergangenheit in die Suada der namenlosen Ich-Erzählerin eingeflochten wird. Die sterblichen Überreste des aus Bulgarien stammenden Vaters sind nämlich inmitten eines gewaltigen Konvois von Luxuslimousinen aus Stuttgart in seine alte Heimat überführt worden. Der Name des Vaters ist ausgerechnet Kristo, diesen Fingerzeig hat sich die Autorin nicht nehmen lassen, und sein Leichnam wurde in einem hochtechnisierten Verfahren mit flüssigem Stickstoff in kleinste Teilchen zerlegt und in ein Kästchen gefüllt – zusammen sind es neunzehn davon, denn so viele Exilbulgaren gab es nach dem Krieg in Stuttgart, und sie sollen nach dem Willen eines reichen Mitexilanten namens Tabakoff nun feierlich heimgeholt und in Sofia noch einmal begraben werden. Die Szenerie ist aberwitzig, die balkanischen Trauerrituale werden von der Erzählerin und ihrer eher zurückhaltenden Schwester als genauso bizarr aufgenommen wie das gesamte Land, das sie mit seinen postsozialistischen Landschaften und Industriebrachen durchqueren.

Auslöser des furiosen, alle Gefühlsregister hinauf- und hinunterrasenden Monologs der Tochter ist die Sinnlosigkeit des Todes ihres Vaters, der in der Familie eine zerstörerische Wirkung hatte. Kristo ist alles andere als ein Erlöser. Die Erzählerin bekämpft die Schwermut, die von ihm ausgeht, mit allen Mitteln. Die groteske Komik, in die sie das gesamte Geschehen kleidet, ist eine lebensrettende Maßnahme. Wie oft bei Lewitscharoff lösen sich die üblichen Ordnungen von Raum und Zeit auf, und die Grenze zwischen dem Reich der Lebenden und dem Reich der Toten wird durchlässig. War das im beschaulichen Stuttgarter »Café Rösler« des Romans »Consummatus« aber noch primär auf die generationsspezifischen Geister der Popkultur bezogen, findet diese Transzendierung nun im weitaus heikleren Bulgarien statt, und die familiäre Konstellation der Autorin selbst gerät ins Schlingern. Der Vater west mit dem Strick um den Hals im Kopf der Tochter herum, wird dabei als eine makabre Nummer präsentiert und damit unschädlich gemacht. Die Bewältigungsstrategien durch die schwäbische »Schwertgosch«, die im Werk Lewitscharoffs nicht von ungefähr eine zentrale Rolle spielt, haben in »Apostoloff« den Charakter einer Katharsis.

Der Fahrer auf dem bulgarischen Trip von Sofia über Klöster und Burgen ans Schwarze Meer und zurück heißt »Rumen Apostoloff«. Dieser Name verhält sich zu einer Verkündigung balkanischer Heilsgeschichte ungefähr genauso wie der Name »Kristo« zur Existenzform des Erzählerinnenvaters, es sind Schicksalswitze. Der Vater tritt im bulgarischen Gespensterreich auch wieder auf und sagt in Anlehnung an Humphrey Bogart Sätze wie: »Lösch mir die Augen, Kleines« – das ist wieder so eine Lewitscharoff'sche Teufelsaustreibung mit cineastischen Mitteln, und dass sie funktioniert, zeigt die Entwicklung dieses Romans. Sie schreibt sich ihre Familientraumata vom Leib.

Mit »Blumenberg«, dem 2011 erschienenen Roman über einen Philosophen und ein Wunder, katapultierte sich Sibylle Lewitscharoff endgültig an die Spitze des herrschenden Diskurses. Es ist ein blendender Einfall, dem real existiert habenden Philosophen Hans Blumenberg einen Löwen zuzugesellen, schon die ersten Sätze des Romans schaffen einen gänzlich neuen Raum, in dem die vorgefundene Realität keine Rolle mehr spielt. »Groß, gelb, atmend« schreitet der Löwe über den Teppich vor Blumenbergs Schreibtisch, und das wiederholt sich zu einem hymnisch anmutenden »habhaft, fellhaft, gelb« – von Anfang an hat der reale Philosoph seinen Vornamen abgestreift und gerät in ein imaginäres Flirren. Ganz natürlich tritt er so an die Seite des heiligen Hieronymus im Gehäus, wie er von Antonello da Messina gemalt wurde und auch von Albrecht Dürer, mit dem Löwen als beschützendes Haustier. Der Roman nimmt auch Blumenbergs Ablehnung des »Absolutismus der Wirklichkeit« in seine Form auf und beginnt, wie der Philosoph, zu erzählen und dadurch Symbole und Begriffe aufzulösen. Selbstmörder, verkannte Poeten und haltlose Studenten der Geisteswissenschaft komplettieren den Lewitscharoff'schen Kosmos. Man erkennt bestimmte Grundmotive von ihr wieder. Aber im Bild »Blumenbergs« verbinden sich auf bezwingende Weise philosophische Weltwahrnehmung und romantische Poesie, und das ist so etwas wie der Kern des Begehrens dieser Autorin. Dass ausgerechnet an der Freien Universität Berlin, die in den Jahren nach 1968 ein Experimentierfeld für radikale gesellschaftliche Fragestellungen war, auch religionsphilosophisch bewegliche Denker wie Klaus Heinrich oder auch der flamboyante Jacob Taubes mitspielten, kam Sibylle Lewitscharoff ungemein gelegen, Spuren dieser Einflüsse finden sich bei ihr zuhauf.

In den Jahren nach der Veröffentlichung von »Apostoloff« und »Blumenberg« war der Ruhm der Autorin groß. Man riss sich um sie, wenn es eine feierliche und animierende Rede zu halten gab, man gab ihr alle Preise und schmückte sich mit ihrer unverkennbaren Eigenwilligkeit, ihrem schrägen Humor und ihren unerwarteten Pointen. Die Mischung aus Anarchie, Lebenslust und erhabenen theologischen Einlassungen war faszinierend, Sibylle Lewitscharoff ließ sich politisch überhaupt nicht festlegen. Sie zeigte zwar auch Sympathien für den konservativen Katholiken Martin Mosebach, der so weit ging, das Zweite Vatikanische Konzil wegen zu großer liberaler Abweichung rückgängig machen zu wollen, aber da sie eine Vergangenheit als Schülerin in einer trotzkistisch-kommunistischen Vereinigung hatte und in der Kulturszene Westberlins mit frühen Neigungen zu Punk und Exzentrik auffiel, war sie immun dagegen, mit gesellschaftspolitisch reaktionären Denkmustern so zu kokettieren, wie Mosebach es tat. Der Büchner-Preis 2013 wirkte da wie eine letzte Konsequenz.

Das Feuilleton lobte Lewitscharoff als »engagierte und enragierte« Vertreterin ihrer Zunft, man pries ihre Offenheit und rühmte, dass »Zurückhaltung oder Diplomatie« nicht ihre Sache seien, man hob ihre »Streitbarkeit« heraus und ihre Unerschrockenheit. Es ist auffällig, wie schnell sich das nach einem ersten wirklichen Lackmustest, nämlich der »Dresdner Rede« Lewitscharoffs am 2. März 2014, änderte, und das ist ein Lehrstück über die Mechanismen zwischen Literatur und Öffentlichkeit. Der Titel ihrer Rede lautete: »Von der Machbarkeit. Die wissenschaftliche Bestimmung über Geburt und Tod«. Über weite Strecken sprach die Autorin von ihren subjektiven Prägungen, dem Selbstmord des Vaters, eines Gynäkologen, als sie elf Jahre alt war, und dem schwierigen Verhältnis zur Mutter – beides habe dazu geführt, dass sie selbst keine Kinder wollte und »gottlob auch keine Abtreibung vornehmen musste. Auf eine schwäbische Zwangsneurotikerin ist in puncto Vorbedachtsamkeit in Bezug auf entsprechende Maßnahmen, die da getroffen werden müssen, Verlass.«

Das ist die vertraute Lewitscharoff'sche Ironie und Selbstironie. Daneben ist die Rede auch wieder von theologischen Exkursen durchdrungen. Die Fragwürdigkeit des technischen Fortschritts zeigt sich für die Autorin schließlich bei den Möglichkeiten künstlicher Befruchtung, und nachdem schon die ganze Rede sehr persönlich, ja gelegentlich auch intim war, folgen jetzt Formulierungen, bei denen ihr »der Gaul durchgeht«, wie es ihrem spezifisch schwäbischen Temperament öfter mal entspricht. Die Reproduktionsmedizin erscheine ihr als »Fortpflanzungsgemurkse«, und sie sei geneigt, »Kinder, die auf solch abartigen Wegen entstanden sind, als Halbwesen anzusehen«. Sie fügt zwar gleich hinzu, dass das »gewiss ungerecht« sei, »weil es den Kindern etwas anlastet, wofür sie rein gar nichts können«. Aber sie gesteht: »Meine Abscheu ist in solchen Fällen stärker als die Vernunft.«

Die Rede endet versöhnlich damit, dass »wir alle zusammen« ein ungleich besseres Leben führen würden, als es »den Menschen im Herzen Europas je vergönnt war«, und ruft am Schluss dazu auf, das Leben zu »genießen«. Vor Ort blieb der persönliche, subjektiv authentische Ton der Autorin im Vordergrund, es gab den üblichen Beifall. Aber einige Tage später ging der Chefdramaturg des Dresdner Theaters mit einem offenen Brief an die Öffentlichkeit, der Lewitscharoffs Attacke gegen die künstliche Befruchtung und ihre Verwendung des Begriffs »Halbwesens«

anprangerte. Der Skandal verselbstständigte sich sofort, und die Wahrnehmung der Schriftstellerin Sibylle Lewitscharoff änderte sich binnen kurzer Zeit grundlegend. Ihr Nimbus war zerstört. Sie merkte selbst, wie sehr sie über das Ziel hinausgeschossen, wie sie von ihrem eigenen Furor fortgetragen worden war, und bekannte bald danach: »Ich habe das mit zwei, drei sehr dummen, sehr aggressiven Sätzen selbst verbockt.« In Interviews sprach sie davon, gern mal ein »Provokationskäschperle« zu sein. Aber diesmal hatte sie Geister gerufen, die sie nicht mehr losließen.

Man sollte umso mehr ihre Romane lesen. Diese unvergleichlich irrwitzigen und tiefgründigen Bücher, bei denen man nie definieren kann, ob sie nun eher avantgardistisch oder eher traditionsverhaftet sind. 2019 erschien ihr Roman »Von oben«: wieder ein wildes Buch, ein verzweifeltes, aber auch hochkomisches. Sie greift ihr Lebensthema erneut auf, und der Anfang ist spektakulär. Sofort stellt sich die Frage, in welchem Aggregatzustand sich der Ich-Erzähler eigentlich befindet. Denn er scheint sich irgendwo zwischen Himmel und Erde zu bewegen und vor kurzem gestorben zu sein, die Reste seines Körpers liegen offenkundig unten in einem Sarg. Aber es gibt etwas, das weiterexistiert und das jetzt spricht, die Wortverknüpfungen mit dem Begriff der »Seele« spielen deshalb eine große Rolle. Dabei fließt natürlich auch wieder Theologisches mit ein, aber das Entscheidende ist, wie das geschieht: nämlich in einem stets aufs Neue überraschenden Fabulier- und Beobachtungsrausch. Und was zunächst wie eine religiös fundierte Versuchsanordnung anmutet, stellt sich bald als eine literarisch tiefschürfende Gegenwartsanalyse heraus.

Dazu ist die augenblickliche Existenz des Protagonisten, der zweifellos aus einer extrem distanzierten Position heraus spricht, eine sehr gute Voraussetzung. Er beschreibt sich selbst als eine »flottierende Wesenheit mit unklaren Konturen«, in der das vergangene Leben auf nicht recht greifbare Weise weiterwirkt. Sie kann, und das ist das Raffinierte daran, »von oben« auf die früheren Freunde schauen, in ihre Wohnungen, Studierzimmer und Betten, und registriert genau, was sie gerade so treiben. So entsteht ein unbestechliches, durchaus satirisches, aber auch empathisches Bild des akademisch-kulturellen Berlin, wo der nunmehr frei flottierende Ich-Erzähler vor seinem klinischen Tod als Philosophieprofessor an der Freien Universität arbeitete. Seine Neugier reicht aber, als Ausdruck des diffusen Seelenwesens, zu dem er geworden ist, nur »für kurze Beobachtungsintervalle«. Der Roman besteht deshalb aus skizzenhaften, wie hingehauchten, aber mitunter auch kräftig ausgepinselten kleinen Kapiteln. Meistens geschehen die hier notierten Beobachtungsflüge nachts, und sie brechen immer ab, wenn die Energie erschöpft ist. Dann hört das Kapitel auf, und das Ich kehrt »zurück ins Ungefähr«.

Die kurzen Beobachtungsintervalle: das war schon immer die große Stärke der Romanautorin Sibylle Lewitscharoff. Da ist sie in bester Form, in der kraftvoll strotzenden Sprache, in den schonungslosen und doch gefühlsechten Charakterstudien aus dem Berlin der Gegenwart. Bekannte Straßenzüge und Kneipen tauchen auf, und wenn man will, kann man Personen aus dem künstlerischen und universitären Milieu wiedererkennen. »Von oben« ist mitunter ein hinreißendes Kabarett, aber vor allem eine ausdifferenzierte Feldstudie und ein hochriskantes Abenteuer. Es horcht dem nach, was Literatur vermag und wozu sie eigentlich da ist – nämlich Zwischenräume und

Grenzgebiete dort auszuloten, wo sonst nichts hinreicht. Nicht von ungefähr erscheint Kafkas »Jäger Gracchus« als Vorbild für die Schwebe- und Existenzbewegungen der Lewitscharoff'schen Ich-Figur. Mit ihnen ist diese Autorin, von »Pong« über »Montgomery« bis zu ihrem Tod 2023, sich immer treu geblieben.

Kieselgrau, herbsthagelkorngrün, staatssicherheitslila
Zur Problematik der »Muschebubu-Beleuchtung« in Adolf Endlers Prosa-Rasereien

Adolf Endler ist vielleicht das letzte große Geheimnis der DDR geblieben. Gerade Ende der siebziger Jahre, als sich alles düster zu verfärben begann und die Hoffnung nur noch darin zu bestehen schien, in ferne Vergangenheiten abzutauchen, lief er zur Hochform auf. Er begann, mit artistischer Verve Haken zu schlagen. Die Ausbürgerung Wolf Biermanns im November 1976 bot für Endler vor allem den Anlass, jetzt erst richtig loszulegen, und vor seinem Ausschluss aus dem DDR-Schriftstellerverband 1979 hatte er bereits angefangen, eine Prosa auszubilden, die alles in den Schatten stellte, was um ihn herum geschrieben wurde. Ab diesem Zeitpunkt drangen in entlegenen Zeitschriften und Handpressendrucken im Westen Fragmente aus vorgeblich riesigen Romankonvoluten Endlers an die Öffentlichkeit, die den Kneipen- und Bewusstseinstouren Blubi Blazezaks oder Bobbi »Bumke« Bergermanns in Ostberlin folgten, Versprechen, die zu immer größeren Versprechen wurden und damit auch schon fast eingelöst waren. Bald konstatierte der bundesdeutsche Wortjongleur Ludwig Harig angesichts der Endler'schen Hervorbringungen: »Alles ist Pop, alles ist Sozialistischer Realismus, es kommt lediglich darauf an, von wo aus du es siehst.«

Vielleicht kann man Endler ansatzweise begreifen, wenn man seine Herkunft ernster nimmt, als man es, seine Identitätsausschweifungen am Prenzlauer Berg vor Augen, gemeinhin zu tun pflegt. 1990 hat er, in einer typisch kleinen Ostpublikation namens »CITATTERIA & Zackendullst«, eine kleine Andeutung dazu gemacht. Er ergänzt hier einen Ausspruch des befreundeten Dichterkollegen Heinz Czechowski, »Ich bin Deutscher und Sachse, müssen Sie wissen!«, mit den Worten »*Ich* ein Deutscher und Düsseldorfer, compris?«. Endler kam aus dem Rheinland, und es ist nicht zu unterschätzen, dass er, mit dieser durchaus prägenden Sozialisation, bereits 25 Jahre alt war, als er in die DDR übersiedelte.

Die Biografie dieses über alle prekären Stellen virtuos hinweghüpfenden Schriftstellers ist keineswegs eine exemplarische, sondern eine, die höchst eigenwillige und unerwartete Wendungen nahm. Endler hat sie in etlichen Andeutungen und Bruchstücken in seine Texte geschmuggelt, aber was es genau damit auf sich hatte, wurde nie von letzter Hand geklärt. Dass er 1955 aus Düsseldorf in die DDR kam und dort auch wirklich blieb, ist eine der hermetischsten Chiffren, die er zurückließ. Und wie er spätestens seit November 1976, dieses konkrete Datum markiert eine bewusst wahrgenommene Zäsur, eine völlig autochthone dadaistisch-konkrete, den sozialistischen Realismus behände karikierende Formensprache entwickelte, bleibt angesichts seiner Generationsgenossen aus sächsisch-preußischen Gefilden ein fantastisches Rätsel.

Geheimnisvoll tauchten unter seinem Namen ab 1979 vereinzelt Prosafragmente auf, die aus dem Nachlass eines wie Endler 1930 geborenen, aber 1978 gestorbenen Bobbi »Bumke« Bergermann stammen sollten. Auch in allen späteren Hinweisen auf die Entstehungszeit der Texte sind die frühesten Bobbi »Bumke« Bergermann zugeschriebenen Fundstücke auf das Jahr 1978 datiert. Adolf Endler hat mit dieser Figur also offenkundig sein früheres literarisches Leben ad acta gelegt, in der Phase zwischen Biermann-Ausbürgerung und Schriftstellerverbands-Ausschluss, dafür aber umso vehementer ein neues angefacht. Er konnte nichts davon bis zum Ende der DDR, das er sehr aktiv am Prenzlauer Berg und in Leipzig-Connewitz mitbetrieb, offiziell publizieren, aber er hat dieses Staatswesen dermaßen unbeschadet, ja geradezu lange Nase drehend überstanden, dass er fast einzigartig dasteht.

Die ersten Bobbi-»Bumke«-Bergermann-Passagen, die gedruckt wurden, finden sich in einem bibliophilen Band der (West-)Berliner Handpresse 1979, mit zehn sechsfarbigen Linolschnitten von Wolfgang Jörg und Erich Schönig. Der Walter Verlag im schweizerischen Olten brachte das Buch im Jahr darauf für den Standard-Buchhandel noch einmal heraus. Der Titel lautet »Nadelkissen. Aus den Notizzetteln Bobbi Bergermanns. Im Auftrag der geschiedenen Witwe herausgegeben von Adolf Endler«. Das Verwirrspiel um Autorschaft und Doppelgängerfiguren ist hier schon voll im Gang. Allerdings ist noch wenig zu spüren von den sich überschlagenden Satz-Kaskaden, den unendlich schleifendrehenden Nebensatz-Konglomeraten, wie es für die Bergermann-Endler'sche Prosa danach typisch wurde. Meist sind es absurde und notizzettelhafte Kurzsatz-Gebilde, oft nur aus ein oder zwei Sätzen bestehend, die aber eine ganze Seite füllen. In ihrer Lakonie und manchmal vorgetäuschten Banalität verbergen sich politische und literarästhetische Abgründe. Endler, der bis dahin fast nur als Lyriker aufgetreten war, markierte damit den Übergang zur Prosa. Auch später konnten Gedichttexte in Prosabüchern wie Prosastücke in vermeintlichen Lyrikbänden stehen; Endler unternahm immer wieder neue Anläufe, Passagen seiner Bergermann-Eskapaden erscheinen zu lassen, in einer undurchsichtigen Veröffentlichungspraxis mit augenzwinkernd zusammengestellten Kompilationen verschiedener Texte. Das war sein Prinzip.

Es gibt zwei Stücke in »Nadelkissen«, die das Kommende bereits ahnen lassen. Mitten im Buch findet sich ein dreiseitiger Text, der »Blazezak – Mitte« heißt und die stilistisch rhetorischen Schübe künftiger Prosafragmente erkennbar in sich trägt. Bubi Blazezak erscheint als eine Spielfigur, die an die Tradition Berliner Gauner, Sittenstrolche und Stadtstreicher anknüpft und der Generation zuvor angehört. Dass er gleich als Antipode gegen den Genossen Stalin installiert wird, ist programmatisch zu verstehen. Blazezak findet sich als beliebtes Motiv in den im Untertitel des Buches annoncierten »Notizzetteln« Bobbi Bergermanns, und im Wissen um die weitere Existenz dieser Gestalt ist klar, dass es sich hier nur um eine vorläufige Etüde handelt, um eine Wette auf die Zukunft. Der zweite, etwas längere Text in »Nadelkissen«, »Bobbi Bergermanns Vormittagsweg«, ist in seinem gleichzeitigen Verlachen von Ost und West ein erster Meilenstein auf der nun eingeschlagenen, verblüffend zielgerichteten Wegstrecke des Autors, zwischen Sarkasmus, Verzweiflung und artistischer Hochseilkomik. Auf dem Weg zur Post kommt die Ich-Figur Bobbi Bergermann an der Mauer vorbei und sieht die auf der Westseite aufgebauten Aussichtsplattformen, von denen aus die Westtouristen die Ostbevölkerung anschauen können, wie im Zoo. Bobbi überlegt sich, wie er den DDR-Bürger am besten spielen kann, die Kopfhaltung, die Art und Weise, wie er seine Kleidung trägt. Der Schluss des vierseitigen Prosastücks gibt, in Großbuchstaben, einen »Vorabdruck aus meinem ersten Roman«

wieder und ist damit auch ein erster Hinweis auf das in den nächsten Jahren kühn angewandte Erfolgsrezept des Autors Adolf Endler. Die Passage lautet, als zweites Kapitel des kurzen Textes angezeigt und in die dritte Person versetzt: »›Die DDR‹, führte er Daumen und Zeigefinger gegen die herzförmig herausgestülpten Lippen, ›die DDR‹, küsste er Kuppen von Daumen und Zeigefinger, ›die DDR – Zucker!!‹«

Im April 1980 indes, fast zur selben Zeit, findet sich in der Nr. 16 der in Westberlin herausgegebenen Literaturzeitschrift »Litfass« ein später öfter wiederabgedruckter Text, der »Bubi Blazezaks gedenkend. Notiz über einen Romanhelden« heißt und schon alle Merkmale des ausgebildeten Bobbi-»Bumke«-Bergermann-Stils aufweist. Bereits der erste Satz sprengt alle Grenzen und umfasst im extrem klein gedruckten Layout der Zeitschrift eine halbe Seite. Hier ist der magische Endler-Ton angeschlagen: »Freilich (sagt man sich als Autor des geschmähten in Entstehung begriffenen Romanwerks NEBBICH und Opfer z.B. des Vorwurfs, wieder einmal dem Gegenwartsthema ausgewichen zu sein), freilich (sagt man sich, indem man sich nachdenklich und länger als sonst frottiert), freilich, es waren andre Zeiten damals« – und so geht es weiter, in einem unendlich scheinenden Assoziationsstrom, einer Bilderflut und Satzbaulust, die die eigene Existenz als DDR-Autor aufs Spiel setzt und unverkennbar aufs Ganze geht. In diesem Anfang ist von dem ominösen Romanwerk »Nebbich« die Rede, das im Laufe der achtziger Jahre in der bundesdeutschen linksalternativen Literaturszene für beträchtliche Furore sorgen würde. Bruchstücke davon waren nicht nur in »Litfass«, sondern auch in einigen Anthologien sowie Periodika wie

»Tintenfisch«, »Hermannstraße« oder »Freibeuter« zu finden, aber es blieben eben immer nur Bruchstücke.

Vermutlich hatte ein zweiteiliger Aufsatz Endlers in den »Freibeuter«-Nummern 9 und 10 des Jahres 1981 den größten Effekt: »Momente eines Aufklärungsreferates über meinen in Entstehung begriffenen Roman ›Nebbich‹«. Es war also, und dieser Trick trug immer wieder neue Früchte, ein Text über ein geplantes Vorhaben, mit genau jener Verve, die auch obige »Litfass«-Passage kennzeichnete. Auf der ersten Seite fand sich unten eine Fußnote, die mit »Anmerkung der Redaktion« überschrieben war und lautete: »Der DDR-Schriftsteller Adolf Endler, bekannt geworden als Lyriker, Essayist, Nachdichter, ist, nach zahlreichen glaubwürdigen Zeugnissen, inzwischen auch der Kunst des Romans nähergetreten. Es handelt sich um das Romanwerk ›Nebbich‹ (geplant in 4 Bänden à 736 Seiten, nach anderen Quellen in 8 Bänden à 1200 Seiten), zugleich gehandelt als sog. ›Geheimtip‹, von dem immer wieder Bruchstücke auftauchen, d. h. eher Informationen über das Vorhaben als solches – siehe den hier abgedruckten Text.«

Es war ein genialer Wurf. Die DDR-Literatur war in dieser Zeit in der Bundesrepublik ein in fast allen Universitäten und Feuilletons grassierendes Modethema, und Endler operierte geschickt mit dem Reiz des Subversiven, den er seinerseits subversiv beförderte. »Nebbich«, ein jiddisches Wort für »Tölpel«, ist im Deutschen auch als Synonym für den Ausruf »Was soll's« gebräuchlich geworden. Alles an Endlers geplantem und mit Stoff ja auch gelegentlich unterfüttertem Projekt war ungemein vielversprechend. Ein Indiz dafür ist die viel gelesene »Zeitschriftenrundschau«, die der einflussreiche Schriftsteller und Rundfunkredakteur Helmut Heißenbüttel in regelmäßigen Abständen in der »Frankfurter Rundschau« veröffentlichte. Heißenbüttel war ein ästhetisch versierter, neugieriger und hochgeachteter Intellektueller, und er zeigte sich förmlich angefixt von Endlers Ködern, die dieser an diversen Orten auslegte. Am 19. März 1983 hieß es in Heißenbüttels Kolumne: »Immer wenn ich aus diesem Projekt etwas zu lesen bekomme, lese ich es mit höchster Anteilnahme, mit höchstem Vergnügen. Kritische Randbemerkungen, die sich erheben, werden weggespült von dem Drang, über diese Literatur informiert zu werden. Ist das das, was für sich selber spricht? Und erhält sich, für mich, der Drang, dies lesen zu wollen, nicht frischer, wenn ich mich um diese Bruchstücke erst bemühen muss, wenn ich sie nicht einfach wohlfeil im Warenumlauf auftauchen sehe? Das Gerücht, so möchte ich zuspitzen, ist dem Literarischen der Literatur günstiger als die Werbung. Die Unverkäuflichkeit sorgt eher dafür, dass etwas hängenbleibt, als die Bestsellerauflage.«

Heißenbüttel hat hier nicht nur Endlers Konzept durchschaut, sondern er beschreibt auch literarische Gemeinsamkeiten zwischen Ost und West, die in der Form von »Nebbich« wie eine konkrete Utopie wirkten. In seiner nächsten »Zeitschriftenrundschau« schob Heißenbüttel am 16. April 1983 nach: »Vielleicht, so hoffe ich, wird sich eines Tages eine Endlergemeinde bilden.«

1985 erschien im Rotbuch-Verlag in Westberlin Endlers Buch »Ohne Nennung von Gründen. Vermischtes aus dem poetischen Werk des Bobbi ›Bumke‹ Bergermann« – sein erstes Opus magnum. Auch dieses Buch ist ein Kaleidoskop aus verschiedenen lyrischen Ansätzen und skurrilen Kurzprosa-Skizzen, aber zwei ungewöhnlich lange, mehrere Dutzend engbedruckte Seiten umfassende Prosatexte ragen heraus: »Pausenlos Modenschauen // Aus dem

Briefwerk Bobbi ›Bumke‹ Bergermanns« sowie »Die Exzesse Bubi Blazezaks im Fokus des Kalten Krieges / Nachgelassenes Romanfragment aus dem Gewürzschränkchen Bobbi Bergermanns«. Hier wurde dem Affen wirklich Zucker gegeben, und der Autor ließ dabei auch einiges von seinen Konstruktionsprinzipien erkennen. Da findet sich zu Beginn des »Modenschauen«-Textes ein Mann namens Eddi »Pferdefuß« Endler, »eins meiner sieben Doubles«, wie es verschmitzt heißt, dem als Adresse »Devils Lake / North Dakota, Dunckers Street 18« zugewiesen wird – die Ähnlichkeit mit der Dunckerstraße am Prenzlauer Berg ist gewollt, genauso wie in der näheren Angabe: »dritte Blockhütte hintenraus links, vier Treppen«. Dieser »Pferdefuß« Endler inszeniert sich als ein Wildwest-Akteur, der seine Existenz am Prenzlauer Berg in Form einer »Western-Munitionskiste« der Firma »McLuhans Old Tennessee Whiskey« spiegelt und Briefe seines Mitspielers Bobbi Bergermann empfängt. Das Masken- und Verwirrspiel wird noch dadurch intensiviert, dass ein längst verstorbener Onkel Bobbis namens Bobbi »Banane« Bergermann aufgerufen wird, der seinerseits ein Kumpel von Bubi Blazezak war, dem Helden der in den fünfziger und sechziger Jahren spielenden fiktiven ersten Bücher von Bobbi »Bumke« Bergermanns Monumentalroman »Nebbich«.

Adolf Endler entwickelt als Prosaautor eine Ästhetik, die auf erstaunliche Weise derjenigen seines Freundes Wolfgang Hilbig ähnelt, so verschieden die Oberflächen der Texte auch anmuten. Hilbig und Endler reagieren auf ihre jeweils ureigene Weise auf dieselben Zustände und entwerfen in ihren gleichzeitig entstehenden Prosatexten der achtziger Jahre vielfach sich fortzeugende Ich- und Erzählerfiguren, Doppelgänger und Personenspiegelungen.

Damit werden die Erfahrungen in der DDR reflektiert und transzendiert. Hier wird die Moderne, werden spezifisch neue Phänomene von Entfremdung und Vereinzelung noch einmal neu gedacht, und Vorgänger wie Rabelais, Laurence Sterne oder auch die deutschen Romantiker, die Endler im Gegensatz zu sonstigen Gepflogenheiten mit einem rasenden satirischen Ungestüm anreichert, sehen sich plötzlich mit der Realität der DDR konfrontiert. Viele Anspielungen auf DDR-Besonderheiten sind wie ähnliche tagesaktuelle Bezugsgrößen etwa bei Jean Paul nur für Insider, Feldforscher und Zeitgenossen zu erschließen. Das ändert aber nichts an der unbändigen Sprachlust, die sich immer wieder selbst zu befeuern scheint und sich sofort auch auf den Leser überträgt.

Mit Bobbi Bergermanns Berichten von den »Modenschauen« wird in »Ohne Nennung von Gründen« 1985 ein zentrales Stück der »Nebbich«-Fragmente mitgeteilt. Es wirbelt neben allen anderen anarchischen Sprachbewegungen die Zeitebenen auf eine Weise durcheinander, die bereits die »Litfass«-Herausgeber 1983 aufmerken ließ und im Editorial der Nr. 26 als eine ganz besondere Entdeckung feierten: Bobbi schreibt nämlich aus der Zukunft des Jahres 2003, und diese »Kritik von morgen auf die Zustände von heute« liest sich ein paar Jahrzehnte später erschreckend hellsichtig – und nicht unbedingt nur als beißend bittere Analyse der DDR der achtziger Jahre. Mit der Modenschau, die aus dem Studio von »Groß-Gabichtsgrund« (eine etwas russisch angetönte Ausweitung der DDR-Studios in Adlershof) für das Schulfernsehen übertragen wird, hat die DDR die Bundesrepublik fürwahr überholt, ohne sie erst einholen zu müssen (wie die berühmte Formel Walter Ulbrichts lautete). Bobbi Bergermann ist anwesend als

»Regenschirmträger im Windschatten Gunnar Alltschs«, des »bisher einzigen Nobelpreisträgers der DDR« – eine Verballhornung des Bestsellerautors Erik Neutsch, was spätestens eine Bezugnahme auf dessen vielteiligen Zyklus »Der Friede im Osten« deutlich macht.

Es geht um die Vorführung neuer Modelle des »führenden Berliner Modeschöpfers Wilhelm Sorgenfrey Knacke«, und in einem irrwitzigen Tempo gehen die »zu begehrten Kleidungsstücken gewordenen Wahnideen des Visionärs und Extremisten der Berliner Couture« einher mit ständigen Verweisen auf die aktuelle Kulturpolitik der DDR oder auf die Bibliotheksräumlichkeiten des Clubs der Kulturschaffenden »Marquis de Sade« – »jeden Donnerstag Dichterlesung aus neo-satanesken Versuchen!«.

Endler führt hier so etwas wie eine surrealistische Horror-Groteske vor, mit einem unverkennbar sexuellen Anstrich. Er interpretiert die kulturpolitischen Leitlinien der SED (»Folklore Mix«, »Festliches für die weibliche Landbevölkerung«, »Top-Secret-Laboratorium DEFTIG-REALISTISCHES«) und bezieht sie auf avantgardistische Modetrends: »*ab Hüfte geriehener Sattelrock*, welcher mit gefährlich dünnen *Spaghetti-Trägern* inclusive feuergefährlichen *Streichholzverknüpfungen* an den Körpervorsprüngen der wagehalsigen Trägerin zu befestigen war, in *kühlen Pastelltönen* abgefasst zum Teil diese Komposition – kieselgrau, herbsthagelkorngrün, staatssicherheitslila, *Kitt* und *Biskuit* – […].«

Die Verknüpfungen zwischen der Tristesse aktueller DDR-Diskussionen und der düster-sinnlichen Modenschau mit allen Reizen an der Oberfläche sind furios und verselbstständigen sich in einem einzigen Sprachrausch. In einer Anmerkung deutet der den Brief Bergermanns herausgebende Autor Eddi »Pferdefuß« Endler etwa einmal eine »Muschebubu«-Affäre an, ausgehend vom »satirischen Märchenspiel für Erwachsene« einer Thüringer Autorin namens »Hornbogen«. Eine »rasch zusammengestellte Literaturkritische Kleine Kampfgruppe (LKK)« unterzog den »ungeheuerlichen, sehr direkten Titel ›Muschebubu‹« einer »vernichtenden Kritik«, und in nächster Zeit wurden »nicht wenige ›Muschebubu‹-Elemente im lyrischen Schaffen des Landes nachgewiesen«. Endler spielt hier auf diverse Ereignisse der DDR-Kulturgeschichte an, auf etliche gesteuerte Leserbriefkampagnen oder spezielle Lyrik-Debatten, von denen er selbst betroffen war.

Wie der Autor solche Imaginationen in sein unentwirrbares Kunstnetz einbaut, zeigt die Stelle im Haupttext, die Anlass zu dieser »Muschebubu«-Fußnote gibt. Es tritt das Mannequin »Nivea Persil« auf: »Die anlässlich dieses Programmpunkts hoch- und niederzuckenden Lichtausgießungen stammten gleich den beim Auftritt Niveas erschallenden elektronischen ›Ahs‹ oder ›Ohs‹, ›Ihs‹ und ›Igittigitts‹ aus der viel bewunderten jugendgemäßen Krawall-Giftküche INTEREFFEKT beim Zentralrat der FDJ, nach der Verurteilung der sogenannten ›Muschebubu‹-Beleuchtung durch unsere verehrte Frau Staatsratsvorsitzende *prinzipiell umorientiert*, was noch immer nicht allgemein bekannt ist, auf die schrillen Schreie blutroter Sonnenuntergangsfarben und, das wird Dir als Skandinavien-Fan gefallen, auf die Zwischentonlagen eines unterkühlten, seltener lauwarmen flattrigen Nordlichts; das alles vermutlich auch nach Niveas Geschmack. – (Zur Problematik der ›Muschebubu‹-Beleuchtung in Discos etc. siehe auch: ›Wir gehen in die Disco‹, Verlag Neues Leben, 2. Auflage 1981).«

Im Zusammenhang der sich immer wieder neu auswuchtenden Textpassagen des Bobbi-Bergermann-Kosmos wirkt das alles ganz fantastisch oder, wie eine Lieblingskategorie Endlers aus jener Phase lautet, »phantasmagorisch«. Wie Endler gegen Ende der siebziger Jahre eine neue Form von Prosa für sich erfindet, hat aber natürlich eine lange Vorgeschichte, und er hatte mehrere Häutungen erlebt. Er war ein durchaus etablierter DDR-Schriftsteller und als Lyriker sowie als Lyrikexperte bekannt geworden. Daraus bezieht sich eindeutig auch der Furor in Bobbi Bergermanns »Modenschau«-Beschreibung. 1966 gab Endler zusammen mit seinem Freund Karl Mickel die Anthologie »In diesem besseren Land« heraus, und sie war trotz oder auch wegen des stolzen und ironischen Titels sofort in die Diskussion geraten. Das lag nicht nur daran, dass einige Gedichte des inzwischen offiziell verfemten Dichters Peter Huchel abgedruckt wurden. Auch die »Vorbemerkung« der beiden Herausgeber hatte es in sich: »Wir waren […] mit einer Vielzahl relativ schwieriger Gedichte konfrontiert, die vom Leser erarbeitet werden müssen, wie es vorher die Herausgeber getan haben. Es sind Gedichte – beispielsweise Arendts Oden und Elegien –, die hohe Kenntnisse der Wirklichkeit, aber auch der Kunstwirklichkeit (-historie) verlangen und nicht geringe Assoziationsfähigkeit. Wir setzen volles Vertrauen auf die Entwicklung zur gebildeten Nation, die dazu führen wird, dass mehr Leser als bisher sich das nötige Rüstzeug zur Gedichtlektüre aneignen werden.«

Die Parolen der DDR-Kulturfunktionäre hießen dagegen »Parteilichkeit« oder »Volkstümlichkeit«. Als unmittelbare Reaktion auf »In diesem besseren Land« fand in der FDJ-Zeitschrift »Forum« eine erregte Auseinandersetzung darüber statt, wie eine gegenwärtige Lyrik in der DDR auszusehen habe. Vor allem die selbstbewussten, freizügigen, fordernden und bisher unveröffentlichten Gedichte von

Heinz Czechowski, Sarah und Rainer Kirsch, Volker Braun und Karl Mickel (»Der See«) stießen auf vehemente Ablehnung. In seinen Anmerkungen zu dem im Westberliner Verlag Klaus Wagenbach 1975 erschienenen Gedichtband »Nackt mit Brille« (eine veränderte Ausgabe des in der DDR ein Jahr vorher erschienenen Buchs »Das Sandkorn«) erklärt Endler die Entstehung seines Gedichts »Die düstere Legende vom Karl Mickel« so: »Das Scherzgedicht geht u. a. auf die berüchtigte ›Forum‹-Diskussion über Poesie (1966) zurück, die mit einer Art Bannfluch über sämtliche relevanten jüngeren Lyriker der DDR endete, ausgesprochen von einer Troika führender Literaturwissenschaftler der DDR. Über den Lyriker Karl Mickel hieß es z.B.: ›Dieser jämmerliche, zynische und vulgäre Sexualpragmatismus, oder wie immer man das nennen soll, der da glaubt, intellektuelle Überlegenheit, Unabhängigkeit und die nur ihm eigene ›Größe‹ durch Prahlen mit dem offenen Hosenlatz kundzutun …‹«

Es ist einiges passiert seit 1955, als Endler in die DDR gekommen war. Im Jahr 2010 hat Renatus Deckert eine Sammlung von Interviews mit ihm vorgelegt, und hier werden die Hintergründe für die besondere DDR-Existenz dieses im Rheinland aufgewachsenen Autors sehr schön ausgeleuchtet. Seine Mutter war eine Belgierin und der Garant dafür, dass der junge Endler den Nazis mit Skepsis gegenüberstand. Sie sorgte dafür, dass er sich der Hitlerjugend weitgehend entzog. Endler versuchte recht früh, ausländische Sender im Radio zu finden, und erklärt das mit einer eindeutig künstlerischen Disposition: Er habe »schon als Elfjähriger an der Welt gelitten, nicht nur an den Nazis, sondern an der Welt schlechthin«, und habe »nach etwas gesucht, das anders ist«. Das setzte sich nach dem

Krieg nahtlos fort, als Endler »alle möglichen Zeitschriften gekauft und förmlich aufgefressen« hat: Das englische Kulturzentrum »Die Brücke« am Düsseldorfer Hauptbahnhof sei seine eigentliche Schule und Universität gewesen.

Die Begeisterung für die moderne Literatur, vor allem für Joyce, Kafka und den Surrealismus, verband sich mit einer Hinwendung zum Kommunismus. Endler lernte durch seinen Stiefvater die kapitalistische Geschäftemacherei hassen, die alten Seilschaften zwischen Nazis und Industrie, die unter Adenauer bald wieder florierten, und engagierte sich für den »Kulturbund«. Er gehörte bald zu einer Clique von »quasi Agenten«, die Geld aus der DDR in die Bundesrepublik einschleusten. Mit Anfang zwanzig geriet er in Gefahr, durch derlei strafbare Handlungen in der Bundesrepublik vor Gericht zu kommen. Als er vom Verlag der Nation in Ostberlin den Auftrag erhielt, eine Anthologie mit westdeutscher Lyrik herauszugeben, ging er nach Berlin. Aus der Anthologie – Endler wollte etliche experimentelle, moderne westliche Stimmen aufnehmen – wurde zwar nichts, aber er bekam vom mächtigen Kulturfunktionär Alfred Kurella das Angebot, am neugegründeten Literaturinstitut in Leipzig mit einem Stipendium studieren zu können. So blieb er »in der DDR hängen« und wurde zum DDR-Schriftsteller.

Ziemlich konsequent kam es dann zu einer ersten Phase von Gedichten, die den Sozialismus bekräftigten. Doch bereits Anfang der sechziger Jahre, nach dem Mauerbau, folgten zweifelnde, nachdenkliche, ironische. Der Sprengstoff seiner frühen Begeisterung für die westliche Moderne scheint mit einem für alle Fälle installierten Zeitzünder versehen gewesen zu sein. Endler prägte in den sechziger Jahren die subversive Formel von der »Sächsischen Dichterschule«, die seinen jüngeren neugewonnenen lyrischen Freunden galt, vor allem Karl Mickel sowie Sarah und Rainer Kirsch, und löckte mit der Anthologie »In diesem besseren Land« entschieden wider den Stachel. 1974 konnte schließlich, in der Phase einer relativen Liberalisierung nach dem Amtsantritt Erich Honeckers, seine Gedichtsammlung »Das Sandkorn« erscheinen. Der Titel bezieht sich insgeheim auf die berühmte Parole Günter Eichs: »Seid der Sand, nicht das Öl im Getriebe der Welt!«, und gleich im ersten Gedicht wird die »Brennessel« angesprochen – dass man sich am Schreibtisch schnell die Finger verbrennt, war Endler hoch bewusst.

Dies war die Situation, als mit den Schlüsselereignissen der Jahre 1976 bis 1979 die neue, poesie- und anarchiegetränkte Prosa-Radikalisierung Endlers eintrat. Sie hat durchaus auch etwas mit privaten Erschütterungen zu tun. In derselben Zeit entstanden, »auf dem Tiefpunkt meiner Existenz«, wie Endler später einmal sagte, lyrische Gebilde, die »Aus den Heften des irren Fürsten« hießen und neue Suchbewegungen markierten, die sich mit den parallelen Prosa-Aktionen mischten. Als grundlegend und befreiend bezeichnete Endler die dabei erfolgte Entdeckung von André Bretons »Anthologie des schwarzen Humors«. Sie verband sich mit dem »Hohnlachen«, mit dem bereits 1972 und 1975 zwei aufeinanderfolgende Gedichte betitelt waren. Endler wurde bewusst, dass er damit an seine frühen Lektüreereignisse direkt nach dem Zweiten Weltkrieg anknüpfe, als die westliche Avantgardeliteratur über das Rheinland geschwappt und alle Formen des Spiels und des Experiments in ihn eingedrungen waren. Bobbi »Bumke« Bergermann und dessen verwegene Vorgängerfantasie Bubi Blazezak kann man also als eine verwegene Mischung zwischen Endlers vorübergehend verschütteten westlichen Prägungen und einem daraus entstehenden neuen östlichen Furor begreifen. Sie war es, die Endler in den achtziger Jahren zum Spiritus Rector und Grand Old Man der DDR-Untergrundszene des Prenzlauer Bergs machte.

Das von den frühen Modernen aufgesogene »Hohnlachen« war es also, das Endler über die lange Phase des Nichtgedrucktwerdens in der DDR hinweghalf, und den Düsseldorfer Bodensatz sollte man dabei nicht unterschätzen. Im Gespräch mit Renatus Deckert über seine Jugend spinnt Endler in den letzten Jahren vor seinem Tod 2009 den erzählerischen Faden weiter, den er mit seinem Alter Ego Bobbi »Bumke« Bergermann gefunden hatte, und wie er da einen rheinischen Karnevalsumzug beschreibt, wirkt wie ein Fingerzeig: Als Dreijähriger habe er in der Ortschaft Itter »schwarz angemalte und auf primitive aber lustige Weise verkleidete Dörfler« gesehen: »Sie fuhren vom einen Ende des kleinen Dorfes zum anderen und tranken dabei, so viel es gab.«

Auch gewisse Details aus seiner Familiengeschichte, die er preisgibt, haben den Charakter einer literarischen Mystifikation. Recht »zwielichtig« scheint seine Großmutter gewesen zu sein, ein »Mädchen aus Bruxelles«, wie es in einem Gedicht benannt wird, eine Belgierin, die mehr oder weniger im Vergnügungsgewerbe tätig war, sich anlässlich des Ersten Weltkrieges »mit deutschen Offizieren herumgetrieben« habe und dabei »auf meinen Großvater gestoßen« sei: »Auf jeden Fall war meine Großmutter unter erotischem Aspekt sehr anziehend und für meinen Geschmack etwas undurchsichtig. Es gibt da eine Geschichte, der zufolge meine Großmutter meinen Vater verführt haben soll, der ja immerhin der Mann ihrer Tochter war. Ich habe auch das dunkle Gefühl, ich habe mal so eine Phantasiegeschichte geschrieben, dass sie versucht hat, als ich klein war, sich an mir zu vergreifen.«

Kultstatus erlangten, unter solchen Auspizien, nach dem Fall der Mauer fast zwangsläufig die Lesungen, die Endler zusammen mit Brigitte Schreier-Endler von 1991 bis 1998 unter dem Motto »Orplid & Co« im Café Clara in Berlin-Mitte veranstaltete. Die beiden waren die freudigsten Ost-West-Durcheinanderbringer, die es damals gab. Das Café Clara hieß nach Clara Zetkin, weil es in der Clara-Zetkin-Straße lag (die dann allerdings in »Dorotheenstraße« umbenannt wurde), und es hatte einen vorzüglichen Bordeaux sowie ein dreidimensional wirkendes Regal mit Spirituosen, das von einer raffinierten weißen Glaswand hinten angeleuchtet wurde. Es war in den neunziger Jahren ein exterritorialer Ort, an dem sich Ost und West programmatisch kreuzten. Darauf legten Adolf Endler und Brigitte Schreier-Endler den größten Wert.

Im November 1997 gab es hier einen gemeinsamen Auftritt von Karl Mickel und Michael Krüger, und wenn man sie hätte erfinden müssen, wäre es einem nicht gelungen, zwei derart exemplarische Vertreter der beiden Himmelsrichtungen zu entwerfen: »mit Wölfen heulend heulte ich gar zart« (Ost); »die kleinen Verse, die keine Richtung kennen, […] leben weiter, ein Lidschlag des Auges, das sich öffnet und schließt« (West). Sie haben sich aber gut verstanden, die beiden Antipoden, sie ergänzten einander vielsagend. Es gab wenige Stätten, an denen dies in solcher Eintracht geschah. Und bei der letzten Veranstaltung von »Orplid & Co« im April 1998 saßen am Lesepult, ganz ausgewogen, Ursula Krechel (Frankfurt am Main), Rolf Haufs (Charlottenburg), Wolfgang Hilbig (Meuselwitz) und Bert Papenfuß (Prenzlauer Berg).

Endlers siebzigster Geburtstag im Jahr 2000 wurde am Wannsee gefeiert. Er engagierte aus diesem Anlass eine Jazzcombo, die zeitlose Standards ziemlich cool und weise intonierte und deren Spezialität der gezielte Einsatz einer Hammondorgel war. Der Grund dafür lag darin, wie Endler enthüllte, dass es in der DDR keine Hammondorgeln gab. Wolfgang Hilbig hatte nicht nur solche Arabesken im Auge, als er Ende 1994 die Laudatio für den Brandenburgischen Literaturpreis an Adolf Endler hielt und sagte: »Ich habe nach deinen Büchern stets wie nach dem berühmten Strohhalm gegriffen. Du bist einer der Schriftsteller, die man notwendig nennen muß.« Der Schluss dieser Laudatio ist oft zitiert worden, aber es gibt nichts Besseres, als ihn auch an dieser Stelle zu zitieren. Er bringt alles auf den Punkt: »Jedesmal, wenn man etwas von Dir liest, glaubt man, man müsse sich augenblicklich totlachen. Doch dann merkt man plötzlich, dass man schon tot war und dass man sich wieder lebendig gelacht hat.«

Das magische Wort Kalmus

Sarmatien und das Silbenmaß: die himmlischen
Dissonanzen bei Johannes Bobrowski

Die Ahornallee in Berlin-Friedrichshagen lag schon immer ein bisschen seitab. Ihre verschiedenfarbigen Backsteinhäuser aus der preußischen Kaiserzeit sind typische Vorortbauten, die lange von der Brandenburgischen Feuerversicherung geschützt wurden, und der Straßenbelag bestand aus holprigen Pflastersteinen – wenn hier ein Auto fuhr, konnte es nur Schritttempo fahren, und es wurde überschattet von den hohen Bäumen, die tatsächlich Ahornbäume waren. Hier schien Stillstand zu herrschen, und hier wohnte Johannes Bobrowski bis zu seinem frühen Tod am 2. September 1965. Er starb im Alter von 48 Jahren an einer Blinddarmentzündung, die in Ostberlin nicht richtig behandelt werden konnte.

Das Haus war gelb. Fast duckte es sich ein wenig, es gab prächtigere Häuser in dieser Allee. Autos standen kaum am Rand, doch noch in den siebziger Jahren prunkte zwei Häuser neben Bobrowskis unter einem ausladenden Ahornbaum ein F8, ein Oldtimer aus der DDR, mit großen, geschwungenen Formen und aufsehenerregenden Wölbungen um Kühlerhaube und Kotflügel. Dies wirkte wie ein Sinnbild aus den fünfziger Jahren, und dazu passte auch, dass aus einzelnen Häusern der Schein von gelben Lampenschirmen in die Dämmerung drang, ein weiches Licht. Bobrowskis Haus war dunkel. Direkt daneben aber war das Fenster weit geöffnet, man sah Schemen von Möbeln im Zimmer und einen beleuchteten Flur, auf dem Fensterbrett standen Töpfe mit roten Zimmerpflanzen, und durch das Fenster hörte man, es knisterte aus einem kleinen Lautsprecher hinter dem magischen Auge, Elvis Presley. Dies war die Atmosphäre, in der Bobrowski zu Hause war, hier lebte er seit seiner Entlassung aus der sowjetischen Kriegsgefangenschaft 1949, und diese Atmosphäre hielt zwei Jahrzehnte lang an.

Bobrowskis Brotberuf als Lektor im Altberliner Verlag nahm ihn sehr in Beschlag. In seinem umfangreichen Briefwechsel finden sich immer wieder Geschäftsbriefe über eingesandte Manuskripte. Seine eigene Lyrik, die in der zeitgenössischen Umgebung seltsam modern und archaisch zugleich wirken musste, entwickelte er völlig abseits einer literarischen Öffentlichkeit. Und als er im Jahr 1962 zur Tagung der Gruppe 47 für einen Tag an den Westberliner Wannsee reisen durfte und öffentlich las, stockte den Zuhörern der Atem.

Man war in diesem Moment auf vieles gefasst. Die Kuba-Krise und die Bedrohung durch einen amerikanisch-sowjetischen Konflikt befanden sich auf dem Höhepunkt. Auch in der bundesdeutschen Literaturszene war einiges in Bewegung geraten. Der alte Streit zwischen *littérature pure* und *littérature engagée* flammte wieder auf. Die Generation der durch den Weltkrieg geprägten, gesellschaftspolitisch denkenden Autoren stritt sich mit den Jüngeren, die an den *nouveau roman* anknüpften und das Wortmaterial abhorchten, um die Deutungshoheit. Dann aber erhob sich die ostpreußisch langsame Stimme Bobrowskis im Raum. Sie schien von ganz woanders herzukommen, aus entlegenen Regionen, mit weiten östlichen Ebenen und unübersichtlichen Wäldern – »kein Atem hat sie bewegt«, las Bobrowski.

Die Teilnehmer dieser Gruppentagung, mit allen Wassern gewaschen, wirkten irritiert. Auf Bobrowski war keiner vorbereitet. Als Favorit für den begehrten Preis der Gruppe 47 galt Peter Weiss, dessen »Gespräch der drei Gehenden« auf der Höhe der Zeit war, mit raffinierten Verschiebe- und Perspektiventechniken, und diese forderten die anwesenden Germanistikprofessoren, die damals auch die tonangebenden Kritiker waren, zu rhetorischen Höchstleistungen heraus. Bobrowski aber schien aus einer anderen Zeit zu stammen, aus einer lyrischen Tradition, die irgendwann im 18. Jahrhundert abgebrochen war und erst jetzt wieder, auf merkwürdige Weise zeitgenössisch aufgeladen, ans Tageslicht befördert wurde. Alte Vorstellungen von Versmaß und Metrum bestimmten bei ihm den Ton, Anrufungen im Geiste Klopstocks und der klassischen Ode, aber dennoch hatte das etwas mit dem Hier und Heute zu tun. Bobrowski sprach deutlich von den Landschaften und Siedlungen Osteuropas, die kurz zuvor von der deutschen Wehrmacht verwüstet und zerstört worden waren, er zeigte sich geschichtsbewusst und hoch politisch. Dass er ein Schriftsteller aus der DDR sein sollte, war ebenfalls kaum zu glauben: in einer kulturpolitischen Situation, in der soeben der »Bitterfelder Weg« ausgerufen wurde und die Parole »Greif zur Feder, Kumpel!« die Tagesdiskussionen bestimmte, waren diese Gedichte kaum vorstellbar.

Man merkte, wie sich die kritischen Koryphäen der Gruppe 47 bemühten, ihrer Verblüffung Herr zu werden. Klaus Wagenbach erinnerte sich später sehr gern an diese Szene: Hans Mayer, Walter Jens, Walter Höllerer, Joachim Kaiser, sie seien alle ziemlich verunsichert gewesen »und versuchten, die Sache irgendwie in ihr literarhistorisches, ästhetisches Netz einzubauen«. In Walter Höllerers Nachlass finden sich die Notizen, die er sich während der Lesung Bobrowskis machte: Groß steht da unterstrichen das Wort »Kalmus«, der Titel eines Bobrowski-Gedichts, und darunter Zeilen und Wendungen, die ihm besonders aufgefallen waren. Groß umrahmt ragt das einzelne Wort »Spürbares« heraus. Höllerer tastete sich erkennbar vor. Und der sonst so wortgewaltige Walter Jens rang hörbar nach Luft: »Hier sind die höchsten Maßstäbe anzusetzen, hier denkt man an Hölderlin!«

Bobrowski war offenkundig ein Solitär. Er erhielt den Preis der Gruppe 47. In den wenigen Jahren bis zu seinem Tod spielte er nun eine einzigartige Rolle als Vermittler zwischen Ost und West. Er galt in der BRD wie in der DDR gleichermaßen als Instanz. Viele Kollegen aus Westberlin pilgerten zu seinem Haus in der Ahornallee in Berlin-Friedrichshagen und genossen seine bald schon legendäre Gastfreundschaft. Es muss gelegentlich zu interessanten interkulturellen Verschiebungen gekommen sein, wenn die jungen Wilden im Vorfeld der 68er-Bewegung hier auf das ostpreußisch-protestantische Regiment von Johannes und Johanna Bobrowski stießen, der libertäre Vagabund Christoph Meckel etwa oder der linke Verleger Klaus Wagenbach, der rückblickend sagte: »Die wurden an den Mittagstisch gesetzt, bekamen diese wunderbare ostpreußische Küche vorgesetzt. Die kriegten ordentlich Schnaps, und dann war Ruhe.«

In der ersten Hälfte der sechziger Jahre, der Zeit seiner zwischen Ost und West schillernden Berühmtheit, entstanden, wie rastlos anmutend, Bobrowskis herausragende Werke. Die beiden Gedichtbände »Sarmatische Zeit« und »Schattenland Ströme« erschienen 1961 und 1962, der Roman »Levins Mühle« 1964 und der Erzählungsband

»Boehlendorff und Mäusefest« 1965, aus dem Nachlass wurden danach der Roman »Litauische Claviere«, der Gedichtband »Wetterzeichen« sowie Erzählungen unter dem Titel »Der Mahner« herausgebracht.

Bobrowskis Herkunft wie seine Gegenwart waren schwer zu erfassen. Er wurde am 9. April 1917 als Sohn eines Eisenbahnbeamten in Tilsit geboren, einer Industriestadt an der Memel mit 50.000 Einwohnern, an der Grenze zu Litauen. Prägend waren für ihn die langen Aufenthalte bei seinen Großeltern in Willkischken und Motzkischken, 25 km östlich am Flüsschen Jura, das wie andere Namen aus seiner Herkunftsregion immer wieder in Bobrowskis Gedichten aufgerufen wird: die Daunas (der litauische Name für das linke Memelufer bei Ragnit) etwa, ein Holzhaus über der Wilia, die Düna und ihre Möwen, der lettische Herbst, das litauische Wilna.

Bobrowski lernte seine Frau Johanna kennen, als er 20 und sie 16 Jahre alt war – im Dörfchen Motzischken im Memelland, wo sie als Tochter des Amtsvorstehers in der Nähe seiner Familie wohnte. Die frühen Prägungen zeigten sich nicht nur in den Landschaftsbildern seiner Gedichte, sondern bestimmten bis zum Schluss auch seinen Lebensalltag. Bobrowskis Ehefrau erinnerte sich: »Im Sommer waren wir ja nur draußen. Wenn man so auf dem Bauernhof aufwächst, dann gibt es diese Trennungen nicht, Elternarbeit, Kinder – das gehört alles zusammen. Das geht alles eins ins andere über. Ich bin auch nicht erzogen worden, ich bin einfach aufgewachsen!«

Im Grenzgebiet, in dem Bobrowski seine Kindheit und Jugend verbrachte, lebten verschiedene Volksstämme und Sprachen. Die Selbstverständlichkeit dieser Umgebung bildete das Fundament für Bobrowskis Literatur: In dem Moment, als sie zerstört wurde, wurde sein Schreiben bewusster und eigenständiger. Als Soldat der deutschen Wehrmacht war er am Einmarsch in die Sowjetunion beteiligt. Vielzitiert ist seine Selbstauskunft in der von Hans Bender 1961 herausgegebenen Anthologie »Widerspiel«: »Zu schreiben begonnen habe ich am Ilmensee 1941, über russische Landschaft, aber als Fremder, als Deutscher. Daraus ist ein Thema geworden, ungefähr: die Deutschen und der europäische Osten. Weil ich um die Memel herum aufgewachsen bin, wo Polen, Litauer, Russen, Deutsche miteinander lebten, unter ihnen allen die Judenheit. Eine lange Geschichte aus Unglück und Verschuldung seit den Tagen des deutschen Ordens, die meinem Volk zu Buch steht. Wohl nicht zu tilgen und zu sühnen, aber eine Hoffnung wert und einen redlichen Versuch in deutschen Gedichten. Zu Hilfe habe ich einen Zuchtmeister: Klopstock.«

»Zu schreiben begonnen« hatte er natürlich schon vorher, doch in einem höheren Sinn ist diese Selbstaussage durchaus wahr: Bobrowski hatte im Krieg sein »Thema« gefunden, so missverständlich dieses Wort auch ist – der Autor setzte sich über alle Begrenzungen und begrifflichen Zuweisungen hinweg. Sein Schreiben erhielt eine existenzielle Dimension, in der biografische, geschichtliche und literarische Bezüge untrennbar zusammenliefen und ein unverwechselbar neues Muster ergaben. Sieben Oden und ein gereimter Vierzeiler aus dem Jahr 1943 sind – das mutet paradox an – im März 1944 auf Vermittlung Ina Seidels, der er in einer gewissen Verehrung eigene Gedichte geschickt hatte, im vorletzten Heft der Zeitschrift »Das Innere Reich« erschienen. Der Sophien-Kathedrale in Nowgorod ist ein »Anruf« gewidmet, dessen Schluss lautet: »[...] doch es fügt der Himmel / nur das zertretene Bild zusammen.« Sehr komplexe Gefühle werden hier benannt: das Gefühl der verlorenen Kindheit, des Schmerzes, der Schuld. Eine gewisse Zuflucht schien dabei das Christentum zu bieten. Bobrowski hatte Kontakte zur »Bekennenden Kirche« im Rahmen des Protestantismus.

Später berief er sich einige Male auf die wegen ihrer Nähe zum nationalsozialistischen Regime eher verpönte Ina Seidel, und zwar auch noch, nachdem er Kommunist geworden war. Während des mehrjährigen Aufenthalts im Kriegsgefangenenlager im Donezbecken engagierte sich Bobrowski in der »Kulturbrigade« und bezeichnete sich, selbst ein bisschen irritiert, in Briefen an seine Angehörigen als »Ansager, Schauspieler, Spaßmacher usw.«. Nach der Rückkehr aus der Sowjetunion beschrieb er sich dann für eine kurze Zeit seinen Briefpartnern aus dem Westen gegenüber als »Kommunist« – ohne dass sie freilich darüber »erschrecken« sollten, er sei im Grunde derselbe geblieben. Die unkritische Bejahung des neuen Systems in Ostdeutschland hielt zwar nicht sehr lange vor, aber als politisches Interesse ist sie durchaus ernst zu nehmen. Sein literarisches »Thema« war bereits zu dem Zeitpunkt, als er sich an Ina Seidel wandte, insgeheim die deutsche Schuld im Osten. Dass er als Angehöriger der deutschen Wehrmacht den Lebensraum zerstört hatte, der für ihn Heimat war, ließ ihn nicht mehr los.

Wie Bobrowski seine ersten Gedichte niederschrieb, ist vor dem Hintergrund einer von der Moderne abgeschotteten, sich am Klassischen orientierenden Welt nicht sehr ungewöhnlich, aber formal dennoch auffallend. Es handelt sich tatsächlich um eine Wiederaufnahme der klassischen Odenform, der »Zuchtmeister« Klopstock hat eindeutig Pate gestanden. Und damit tritt zu dem ländlichen, bäuerlich geprägten Bobrowski etwas hinzu, das für ihn mindestens genauso bedeutsam war: die Selbstvergewisserung durch den klassischen Bildungskanon. Nachdem seine Familie 1928 nach Königsberg in Ostpreußen umgezogen war, besuchte er dort die berühmte Domschule. Gegenüber konnte man das Grab Immanuel Kants sehen. In diesem humanistischen Gymnasium lernten die Schüler altgriechische und lateinische Texte im Original lesen. Das Zusammenspiel von ländlicher, oft sehr derber Ausdrucksweise, von Bodenständigem und Erdverbundenem mit der Antike, mit dem Bewusstsein für klassische Formen und Metren ist das Eigenartige und Faszinierende an diesem Autor.

Königsberg, eine Bastion alter deutscher Gelehrsamkeit, muss den jungen Bobrowski sehr beeindruckt haben. In seiner späten Erzählung »Der Mahner« spricht er davon, dass diese Stadt wie Rom sieben Hügel zähle, sie sei zudem »im Besitz einer Universität, einer Kunstakademie, mehrerer Gelehrter Gesellschaften, darunter einer Altertumsgesellschaft«. Königsberg war ein Hort der Aufklärung, eine Universitätsstadt mit reicher theologischer und philosophischer Tradition, verbunden mit großen Namen der deutschen Geistesgeschichte. Immanuel Kant brauchte die Mauern dieser Stadt nie zu verlassen, um trotzdem mitten in den aktuellen Geistesströmungen agieren zu können, Bobrowski beschrieb in »Epitaph für Pinnau« diese Atmosphäre. In Königsberg lebten auch der junge Herder und vor allem der dunkle, enigmatische und faszinierende Johann Georg Hamann (1730–1788), ein Philosoph und Ästhetiker, der auf Bobrowski den größten Einfluss ausübte und dem er ein »Lebensbuch« widmen wollte – über einige Aufzeichnungen hinaus ist von Bobrowskis Hamann-Projekt im Nachlass leider nichts aufzufinden.

In seinen literarischen Texten kommt Bobrowski jedoch öfter auf Hamann zu sprechen. Kurz nachdem dieser 1760 sein Buch »Die Magi aus Morgenlande, zu Bethlehem« veröffentlicht hatte – »Die Magi« standen für persische Priester, Weise und Wahrsager –, blieb der Begriff des »Magus aus Norden« an ihm haften. Bobrowski sah in Hamanns »Aesthetica in nuce«, einer aphoristisch zugespitzten, fragmentarischen, die Begriffe oft poetisch verdunkelnden und aufladenden Schrift eine Hauptquelle für seine eigenen literarischen Überlegungen. Hamann wandte sich gegen einen dogmatisch verhärteten Vernunftbegriff in der Aufklärung, gegen ein schulmäßiges Verständnis von »Dichtung«, das starre Regeln vorschreibe. Aus Hamanns Rezension von Kants »Kritik der reinen Vernunft« hat Bobrowski einen Abschnitt in sein Notizbuch übertragen: »Entspringen Sinnlichkeit und Verstand, als die zween Stämme der menschlichen Erkenntnis, aus einer gemeinschaftlichen, aber uns unbekannten Wurzel, so daß durch jene Gegenstände gegeben, und durch diesen gedacht (verstanden und begriffen) werde, wozu eine so gewaltige, unbefugte Scheidung dessen, was die Natur zusammengefügt hat?«
Der schwierige, geheimnisumwitterte Hamann berührte von Anfang an einen wunden Punkt der Aufklärung. Er dachte »Sinnlichkeit und Verstand« zusammen, nicht als Gegensätze und auch nicht unterschiedlich wertend. Sie sind nicht nur in ihrer Bedeutung gleichzusetzen, sondern ineinander verwoben. Das eine ist ohne das andere nicht denkbar. Dieser Gedanke scheint Bobrowski in allererster Linie bewegt zu haben. Hier sah er den wahren Genius Loci Königsbergs, abseits der Sphäre allzu reinen Geistes. Zunächst wollte Bobrowski auch Musiker werden. Es existiert ein Notenbüchlein von ihm, er übte sich

in Kompositionsversuchen und lernte Orgel spielen, und er orientierte sich dabei vor allem an Dietrich Buxtehude, weniger an Bach. Das Clavichord bildete auch später in seinem Haus in der Friedrichshagener Ahornallee immer noch den Mittelpunkt, Gerhard Wolf hat ihm in seinem schönen Bändchen »Beschreibung eines Zimmers« ein Denkmal gesetzt. Bobrowskis vielbeschworenes Talent, Menschen zusammenzubringen und dabei durchaus auch in Rezitationen und Gesänge auszubrechen, hatte eindeutig etwas Barockes. Und man spürt das gelegentlich in seinen Texten, so in der kurzen Nachbemerkung zu der von ihm 1964 herausgegebenen kleinen Anthologie »Wer mich und Ilse sieht im Grase. Deutsche Poeten des 18. Jahrhunderts über die Liebe und das Frauenzimmer«: »Dass bei ihnen allen, obwohl manchmal die Muster – Marot, Grécourt – deutlich hervorscheinen und die immer wieder zum Bade sich entkleidenden Damen gelegentlich schon ein wenig ermüden könnten, Feuer und Grazie sich mit frischem Witz vereinen, das wird, meine ich, über den heiteren Spaß hinaus auch ein literarisches Vergnügen bereiten können.«

Es fällt bei alldem auf, dass Bobrowski sich eher am Rand aufhielt, bei Außenseitern, die nicht das klassische Zentrum abdeckten – statt Bach Buxtehude, in der Philosophie war es Hamann und nicht Kant, in der Dichtung Klopstock und nicht Goethe. Bobrowski zeigte sich später auch fasziniert von Autoren wie Jean Paul und Robert Walser, Widmungsgedichte und manche seiner Erzählungen kreisen um solche Figuren im Halbschatten. Die künstlerische Existenz, unverstanden und isoliert, bildet ein geheimes Zentrum seines Werks, sie steht im Zeichen des Grenzlands. Seine Entdeckung des vergessenen kurländischen Dichters Casimir

Ulrich Karl Boehlendorff wie die Anlehnung an Hölderlin sind dazugehörige Ausrufezeichen.

Es bedeutete einen entscheidenden Einschnitt in der dichterischen Biografie Bobrowskis, dass Peter Huchel im September 1955 in der in vieler Hinsicht einzigartigen Zeitschrift »Sinn und Form« fünf seiner Gedichte druckte. In den nächsten Jahren folgten dort zwei weitere Veröffentlichungen. Das war allerdings für lange Zeit alles. »Sinn und Form« genügte damals aber, um Aufmerksamkeit zu erregen. Der Chefredakteur Peter Huchel wurde von den Kulturfunktionären der DDR zwar äußerst misstrauisch beäugt und immer mehr isoliert, aber gleichzeitig galt »Sinn und Form« als ein ästhetisches Aushängeschild dessen, was in der DDR möglich sein konnte. In diesem merkwürdigen Spagat ließ man Huchel noch ein paar Jahre lang gewähren. Im Westen stieß »Sinn und Form« umso mehr auf Aufmerksamkeit. Als der Holländer Ad den Besten 1960 im Hanser Verlag die Anthologie »Deutsche Lyrik auf der anderen Seite« vorlegte, stellte er Bobrowski, der bisher nur wenige Gedichte in »Sinn und Form« veröffentlicht hatte, groß heraus. Mit einem Schlag sah sich der Ostpreuße in den bundesdeutschen Literaturbetrieb hineinkatapultiert, der ihm nicht ganz geheuer war, er wollte sich nicht zum »großen Dichter hinaufkitzeln« lassen. Als er dann den Preis der Gruppe 47 erhielt, rissen sich alle um ihn. Bobrowskis Verwunderung, sein Überfordertsein in etlichen Briefen wirken echt. Die Zuflucht bei dem Kater, bei den Hühnern und den Obstbäumen im Friedrichshagener Garten, die er immer wieder herausstellte, reichte als Schutz nie ganz aus. Er versuchte sich vor allem bei politisch getönten Veranstaltungen herauszuhalten. An Peter Hamm schrieb er 1960: »Von der Tagung hab ich hintenrum gehört und bin nicht neugierig. Du wirst schon sehen, was das ist.«

Die Zwänge seiner Verlagsarbeit, die Direktiven und der politische Alltag ernüchterten ihn rasch. Er fand verstärkt Halt in seinen »alten metaphysischen Neigungen« und spielte auf seinem Lieblingsmöbel, dem Clavichord: »Für mich gibt es die Alternative Optimismus oder Resignation nicht.« Der Bezug auf das klassische Königsberg war in Bobrowski immer lebendig, der dunkle Aufklärer Johann Georg Hamann blieb immer sein Hausheiliger. Und dass er sich in seiner Poesie unmissverständlich auf Klopstock berief, hing eng damit zusammen: Dieser war auch Hamanns Gewährsmann, wenn es um die Poesie ging. Friedrich Gottlieb Klopstock befreite den deutschen Vers aus den schulmäßigen Einkästelungen, löste sich von der Fixierung auf den Reim und stieß, in Verbindung mit einem antiken Versmaß wie dem Hexameter, zu freien Rhythmen vor. Bobrowski nennt dies als seinen wichtigsten Anknüpfungspunkt: »die griechische Ode in der von Klopstock bis Hölderlin versuchten Eindeutschung.« Durch Klopstock vermittelten sich ihm eine »Verlebendigung der Sprache, Ausnutzung der sprachlichen Möglichkeiten und Neufassung der Metrik«. Entscheidend ist Klopstocks Erkenntnis, dass »auch das Silbenmaß etwas mit ausdrücken könne«. In der Form, in der Metrik teilt sich etwas mit, das in den Wörtern automatisch mitschwingt und ihnen einen spezifischen Ton verleiht. Es geht um Nichtgehörtes, um Leerstellen. Bobrowski muss an der Domschule früh mit Klopstocks berühmtem Diktum in Berührung gekommen sein, das dann auch für ihn zeitlebens die Dichtung definierte: »Überhaupt wandelt das Wortlose in einem guten Gedicht umher, wie in Homers Schlachten die nur von wenigen gesehenen Götter.«

Klopstock und Hamann: Bobrowski stellt sich bewusst in diese Traditionslinie. Er hat sich in seiner Hamann-Ausgabe eine Stelle angestrichen, die ihn besonders elektrisierte. Hier wird jene kühne Verbindung gezogen, die auch er neu zu erfassen versuchte: das Zusammenspiel der klassischen Odenstrophe mit der Landschaft zwischen Kurland und Livland. Das Wort »Metro«, das bei Hamann auftaucht, meint das Versmaß: »Homers monotonisches Metrum sollte uns wenigstens ebenso paradox vorkommen, als die Ungebundenheit des deutschen Pindars (Klopstock). Meine Bewunderung oder Unwissenheit von der Ursache eines durchgängigen Silbenmaßes in dem griechischen Dichter ist bei einer Reise durch Curland und Livland gemäßigt worden. Es gibt in angeführten Gegenden gewisse Striche, wo man das lettische oder undeutsche Volk bei aller ihrer Arbeit singen hört, aber nichts als eine Cadenz von wenigen Tönen, die mit einem Metro viel Ähnlichkeit hat. Sollte ein Dichter unter ihnen aufstehen: so wäre es ganz natürlich, dass alle seine Verse nach diesem eingeführten Maßstab ihrer Stimme zugeschnitten sein würden.«

Kein Zweifel: Bei dem Dichter, den Hamann in Curland und Livland aufstehen sieht, fühlte sich Bobrowski höchstpersönlich angesprochen. Das Volk und das »Metro«, seine Landschaft und das Klopstock'sche Versmaß waren eins. In seinem Gedicht »An Klopstock« nimmt er indirekt auf Hamanns Vision Bezug mit der nachdenklichen Wendung »wenn mich ein kleiner Ruhm fände«. Das Gedicht ist aber auch eine programmatische Aussage. Das »Wirkliche« wird ästhetisch gefasst, der metrische Duktus des 18. Jahrhunderts wird aufgenommen und ins Moderne gewendet, und es kommt die »Schattenfabel von den Verschuldungen« zur Sprache, die auf der Landschaft lastet. »An Klopstock«:

Das Beharren darauf, dass in einer Sprache, die die »Vergesslichen« sprechen, Erinnerung möglich ist, geschieht in Bildern, die von der Natur ausgehen, mit dieser allein aber nicht zu fassen sind:

> *Wenn ich das Wirkliche nicht*
> *wollte, dieses: ich sag*
> *Strom und Wald,*
> *ich hab in die Sinne aber*
> *gebunden die Finsternis,*
> *Stimme des eilenden Vogels, den Pfeilstoß*
> *Licht um den Abhang*
>
> *und die tönenden Wasser –*
> *wie wollt ich*
> *sagen deinen Namen,*
> *wenn mich ein kleiner Ruhm*
> *fände – ich hab*
> *aufgehoben, dran ich vorüberging,*
> *Schattenfabel von den Verschuldungen*
> *und der Sühnung:*
> *so als den Taten*
> *trau ich – du führtest sie – trau ich*
> *der Vergesslichen Sprache,*
> *sag ich hinab in die Winter*
> *ungeflügelt, aus Röhricht*
> *ihr Wort.*

1960, in einem Vortrag über die Lyrik der DDR, bezog sich Bobrowski emphatisch auf die aufklärerische Definition der Poesie als »vollkommen sinnlicher Rede«. Das hatte einen durchaus provokativen Subtext. Er warf dem Mainstream der Lyrik in der DDR vor, dass es an einer »Empfindlichkeit für die veränderte Zeit« fehle, dass sie hinter der Moderne zurückbleibe. Es ging ihm um ein Gedicht, das »nicht anheimelt«, eine Dichtung, die »beunruhigend, dissonant« ist, »sie idealisiert nicht, verschönt nicht«. In einem Gespräch sagte Bobrowski, vom 18. Jahrhundert direkt in die »Struktur der modernen Lyrik« Hugo Friedrichs, an der er sich sichtlich orientierte, in den Symbolismus und Postsymbolismus springend, dass der Vers »wahrscheinlich wieder mehr Zauberspruch, Beschwörungsformel wird werden müssen.« Die Subversion der Moderne benannte er direkt: »Wir müssen unsere Litaneien in die grässlichen Prospekte hineinsagen, ganz einfach sagen, nicht lautstärker als vorher. Das muss so sein – zwischen allen Stühlen, das ist eine Position ...«

Bobrowski benutzte häufig das Stilmittel der Inversion, er zeigte sich in klassischer Rhetorik geschult. Charakteristisch für seine Gedichte ist der Wechsel zwischen Imperfekt und Präsens, das prägt seine Strophen und verbindet die Vergangenheit mit seiner inneren Gegenwart. Den Ausgangspunkt für die »Sinnlichkeit«, die er im Anschluss an seine Hausgötter in seinen eigenen Gedichten ausdrückt, bilden die östlichen Ebenen, und er sieht sie in ihrer historischen Dimension: »Sarmatische Zeit«. »Sarmatien« ist die Bezeichnung, die sich beim antiken Geschichtsschreiber Herodot für die Gegend nördlich des Schwarzen Meeres findet, eine ferne, weite Landschaft, die für Bobrowski zu einem neuen künstlerischen Entwurf wurde, ein geschichtlicher Raum, der in der Jetztzeit gespiegelt wird. Nähe und Ferne, Vergangenheit und Gegenwart werden in Bobrowskis »Sarmatien« ständig ineinandergeblendet. Die alte geografische Bezeichnung, die sich auf der Weltkarte von Ptolemäus im 2. Jahrhundert findet, war längst vergessen und an keine politische Herrschaft gebunden, Bobrowski betont dezidiert das Archaische – seine sarmatischen Gedichte changieren deshalb zwischen dem konkret Benennbaren und etwas Visionärem.

In Bobrowskis engerer Herkunftsregion, zwischen Weichsel und Memel, lebte in vorchristlicher Zeit das Volk der Pruzzen. Es wurde durch den Deutschen Ritterorden, der unter dem Zeichen des christlichen Kreuzes seine Herrschaft ausweitete, vollständig zerstört – ein erstes Zeichen in der Geschichte, das bis an den Ilmensee im Jahr 1941 reicht, als der deutsche Soldat Johannes Bobrowski Gedichte schrieb. »Pruzzische Elegie« lautete der Titel eines für Bobrowskis Selbstvergewisserungen zentralen Gedichts, mit dem der Lyriker nach der Heimkehr aus Krieg und vierjähriger Kriegsgefangenschaft wieder an sein Urerlebnis anknüpfte. Angerufen wird das »Volk / Perkuns und Pikolls, / des ährenumkränzten Patrimpe!« – Namen der pruzzischen Götter, die erhalten geblieben sind. In der bundesdeutschen Ausgabe des Gedichtbands »Sarmatische Zeit«, die pikanterweise schon einige Monate vor der »eigentlichen« Ausgabe im Union Verlag erschienen ist, fehlt dieses Gedicht. In DDR-Publikationen wurde deshalb der Verdacht geäußert, dies könne etwas mit dem explizit politischen Bezug des Gedichts zu tun haben, mit der Kontinuität vom Deutschen Ritterorden bis zu den verbrecherischen Taten von Hitlers Wehrmacht. Vielleicht liegen aber durchaus auch ästhetische Gründe vor. Die »Pruzzische Elegie« ist sich ihrer formalen Mittel noch nicht so recht sicher, sie steht am Anfang von Bobrowskis lyrischem Werk nach dem Neuansatz Anfang der fünfziger Jahre und erreicht noch nicht die sprachliche Dichte der Gedichte, die ab Ende der fünfziger Jahre in rascher Folge entstanden und den Hauptteil seines Buchdebüts ausmachten.

In einem seiner wenigen Rundfunkinterviews äußerte Bobrowski einmal, dass es ihm in einem speziellen Sinn darum gehe, »die russische Landschaft mal festzulegen«. Es gebe Schilderungen »nicht nur bei Paustowski, sondern schon bei Tolstoi, diese Winterschilderungen, wo versucht wird, diese Landschaft wirklich in den Griff zu bekommen, außerhalb der einfachen Beschreibung. Diese Landschaft, die mir vertraut war, weil ich dort aufgewachsen bin, die mir aber damals – vor allem unter den Umständen, in denen ich damals wieder reingeführt wurde in den russischen Osten – doch neu und bestürzend vorkam, die wollte ich darstellen.« Der Ilmensee und Nowgorod unter dem Zugriff der deutschen Wehrmacht, diese Konstellation bringt auch das Siedlungsgebiet der alten Pruzzen wieder zum Vorschein. Schon dadurch wird deutlich, dass es sich bei Bobrowskis Lyrik keineswegs um bloße Naturlyrik handelt. Er sagte, dass es ihm darum gehe, »Menschen in der Landschaft zu sehen, so sehr, dass ich bis heute eine unbelebte Landschaft nicht mag. Dass mich also das Elementare der Landschaft gar nicht reizt, sondern die Landschaft erst im Zusammenhang und als Wirkungsfeld des Menschen.«

Das zielt in mehrfacher Hinsicht auf die Geschichte. Bobrowski entfaltet gerade angesichts der historischen Katastrophe in der Benennung Sarmatiens auch eine in die Zukunft gerichtete Dimension. In seinem Gedicht »Sprache« wird dies in drei Stufen ausgeführt. Jede der drei Strophen beginnt mit einer klassischen Anrufung, eine direkte formale Aufnahme Klopstock'scher Oden: »Der Baum«, »Die Steine«, »Sprache«. Nur durch die Sprache, in der das

Gedicht auf der letzten Stufe zu sich selbst kommt, kann das Vorangegangene aufgehoben und eine Hoffnung möglich werden. Sie ist zwar immer gefährdet, aber sie besteht: »Sprache / abgehetzt / mit dem müden Mund / auf dem endlosen Weg / zum Hause des Nachbarn«.

Hamanns Lehre vom »Buch der Natur und der Geschichte«, die »nichts als Chyffren, verborgene Zeichen« sind, ist hier im Hintergrund deutlich auszumachen. Die Sprache kann, wie der Vorstellungsraum des Sarmatischen, nie völlig ausgelotet werden. Es bleibt ein Rest. Und es ist wohl auch jener Rest, den Walter Höllerer in den Blick zu nehmen versuchte, als er ein magisch wirkendes Wort wie »Kalmus« während Bobrowskis Lesung notierte. Der Kalmus wächst an sumpfigen Stellen, und er ist an den Strömen und Flüsschen, an denen Bobrowski seine Kindheit verbrachte, zu Hause: ein Aronstabgewächs, ein aromatischer Wurzelstock. Im Roman »Levins Mühle« wird einmal ein »normaler Samstag« beschrieben, an dem der Kalmus in Stücke geschnitten und auf die blank gescheuerten Dielen gestreut wird: »Kalmus, diesen Duft, kann man nicht beschreiben: das riecht nach klarem Wasser, von der Sonne gewärmtem Wasser, das aber keinen Kalkgrund haben darf und auch keinen Moorgrund, so einen hellen, ein bisschen rötlichen Sand, auf den langsam die vom letzten Regen aufgerührten Erdteilchen herabsinken, auch ein faulendes Blättchen und ein Halm, und auf dessen Fläche Käfer laufen, solch ein Wasser jedenfalls. Aber da ist noch eine ganz feine Süße, von weit her, und dann auch, daruntergelegt, ein wenig Bitteres, von dem man schon gar nicht weiß, wo es herstammt. Aus der Erde, dem Uferboden, in dem der Kalmus wurzelt, in dem er seine weißen, gelben und rosafarbenen Wurzeln umherschiebt, wird man sagen, aus der

Erde am Ufer, wo es eben doch ein bisschen schlammig ist, als ob damit etwas gesagt wäre.«

Dass der Kalmus »eine ganz feine Süße« hat, »von weit her«, das weist in einen Bereich, der sich vom Konkreten entfernt und etwas ganz anderes meint, »ein wenig Bitteres« ist nämlich auch schon »daruntergelegt«. Der Kalmus ist ein Sehnsuchtsbild, ein widersprüchliches Bild, und er fasst all das Rätselhafte zusammen, das in Bobrowskis lyrischem Kosmos auftaucht. Der Schluss des Gedichts mit dem Titel »Kalmus« lautet:

Atem,
ich sende dich aus,
find dir ein Dach,
geh ein durch ein Fenster, im weißen
Spiegel erblick dich,
dreh dich lautlos,
ein grünes Schwert.

Der Atem des Dichters und der Kalmus sind hier eins. Bobrowskis Lyrik wird zusehends spröder und härter. Der Zeichencharakter der Natur tritt hervor, und der Schwerpunkt verlagert sich fast unmerklich von einer direkten Beschwörung Sarmatiens zu existenziellen, künstlerischen, nicht mehr so eindeutig zuzuordnenden Bezügen. Eberhard Haufe sprach in seiner konzisen Einleitung zur vierbändigen Ausgabe von Bobrowskis Werken 1987 in der DDR von der »fast immer sorgsam verdeckten Lebenswunde« des Autors: die »hellste Einsicht in den schuldhaften Verlust der Heimat« und doch die »unlösbare Verwurzelung« in ihr.

Bobrowskis Existenz in der DDR als Cheflektor des Union Verlags der CDU, seine ihm zugewachsene Rolle als Verbindungsmann zwischen Ost und West, seine Wahrnehmung der gesellschaftlichen und kulturpolitischen Entwicklung – das alles wurde immer bedrängender und überforderte ihn. Direkt taucht dies alles nicht in seinen literarischen Texten auf, aber sie richten sich, so zeitlos ihre Benennungen zunächst wirken mögen, deutlich auch auf die Gegenwart. In seinem nachgelassenen Gedichtband »Wetterzeichen« mehren sich Fragen, bekommen die zentralen Bilder eine melancholische Färbung, wird der »Schatten« größer – eines der wichtigsten Wörter in Bobrowskis Lyrik, das wechselnde Bedeutungsfelder abtastet, in jedem Gedicht neue Konturen entfaltet und neu gedacht werden muss. Sarmatien tritt als »Schattenland« ins Bild, und die »Schattenfabel von den Verschuldungen« mischt Konkretes und Abstraktes so, dass die Gegenwart zutage tritt. Am 15. April 1963 wird der Zustand so umrissen: »Wenn verlassen sind / die Räume, in denen Antworten erfolgen, wenn / die Wände stürzen und Hohlwege, aus den Bäumen / fliegen die Schatten, wenn aufgegeben ist / unter den Füßen das Gras […]«.

Dass Klaus Wagenbuch in der ersten Ausgabe seines auflagenstarken Jahrbuchs für Literatur »Tintenfisch« im Jahr 1968 ausgerechnet das äußerst reduzierte, sich in eine scheinbar selbstbezügliche Bildwelt zurückziehende Gedicht »Nachtfischer« von Bobrowski aufnahm, hat für einige Verwunderung gesorgt. Der Wagenbach Verlag stand dezidiert für politische Lyrik, für pointierte Aussagen und sofort nachvollziehbare Sprachbewegungen. Und mittendrin standen plötzlich Zeilen wie »Im schönen Laub / die Stille / unverschmerzt«. Es scheint sich um eine Szene in der Landschaft zu handeln, man befindet sich in einer deutlich benannten Natur, und doch verweist alles auf ein Geschehen, das spürbar in der Vergangenheit stattfand und die Wahrnehmung durchdringt.

»Nachtfischer« entstand am 19. Juli 1963. Das Gedicht wurde einem Brief an Michael Hamburger beigelegt. Dieser antwortete am 23. Juli: »Herzlichen Dank für Ihren Brief und für ›Nachtfischer‹ – in dem das Geheimnis fast unheimlich wird, so dass ich in Versuchung komme, Sie um eine Erläuterung zu bitten, obwohl ich weiß, dass Ihre Gedichte keine Paraphrase zulassen!« Bobrowski schrieb am 7. August zurück: »Zu NACHTFISCHER: es soll von Vergeblichkeiten im Umgang mit allem Lebenden reden. Jedenfalls kein Naturgedicht. Es ist gekommen aus den Depressionen der letzten Zeit, mit der Absicht freilich, nichts den Anderen, der Gegenseite (wenn es das gibt) zuzurechnen, Verschulden ist immer eigenes Verschulden, jetzt. Natürlich keine Paraphrase, die genannten Vorgänge sind auch durchaus als solche gemeint. Ach ich weiß nicht, wie ich es ausdrücken soll.«

Bobrowski war beileibe nicht jener in sich ruhende Pol, den man allzu gern in ihm sah, als man in seine ostpreußische Enklave in der Friedrichshagener Ahornallee pilgerte. Das Gerangel um die West-Lizenz an seinem Roman »Levins Mühle« 1964 bildet ein abenteuerliches Stück deutscher Verlags- und Literaturgeschichte: »Wir haben die letzte Zeit in lauter Angst vor Besuchern verbracht, es kamen plötzlich so viele«, schrieb er am 9. Januar 1964 erschöpft an eine Lektorin. Mit seinem frühen Förderer Peter Huchel, dem die Chefredaktion der Zeitschrift »Sinn und Form« entzogen worden war und der nun isoliert und von den offiziellen Stellen verfemt in Wilhelmshorst bei

Potsdam in einer Art Hausarrest lebte, kam es zu Irritationen – Bobrowski sah sich darin überfordert, zwischen seiner Stelle in einem Verlag der DDR, den er nicht verlassen wollte, und dem unablässigen Werben bundesdeutscher Verlage die richtige Haltung zu finden. Als Christoph Meckel einmal in Bobrowskis Wohnung mit Huchel telefonierte – es war vom Westen aus äußerst schwierig, mit Huchel in Kontakt zu treten –, spürte Bobrowski, wie unwillig Huchel auf ihn reagierte. Am 7. Februar 1963 schrieb er an Huchel: »nach diesem bösen Nachmittag neulich müsste ich wissen, dass Sie nichts hören wollen von mir. Trotzdem muss ich – und wenn der Ordnung halber – schreiben, dass sich an meiner Verehrung für Sie und also an meiner Einstellung zu Ihnen nichts geändert hat, dass es nicht Nachlässigkeit war, wenn ich mich nicht meldete, sondern mein Unvermögen, in derartigen Situationen überhaupt zu reagieren, und dass es schon gar nicht meine Absicht gewesen ist, mich unter diesen Umständen hierorts zu etablieren oder die kleine Mode, die mich ein bisschen hinaufgetragen hat – wohin eigentlich? – auszunutzen.«

Es ist eine nahezu tragische Konstellation. »Hierorts«, das ist eine recht bezeichnende Charakterisierung der DDR. Bobrowski kam mit seiner Rolle immer weniger zurecht. Und natürlich war er auch im DDR-Alltag beileibe nicht so unbehelligt, wie man es gerne hätte. Erst heute ist klar, dass der gelegentlich zu Bobrowskis Kneipenrunden gehörende Hans Hellwich als »Geheimer Informant« der Stasi auf ihn angesetzt war. In einem »Sachstandsbericht« vom August 1964 wird der »Verdacht des Betreibens von staatsgefährdender Propaganda und Hetze« festgestellt, zudem »illegale Gruppenbildung« sowie »verdächtige Verbindungen, besonders nach Westdeutschland«. Als Bobrowski starb, hatte sich längst abgezeichnet, dass die Stasi seine Stellung als moralische Autorität zwischen Ost und West nicht länger dulden wollte. Er hätte sich stellen müssen, und das Schicksal Huchels hätte womöglich auch ihm gedroht. Seine große Zeit, die letzten Jahre vor seinem Tod 1965, war eine Phase relativer Liberalität in der DDR. Nach dem Bau der Mauer waren die Machthaber um eine Art inneren Ausgleich bemüht. Wenige Monate nach Bobrowskis Tod, im Dezember 1965 mit dem berüchtigten 11. Plenum des ZK über kulturpolitische Fragen, traten aber die Dogmatiker wieder verstärkt auf den Plan und erstickten alles, was da zaghaft zu keimen begonnen hatte.

Bei alldem bleibt aber Bobrowskis Auffassung einer Literatur aktuell, die abseits der tagespolitischen Umstände die großen geschichtlichen Fragen und die Möglichkeiten der Sprache im Auge hat. Im Februar 1961 schrieb er an einen Würzburger Studenten, der sich wegen seiner Gedichte emphatisch an ihn gewandt hatte, über seine Impulse und über das Schreiben in der Gegenwart: »Vergangenheit nicht als toter Gegenstand der Dichtung, sondern: in Schlaf versetzte Vergangenheit, die erweckt wird im Blick auf Zukunft.«

Auf der Suche nach einer graueren Sprache

Misstrauen gegenüber dem Schönen:
Worte, Bilder und Klänge bei Paul Celan

»CELLO-EINSATZ / von hinter dem Schmerz«: So lautet der Beginn eines Gedichts von Paul Celan. Das zeigt seine Klangfarben in programmatischer Weise. Wenn man an ein Instrument denkt, das seine Gedichte am besten charakterisiert, bietet sich tatsächlich das Cello an, und der Schmerz, den Celan selbst damit assoziiert, scheint naheliegend zu sein. Allerdings: Es geht in diesem Gedicht um einen Bereich »hinter dem Schmerz«, und worum es sich dabei genau handelt, was sich »hinter dem Schmerz« befindet und wie das auszudrücken ist, das berührt den Kern von Celans Poesie.

Gisela Dischner, eine seiner Geliebten, hat sich erinnert, was der Anlass für diesen Gedicht-Einsatz Celans war: nämlich der zweite Satz des Cellokonzerts von Antonín Dvořák. Damit sind wir anscheinend ganz selbstverständlich in den Bereich der Klassik verwiesen, in die Gefilde der Hochkultur, in denen dieser berühmteste deutschsprachige Dichter nach 1945 zwangsläufig verortet wird. Doch die Ästhetik Celans und seine Lebenswirklichkeit gestalteten sich weitaus differenzierter, als es seine posthume Sakralisierung in der Literaturwissenschaft vermuten lässt. Anfang der fünfziger Jahre zog Celan eine Woche lang mit einer holländischen Gefährtin, Diet Kloos, durch Paris, und dabei gingen sie auch in eines der Cafés in Saint-Germain-des-Prés, in die »Jakobsleiter«, »L'Échelle de Jacob«, in der Rue de Jacob. Der schwarze Sänger Gordon Heath trat dort mit sogenannten »Negro-Spirituals« auf und gab »Candlelight Concerts«, und dabei sang er zum Beispiel auch Billie Holidays »Strange Fruit«, ihren Protest gegen die Rassendiskriminierung in den USA. Zentral war aber natürlich das in dieser Straße besonders passende Lied »We are climbing Jacob's ladder«, das Lied von der Jakobsleiter mit der Verheißung einer verlorenen Heimat, mit der Befreiung der Schwarzen aus der Sklaverei, und Celan sah in seinen Briefen an Diet Kloos dabei explizit eine Parallele zu seiner Situation als exilierter Jude.

Im Dezember 1952 heiratete Celan Gisèle de Lestrange, die aus einer alteingesessenen aristokratischen Familie in Paris stammte. An dem Abend, an dem sie sich kennenlernten, gingen sie in das Tanzlokal »Le Bal nègre« in der Rue Blomet – es war die Zeit Juliette Grécos, die Zeit von Miles Davis in Paris und die Zeit des Cool Jazz, und es war diese Art von Befreiung, zu der sich auch Gisèle de Lestrange hingezogen fühlte – gegen den Willen ihrer Familie heiratete sie diesen mittellosen osteuropäischen Juden, der sich vollkommen seiner Dichtung verschrieben hatte und dabei das Leben eines Bohémiens führte. Auffällig viele Erinnerungen an ihn kreisen um revolutionäre Gesänge und rauschhafte Entgrenzungen.

Celan kam aus einer Welt, die in Westeuropa sehr fremd war und nach 1945 vollkommen verschwunden ist. Er wurde 1920 in Czernowitz geboren, einer entlegenen Stadt am östlichen Ende des ehemaligen Habsburgerreichs, die nach dem Ersten Weltkrieg zu Rumänien gehörte. Das Besondere an Czernowitz war, dass das Bürgertum zum größten Teil aus Juden bestand, die Deutsch als ihre Muttersprache empfanden. Und diese Muttersprache war bei Celan ganz konkret dadurch konnotiert, dass seine Mutter stark von der Kultur des Wiener Fin de Siècle beeinflusst war, vom Klang der deutschen Dichtung im Wien der Jahrhundertwende und vom Ton des Burgtheaters. Celans Bindung an seine Mutter war sehr eng, und er wuchs früh in die Vorstellung einer deutschen Hochkultur hinein. Für Paul Celan, dessen Vater ein relativ erfolgloser Holzhändler war, bildete das Deutsche die Sprache des gesellschaftlichen Aufstiegs. Es ist unübersehbar, dass seine Mutter in seinen Gedichten von Anfang an eine große Rolle spielt, während der Vater kaum erwähnt wird.

Die hohe Sprache der deutschen Lyrik erlebte der im Königreich Rumänien isolierte deutschsprachige Jude als seine mögliche Heimat. Seine Fixpunkte waren Rainer Maria Rilke, dessen Einfluss in seinen Gedichten der Czernowitzer Zeit unüberhörbar ist, sowie Georg Trakl. Und das Theater spielte für ihn, in einem offiziell rumänischen Umfeld, eine große Rolle. Er sog die Sprache der Wiener Schauspieler, die Tourneen bis nach Czernowitz unternahmen, begierig auf.

Er spielte früh gerne selbst Theater und deklamierte neben Gedichten auch Szenen, etwa von Shakespeare. Von großer Bedeutung, dafür gibt es einige frühe Zeugnisse, war für ihn unter anderem die Diktion eines in den zwanziger und dreißiger Jahren herausragenden Schauspielers wie Alexander Moissi. Dessen Eigenart bestand in einem auffällig singenden, melodischen Ton. Auf diese Nähe hat Celans letzte Freundin Ilana Shmueli nach seinem Tod hingewiesen, und es ist bezeichnend, was die Studenten, die in den sechziger Jahren in Berlin die Seminare Peter Szondis besuchten, übereinstimmend berichten, etwa Wolfgang Schivelbusch: Szondi habe spontan des Öfteren Gedichte seines Freundes Paul Celan, mit dem er sich sehr identifizierte, vorgetragen, und besonders auffällig sei seine trancehaft theatralische Intonation gewesen, die Celans Vorstellungen vom Vortrag seiner Gedichte vollständig entsprachen – eine für das sachliche Westberliner Umfeld im Vorfeld der 68er-Bewegung vollkommen fremde Klang- und Sanglichkeit, die ein ganz anderes Pathos transportierte als in der üblichen deutschen Tradition.

Mittlerweile hat sich die Germanistik, etwa Reinhart Meyer-Kalkus, verstärkt der Art und Weise gewidmet, wie Celan seine Gedichte rezitierte, und den Bezug zu Moissi herausgestellt. Roland Reuß sagte 2013 in einer Sendung im Deutschlandfunk, dass in der Sprechweise des Lyrikers »alle formalen Strukturen, die das Gedicht in der Typographie aufweist, in dem, wie er es vorträgt, fast gar nicht zum Ausdruck kommt bzw. ganz andere Sachen zum Ausdruck kommen«.

Im Jahr 2018 hat der Medienhistoriker Hans Ulrich Wagner im Archiv des NDR frühe Tonaufnahmen Celans von Ende Mai 1952 entdeckt, die den Einfluss Alexander Moissis auf verblüffende Weise belegen. Moissi wurde in Triest geboren, seine Muttersprache war Italienisch. Sein Deutsch hatte dabei einen ganz eigenen Akzent, denn seine mediterrane Herkunft reichte auch ins Osteuropäische hinüber: Sein Vater stammte aus Albanien. Von Moissi sind einige wenige Schallplattenaufnahmen erhalten, auf denen seine Stimme zu hören ist. Der Wagenbach Verlag hat 2007 Lothar Müllers Studie »Die zweite Stimme« eine entsprechende CD beigefügt: Das »Schlaflied für Mirjam« des Wiener Fin-de-Siècle-Protagonisten Richard Beer-Hofmann gehörte zu Moissis größten Hits, oder eine Partie aus Shakespeares Hamlet-Monolog »Sein oder Nichtsein«. Diese sehr einprägsame Stelle trug Moissi in einer Weise vor, die heute wie aus der Zeit gefallen scheint und in frühe Märchen- und Sagenwelten führt: »schlafen, schlafen, vielleicht auch träumen« – er dehnte die Silben genauso wie die Pausen zwischen den Worten. Es ist eine sich in unnennbare Sehnsüchte hineinfühlende Artikulation, leise und eindringlich, identifikatorisch, illusionistisch und musikalisch ausschwingend, ganz das Gegenteil dessen, was sich dann nach 1945 als schauspielerische Haltung durchgesetzt hat.

Celan hat wenige Tage nach seinem Auftritt bei der Gruppe 47 im Mai 1952 im Studio des NWDR in Hamburg einige seiner Gedichte gesprochen. Das ist deshalb so bemerkenswert, weil die bisher bekannten Originaltöne Celans aus viel späterer Zeit stammen und bereits einen anderen Charakter haben. Diese frühesten Tondokumente von ihm jedoch sind in der Art und Weise, Wirkung zu erzeugen und die Sprache klingen zu lassen, Moissi noch zum Verwechseln ähnlich. Einmal heißt es bei Celan: »So schlafe, und mein Aug wird offen bleiben [...]« – und er »singt« sein Schlaflied genauso wie der große Schauspieler. Die Annäherung an den Vortragsstil, den Moissi zur Perfektion getrieben hatte und der durch den Epochenumbruch in der Mitte des 20. Jahrhunderts für viele nicht mehr zeitgemäß erschien, ist unverkennbar. Es ist ein verblüffender Effekt. In der Modulation ihrer Stimmen, ihrer dialektalen Färbung, die dem tranceartigen Gleiten erst den unverwechselbaren Charakter verleiht, sind sich Moissi und Celan nahezu gleich.

Die hohe deutsche Dichtung, das gesangliche Pathos des Burgtheaters, die Kunst als Verheißung – in dieses Lebensgefühl ist Celan hineingewachsen. Dann aber geschah etwas abrupt anderes. 1940 marschierte die Rote Armee in Czernowitz ein, im Juli 1941 wiederum besetzten Rumänen unter deutschem Kommando die Stadt. Celans Eltern wurden in das ukrainische Gebiet jenseits des Dnjestr verschleppt und dort ermordet. Celan war zu diesem Zeitpunkt 22 Jahre alt und wurde als Zwangsarbeiter in ein Lager eingezogen. Diese biografische Zäsur hatte auch auf sein Schreiben entscheidende Auswirkungen. Der Wiener Ton der Jahrhundertwende, der spätromantische Duktus aus Verklärung und Verzicht wurde überdeckt und unmöglich gemacht durch deutsche Märsche, durch Stiefel, Schaufel und Grab.

Paul Celans Muttersprache war Deutsch. Und er schrieb in der Sprache der Mörder seiner Mutter. Diese Konstellation hat seine Gedichte hervorgebracht. Und wie Celan dann nach 1945 unter die Deutschen kam, ist ein Teil seiner Tragik. Dass er Paris als Wohnort wählte, hatte seine Gründe. Er sah sich darauf verwiesen, im literarischen Milieu der Bundesrepublik Gehör finden zu müssen – in Strukturen also, die von der nationalsozialistischen Vergangenheit geprägt waren und von den Versuchen, diese zu verdrängen. Man hat es heute weitgehend vergessen, dass das kulturelle Leben noch bis mindestens Ende der fünfziger Jahre weitgehend von Funktionären und Publizisten bestimmt wurde, die in Hitlers Regime verwickelt waren. Dazu zählten auch die einflussreichsten Literaturkritiker: Friedrich Sieburg, Hans Georg Holthusen oder Günter Blöcker. Die Rezension, die Celan am meisten zusetzte und die für seine Biografie eine wesentliche Rolle spielte, stammte von Günter Blöcker aus dem Jahr 1959. Er attestierte dem Dichter, dass ihn »der Kommunikationscharakter der Sprache« weniger als andere hemme und belaste, und fügte hinzu: »Das mag an seiner Herkunft liegen.« Damit setzte er die einschlägige Tradition antisemitischer Stereotype fort. Blöcker sprach

Celan die Zugehörigkeit zur eigentlichen deutschen Sprache ab und warf ihm vor, »im Leeren zu agieren«. Das war symptomatisch. Celans Gedichte sprachen unverkennbar von der Erfahrung des deutschen Massenmords an den europäischen Juden, und Blöcker sah nur »Augenmusik, optische Partituren, die nicht voll zum Klang entbunden sind«.

Dieselbe Haltung konnte sich aber auch als Lob äußern, und das war für Celan genauso schmerzhaft. Hans Egon Holthusen schrieb 1954 über Celans »Todesfuge«, in der eindeutig die Konzentrationslager benannt werden, Folgendes: Dieses Gedicht würde »der blutigen Schreckenskammer der Geschichte entfliegen [...], um aufzusteigen in den Äther der reinen Poesie.« Damit war die bestimmende Rezeption Celans im deutschen Sprachraum vorgegeben. Man sah den Dichter in der Tradition eines olympischen Tons, in einer poetischen Linie von Hölderlin über Stefan George, die über die kruden Ereignisse der Zeitgeschichte erhaben sei. Und vor allem im Umfeld des Philosophen Martin Heidegger begann man in Celan einen zeitgenössischen Wiedergänger Hölderlins zu sehen. Dass Celan Jude war und seine Gedichte sich immer wieder dem katastrophalen Geschichtsbruch durch die deutschen Nationalsozialisten aussetzten – davon fand sich bei seinen kulturkonservativen deutschen Verehrern kein Wort.

Dies ist ein Problem, dessen Aporien erst heute allmählich fassbar werden. Denn Celan fühlte sich von dem Dichtungsbegriff Martin Heideggers durchaus angesprochen. Die deutsche Sprache als das Haus des Seins – dieses Bild war auch für Celan zentral, nur erwies sich sein Haus als auf einem völlig anderen Fundament gebaut. Es befand sich nicht auf dem althergebrachten deutschen Boden, der durch die Nazis blutdurchtränkt war.

Nach 1945 versuchte Celan jahrelang erfolglos, im deutschen Literaturbetrieb wahrgenommen zu werden. Er schrieb auf Vermittlung seines Freundes Klaus Demus, der ein Verehrer von Ernst Jünger war, sogar einen verzweifelten Brief an diesen deutschnationalen Beschwörer der »Stahlgewitter«, der in der Nachkriegszeit als eine wichtige Instanz wahrgenommen wurde, und bat um eine Vermittlung in die bundesdeutsche Öffentlichkeit. Er erhielt keine Antwort. Es stellte sich heraus – durch einen Zufall, der mit Ingeborg Bachmann verbunden war –, dass die einzige Möglichkeit, die es für ihn gab, in der von Hans Werner Richter initiierten Gruppe 47 bestand. Diese lose Vereinigung damals meist unbekannter Autoren wurde von den Auguren der Adenauerzeit bis Ende der fünfziger Jahre verachtet und links liegengelassen. Celans Lesung bei der Gruppe 47 im Jahr 1952 im Ostseebad Niendorf wird seit den achtziger Jahren auffallend negativ beschrieben, aber es ist unbestreitbar, dass sein Auftritt damals ein Erfolg war. Noch in Niendorf, kurz nach seinem Auftritt, bot ihm der anwesende Cheflektor der Deutschen Verlags-Anstalt einen Buchvertrag an. Das mittlerweile legendäre Debüt Celans »Mohn und Gedächtnis« erschien dann tatsächlich ein gutes halbes Jahr später.

Bei einem Teil der Gruppe 47 – es war zwar eine kleine Minderheit, aber eine sehr laute – erregte Celan allerdings durch seine Vortragsweise Argwohn. Es war seine althabsburgische, vom Ton des Burgtheaters herkommende Diktion. Einige der Älteren in der Gruppe 47, die sich durch den Kampf gegen den Nationalsozialismus definierten und allergisch gegen jegliches deutschsprachige Pathos und weihevolles Deklamieren waren, lehnten Celan deshalb ab. Das führte zu fatalen Missverständnissen. Celan geriet in einen Konflikt, der für ihn nicht zu lösen war. Freunde wie Heinrich Böll unterstützten ihn, und er teilte ihre politischen Auffassungen. Aber literarisch empfand er sie nicht als Ansprechpartner, er sprach hier von »Zeitungslesern«. Auf der anderen Seite gab es Schriftstellerkollegen wie Rolf Schroers, die ihn als Dichter in geistesaristokratischer Tradition bewunderten und denen sich Celan deshalb zunächst auch verbunden fühlte – aber sie desavouierten sich letztlich als deutschnationale und antisemitische Ideologen.

Zu den großen Zeugnissen deutscher Dichtung gehört, wie Celan sich gegen seine Faszination durch Heidegger wehrt. Hölderlins Hymne »Andenken«, die für Heidegger die Suche nach einem Urgrund deutscher Sprache verkörperte, fügt Celan ein eigenes Gedicht mit dem Titel »Andenken« hinzu. Und er liest hier Hölderlin gegen die Vereinnahmung durch Heidegger als seinen jüdischen Bruder – als einen Außenseiter, einen Randgängigen, einen Fremdling.

Der Weg, den Celan nach der Erfahrung des deutschen Massenmords an den Juden für seine deutsche Sprache suchte, ist ästhetisch aufsehenerregend und hat keinen Vergleich. Das, was seine Vorstellung von Dichtung teilweise ausmachte, war durch den Nationalsozialismus kontaminiert worden – die Kunstreligion Stefan Georges etwa oder die Philosophie Martin Heideggers. Künstlerische Ausdrucksweisen, die sich über tagespolitische Verwerfungen hinwegzusetzen glaubten, wurden von Celan nun aus existenziellen Gründen in Verbindung mit der jüngsten Vergangenheit gebracht, mit dem Massenmord an den Juden. Das war für ihn ein nicht nur ästhetischer Konflikt. Er wird in seinen Gedichten immer wieder reflektiert und in allen Konsequenzen befragt.

In seinem berühmt gewordenen Gedicht »Todesfuge« versuchte Celan, die Ermordung der europäischen Juden unmittelbar sprachlich zu fassen. Die Welt der Konzentrationslager und die Welt der Kultur stoßen hier aufeinander, der Titel verweist auf die Form der Bach'schen Fuge. Immer wieder tauchen Gegensatzpaare auf: jüdische Opfer und Nazitäter, Kultur und Barbarei, und sie werden wie in der Kunst der Fuge kontrapunktisch aufeinander bezogen, mit den Techniken von Variation, Umkehrung, Erweiterung und Verdichtung. Zum Schluss wechseln sich die zentralen Motive immer schneller ab, analog zur Engführung in der Fuge. Durch diese Mittel erzielt das Gedicht eine suggestive Wirkung.

Es ist aber äußerst aufschlussreich, dass Celan gerade dieser Wirkung seines Gedichts schon wenige Jahre später skeptisch gegenüberstand. Das wird häufig übersehen. Sehr ernst nehmen sollte man seine Klage, dass die »Todesfuge« »lesebuchreif gedroschen« worden sei. Er bezog sich damit darauf, dass dieses Gedicht früh zu einem Symbol für die »Vergangenheitsbewältigung« in der Bundesrepublik geworden war, zum Katalysator einer »Wiedergutmachung«. Es ist bezeichnend, wie radikal sich Celan bereits in den fünfziger Jahren von der Sprache dieses Gedichts entfernte und sich einer solchen offiziellen Vereinnahmung entzog. Die Erfahrung des Umgangs mit der »Todesfuge« in der Bundesrepublik bildete für Celan einen entscheidenden Wendepunkt in seiner lyrischen Entwicklung. Er hat bereits in den fünfziger Jahren die Sprache dieses Gedichts programmatisch hinter sich gelassen. 1958 schrieb er in einem kurzen poetologischen Text entscheidende Sätze, die auch Konsequenzen aus dem öffentlichen Umgang mit der »Todesfuge« zogen. Hier entwickelte Celan seine charakteristische, einzigartige Poetik. Er sagte über die Dichtung: »Düsterstes im Gedächtnis, Fragwürdigstes um sie her, kann sie, bei aller Vergegenwärtigung der Tradition, in der sie steht, nicht mehr die Sprache sprechen, die manches geneigte Ohr immer noch von ihr zu erwarten scheint. Ihre Sprache ist nüchterner, faktischer geworden, sie misstraut dem ›Schönen‹, sie versucht, wahr zu sein. Es ist also […] eine ›grauere‹ Sprache, eine Sprache, die unter anderem auch ihre ›Musikalität‹ an einem Ort angesiedelt wissen will, wo sie nichts mehr mit jenem ›Wohlklang‹ gemein hat, der noch mit und neben dem Furchtbarsten mehr oder minder unbekümmert einhertönte.«

Diese »grauere Sprache«, die Schönheit und Musikalität anders färbt, ist für Celan die Sprache der Wahrhaftigkeit, die Sprache des Einzelnen. Sie entsteht aus der Verbindung zwischen seinen frühen Einflüssen durch den hohen deutschen lyrischen Duktus und der historischen Katastrophe, dem Terror der deutschen Nationalsozialisten ausgesetzt zu sein, die sich nicht zuletzt auf genau diesen Duktus beriefen. In der Spannung zwischen Kultur und Barbarei findet Celan zu seinem einzigartigen deutschsprachigen Ton. Eine wichtige Inspiration war für ihn in dieser Zeit die Begegnung mit den Büchern des russisch-jüdischen Dichters Ossip Mandelstam, der in einem stalinistischen Straflager umgebracht wurde und den er als ein geistiges Pendant empfand. Celan hatte russische Ausgaben Mandelstams, der in Deutschland völlig unbekannt war, Mitte der fünfziger Jahre bei den Pariser Bouquinisten an der Seine entdeckt und in ihm biografisch wie ästhetisch einen Schicksalgefährten erkannt. Seine »grauere Sprache« fand hier einen Widerhall. Sie war das Resultat einer historischen Erfahrung, die den Antrieb, Gedichte zu schreiben, zwangsläufig verändern musste.

Celans spezifscher Klang und seine kristallinen Bild-Evokationen entstanden daraus. Das Entscheidende in der poetischen Entwicklung Celans ereignete sich erst nach der »Todesfuge«. Seitdem arbeitete er konsequent allem entgegen, was mit einer vordergründigen Verständlichkeit und Harmonie zu tun hatte. Es geht um Vieldeutiges, um Ambivalenzen, um etwas Unauslotbares.

Franz Wurm, Celans jüdischer Freund aus Prag, hat im Gespräch einmal gesagt, dass in Celans späten Gedichten bei aller Scharfkantigkeit und Abruptheit wie in den kurzen Orchesterstücken von Anton Webern etwas durchzuhören ist, ein Klang, ein Rhythmus, ja eine melodische Linie. Seine Gedichte setzen da ein, wo das rein Semantische endet und die Musik anfängt, es handelt sich um unsicheres Terrain. Celan eignet sich nicht zur Sakralisierung.

Rausch und Ewigkeit
Eine Rede zur Literaturkritik

Ein Preis für Literaturkritik setzt Literaturkritik voraus. Wenn man genauer hinsieht, ist es aber mehr denn je unklar, worin sie eigentlich besteht. Literaturjournalisten porträtieren Autoren und befragen sie auf Podien, sie erarbeiten Konzepte für Kulturamtsleiter, kuratieren Projekte und halten Kontakt zu Verlagen, Agenten und Leitern von Schreibwerkstätten – und bei alldem werden sie als »Kritiker« bezeichnet. Das ist ein schönes, überkommenes Wort, und es schwingt auch ein bisschen etwas von Kompetenz oder gar Autorität dabei mit. Aber die literarische Praxis ist seit jeher von ihrem Umfeld abhängig und laufenden Veränderungen unterworfen.

Seit die Kultur von Politik und Wirtschaft als ein »weicher Standortfaktor« begriffen wird, hat sich der literarische Markt zu einem Teil der »Kreativwirtschaft« entwickelt. Und das betrifft die Art und Weise, wie über Literatur gesprochen wird, nicht nur peripher. Der Literaturbetrieb ist überschaubar und gut vernetzt, jeder ist ein kleiner Unternehmer, der Aufträge aquiriert. Man trifft sich auf Festivals, Debattierrunden oder Jurysitzungen, vieles findet informell statt, und meist vergibt man einen Preis. Deutschland hat im Unterschied zu vergleichbaren Ländern eine auffällig gut ausgebaute literarische Infrastruktur. Alle Beteiligten haben ein natürliches Interesse daran, die Vorteile davon zu nutzen. Dabei werden die Grenzen zwischen Autoren, Journalisten und Kulturveranstaltern immer fließender, und der versierte »Literaturvermittler«, der meist ein Studium des Kulturmanagements oder der Kommunikationswissenschaften hinter sich hat, entspricht den daraus erwachsenden Bedürfnissen am besten.

Von vornherein praxisbezogene Ausbildungswege liegen für den Literaturbetrieb weitaus näher als ein Studium der Literaturwissenschaft, die sich schwer damit tut, auf das schriftliche Aushandeln von ziemlich komplexen Gegenständen ganz zu verzichten. Die Organisatoren von Literaturveranstaltungen buchen oft schon blind ein Jahr im Voraus die Top Acts der Verlage und ihrer Marketingabteilungen. Da wird ein Kritiker, wenn er sich eingehend schriftlich, noch dazu vergleichsweise elaboriert oder gar negativ äußert, eher als eine Störung im Betriebsablauf empfunden, ja: als geschäftsschädigend.

Das überlieferte Bild des Kritikers passt nicht mehr richtig ins Geschehen. So, wie man ihn aus der Literaturgeschichte kennt, ist er unabhängig und hält Distanz. Er leistet seinen Beitrag zur gesellschaftlichen Auseinandersetzung und beurteilt, ob der jeweilige Text die Gegenwart adäquat reflektiert und durchdringt, ob er ästhetisch angemessen ist oder ob er nur Moden folgt und auf einen kleinsten gemeinsamen Nenner schielt. In der Vorstellung, die als das Ideal eines Kritikers lange Zeit weitergereicht wurde, ist es eher hinderlich, wenn er im üblichen Betrieb allzu präsent ist und mit jovialen Funktionären kungelt. Am besten, so wurde es vereinzelt sogar proklamiert, sitzt er unzugänglich zu Hause an seinem Schreibtisch und nimmt nichts anderes wahr als das Buch, das er sorgfältig liest, auf das er schriftlich reagiert und dadurch Teil einer öffentlichen ästhetischen Debatte wird. Ob es diesen Typus so wirklich einmal gab, sei dahingestellt. Aber einen kleinen Nachhall dieses altbürgerlichen Ideals spürt man ja noch auf den aktuellen Podien: Wenn man jemanden vorstellt und sagt, er sei »Literaturkritiker«, klingt das halt wirklich besser als »Literaturjournalist«.

Allerdings scheint das eher ein deutschsprachiger Sonderfall zu sein. In den meisten europäischen Nachbarländern sieht der Literaturbetrieb völlig anders aus. Wenn es dort so etwas wie moderierte Lesungen überhaupt gibt, ist es von vornherein klar, dass sie ohne Honorar stattfinden, und die Tätigkeit eines »freien Kritikers« wird oft ganz anders praktiziert. Meistens erledigen das Universitätsdozenten oder, in kollegialer Weise, die Schriftsteller untereinander. Dass sich in Deutschland ein Typus herausbildete, der sich dadurch definiert, in allererster Linie Kritiker zu sein, ist eine historische Besonderheit.

Deutschland hatte im Gegensatz zu England oder Frankreich nie eine dominante Hauptstadt, in der sich die Hauptakteure der literarischen Szene auf wenigen Quadratmetern immer wieder begegneten und die gröbsten Auseinandersetzungen gleich verbal erledigen konnten. Hierzulande saßen Schriftsteller, Verleger und Journalisten meist isoliert in ihren Provinznestern, und nur über den langwierigen Bezug von Zeitungen und Zeitschriften kam eine Art Verbindung zustande, also auf komplizierteste, schriftliche Weise. Was anderswo im Normalfall mit wenigen Sätzen über den Kaffeehaustisch hinweg geschah, erforderte in Deutschland einen ungleich größeren Aufwand. Da spitzte der Kritiker seine Feder am einsamen Schreibtisch und verfasste meist unter großen Nöten gleich einen Text. Natürlich konnte man da aber auch viel besser vom Leder ziehen, als wenn man dem Kontrahenten gleich am nächsten Tag beim Aperitif gegenübersitzen würde. Deshalb ging es gleich ums Ganze. Hier bildeten sich Maßstäbe der Kritik heraus. Ästhetische Auseinandersetzungen traten im sich entwickelnden deutschen Bürgertum oft an die Stelle von politischen, denn es hatte im 18. und 19. Jahrhundert nichts zu bestimmen und nichts zu sagen. Über die Kunst aber dafür umso mehr. Man wurde gerne grundsätzlich.

Und das führte oft zu scharfen Pointen. Ein Klassiker ist zum Beispiel Ludwig Börne. Einer seiner schönsten Sätze lautet: »Seit ich fühle, habe ich Goethe gehasst, seit ich denke, weiß ich warum!«

Auch Theodor Fontane ließ sich als Kritiker nicht lumpen. Über seinen durchaus reüssierenden Konkurrenten Ernst von Wildenbruch urteilte er: »Er hat weniger dramatisches Talent als eine dreimal überheizte Lokomotive, die, bremserlos, über ein Geleise mit falscher Weichenstellung hinjagt.«

Und natürlich darf an dieser Stelle Alfred Kerr nicht fehlen, eine dominierende Kritikergestalt des zwanzigsten Jahrhunderts. Eines seiner unübersehbaren Gegenüber war Thomas Mann. Und über den schrieb er einmal: »ein feines, etwas dünnes Seelchen, dessen Wurzel ihre stille Wohnung im Sitzfleisch hat.«

Die Vehemenz der deutschen Literaturkritik lässt sich am besten aus ihren historischen Anfängen heraus erklären. Im 18. Jahrhundert stand das Bedürfnis der Schriftsteller im Vordergrund, sich untereinander zu verständigen, sich über Kriterien klar zu werden, eine deutsche Literatursprache überhaupt erst zu definieren. Die besten Kritiken schrieben also Schriftsteller über andere Schriftsteller, dies ist der Beginn des ganzen Genres. Und das hat etwas Vorbildhaftes: Die Schriftsteller suchten danach, das Neue zu erkennen und zu erfassen. Sie waren am ehesten gefeit davor, einen aktuellen, die Möglichkeiten der Gegenwartsliteratur auslotenden Text mit überkommenen Kriterien zu konfrontieren, mit dem, was man eh schon kennt und gewohnt ist. Idealtypisch ist Friedrich Schlegels große Kritik von Goethes »Wilhelm Meister« im »Athenäum«. Sie ist wie ein Signal, das man auch heute noch hören sollte: Schlegel schreibt, wenn man einem solchen Buch mit zufälligen Erfahrungen und willkürlichen Forderungen begegne, dann sei das so, als wollte »ein Kind Mond und Gestirne mit der Hand greifen und in sein Schächtelchen packen«.

In sein Schächtelchen packen: Das ist auch jetzt noch häufig ein Rezensionsbestreben. Es wird durch die von Kommunikationsexperten definierte Medienpraxis sehr befördert. Schlegel hatte mit seinem »Schächtelchen«-Bild das Phänomen im Blickfeld, dass sich die Literaturkritik in Deutschland damals schnell ausweitete und zu einer Art Handlangertätigkeit wurde. Die Schriftsteller selbst schrieben zwar weiterhin Kritiken, aber sie waren bald nur noch eine Minderheit. Das Bedürfnis des Bürgertums nach Orientierung und Selbstvergewisserung war angesichts der kleinabsolutistischen deutschen Zustände so groß, dass sich ein eigener, besonderer Typus herausbildete: Etliche Skribenten, Privatgelehrte und vor allem Schullehrer betätigten sich als Rezensenten und begriffen sich als Lesehelfer. Und sie wurden durchaus wichtig. Nicht von ungefähr schrieb Johann Wolfgang Goethe zum Schluss eines Gedichts die Zeile: »Schlagt ihn tot, den Hund! Es ist ein Rezensent.«

Von Anfang an gab es also verschiedene Formen der Literaturkritik. Die Kritik à la Friedrich Schlegel agierte auf Augenhöhe mit dem zu besprechenden Gegenstand, sie tendierte sogar dazu, eine eigene literarische Gattung zu bilden. Es ging darum, die Möglichkeiten der Literatur voranzutreiben, und damit auch die Selbstverständigung der Gesellschaft. Die Subjektivität des Kritikers wurde dabei immer wieder im Text selbst reflektiert und als Movens eingesetzt. Das gab zwar einen Maßstab vor, blieb aber ein Sonderphänomen. Denn daneben entwickelten sich rasch weitere Genretypen, und die sind bis heute aktuell. Zum einen ist da die populäre Variante, die dem Leser Lesefutter empfehlen will. Sie wurde im geistigen Leben lange Zeit nicht für voll genommen und gewann erst spät, im Gefolge heute dominanter Hörer- und Leseranalysen, Geltung. Zum anderen spielte eine spezifisch akademische Ausprägung immer eine große Rolle: Sie versteckt ihre Subjektivität hinter einem sich objektiv gebenden Bescheidwissertum und baut auf die gerade in der Luft liegenden Theoriefelder auf. Im 19. Jahrhundert waren das Vaterland, Religion und Familie, und damit zogen Universitätsdozenten das gelegentlich ungestüm Brausende der Literatur routiniert auf ihr Level herunter. Diese Kritiker sind längst vergessen, aber ihre Attitüde hält sich bis heute. Nur dass die Diskursformen nicht mehr »Vaterland« und so weiter heißen, sondern eher von den gerade aktuellen Debatten-Parametern bestimmt sind.

Im Einzelnen bewegte sich die Kritik im deutschen Sprachraum jedoch auf einem relativ hohen Niveau. Kultur war für das Bürgertum eine Art Ersatzdroge. Im ersten Drittel des 20. Jahrhunderts führte das manchmal auf überraschende, unwirklich anmutende Höhen. Es ist eine vermutlich unwiederholbare Konstellation, wenn Walter Benjamin in den zwanziger Jahren auf Marcel Proust stößt und folgende Sätze zu Papier bringt: »Im vorigen Jahrhundert gab es in Grenoble – ich weiß nicht, ob heute noch – ein Wirtshaus ›Au Temps perdu‹. Auch bei Proust sind wir Gäste, die unterm schwankenden Schild eine Schwelle betreten, hinter der uns die Ewigkeit und der Rausch erwarten.«

Der Nationalsozialismus beförderte die Kritik sofort ins Abseits. Er forderte nun eine positive »Kunstbetrachtung« ein. Der deutsche Zivilisationsbruch zeigte sich auf diese Weise auch auf dem engeren Feld der Kultur. Und das setzte sich nach 1945 fort. Bis in die Mitte der fünfziger Jahre, das ist heute völlig vergessen, dominierten Schriftsteller wie der religiöse Lyriker Rudolf Alexander Schröder das Feld, und wenn er seine Festvorträge hielt, mit Titeln wie »Vom Beruf des Dichters in der Zeit«, herrschte eine weihevolle Stimmung. Man wusste nicht mehr, was Kritik war. Auf der unteren Ebene, bei den Asphalt- und Sumpfliteraten, regte sich jedoch etwas für Deutschland völlig Neues, und das sollte seit dem Ende der fünfziger Jahre den Literaturbetrieb prägen. In der amerikanischen Kriegsgefangenschaft hatten ein paar jüngere, unbekannte Schriftsteller einen Crashkurs in Demokratie bekommen, und dabei spielten Rede und Gegenrede eine große Rolle, der Geist der Kritik. Für Hans Werner Richter, den Gründer der Gruppe 47, war das ein Schlüsselerlebnis. Die gegenseitige Kritik von Schriftstellern bei Werkstattgesprächen war für ihn ein Mittel, die Zeit des Nationalsozialismus wirklich zu überwinden. Und damit wurde, ohne dass das zunächst auffiel, auch ein Neuansatz der Literaturkritik in Deutschland verfolgt.

Bei der Gruppe 47 diente die Kritik einer grundlegenden literarischen wie gesellschaftlichen Neuorientierung. Und damit entwickelte sich eine Eigendynamik, mit der der Kritiker wieder, wie in der Entstehungszeit des deutschen Bürgertums, eine besondere Rolle bekam. Die Gruppe 47 wurde seit dem sensationellen Auftritt von Günter Grass mit der »Blechtrommel« 1958 für den Literaturbetrieb der Bundesrepublik immer wichtiger, und die Kritiker bildeten dabei den Transmissionsriemen, eine Art von Schmiermittel. Durch ihre spontanen, rhetorisch oft brillanten Reaktionen auf einen soeben vorgelesenen Text bei den Gruppentagungen sorgten sie für ein bisher ungewohntes Spektakel und fanden großen Widerhall in den Medien. So bildete sich in Deutschland eine journalistische Spezies heraus, die sich primär als Kritiker verstand, und dazu trug sicherlich der Umstand bei, dass die Literatur für die Bundesrepublik der sechziger und siebziger Jahre eine ungewöhnlich große Rolle spielte. Es entwickelten sich, gegen die kruden politischen Machtverhältnisse, öffentliche Instanzen wie Heinrich Böll oder Günter Grass, die oft in den Medien auftauchten und damals strukturell eine ähnliche Funktion hatten wie später Harald Schmidt oder noch später Jan Böhmermann.

Schon daran ist zu erkennen: Wir sind jetzt wieder bei einer Art Normalität angelangt. Die Literatur führt eine Nischenexistenz. Etliche Romanautoren wollen zwar wie Thomas Gottschalk oder Jan Böhmermann sein, merken aber nicht, dass sie sich im falschen Film befinden. Immerhin trifft man sich jedoch mindestens einmal im Monat auf einem Festival oder einer Jurysitzung, Autoren, Journalisten und Kulturfunktionäre kunterbunt durcheinander, und spielt auf dem Niveau der Kreisliga auch ein bisschen Investmentbanking.

Der Literaturkritiker wird gerne dienstverpflichtet. Die Diskursmaschine wartet darauf, angeheizt zu werden. Jeder Kulturveranstalter wird hellhörig, wenn es von einer

Autorin heißt: Die ist politisch, die kann gut reden. Es gibt eine ausgesprochene Literaturbetriebsliteratur, man kann sie schnell verfeuern, sie ruft die gerade aktuellen Stoffe zuverlässig ab. In jeder Frühjahrs- und Herbstsaison wird eine neue Debütantenrunde gefeiert, ein halbes Jahr später ist sie wieder vergessen, und dann wird die nächste Sau durchs Dorf getrieben. Die Entwicklung des Deutschen Buchpreises oder des Preises der Leipziger Buchmesse trägt dem Rechnung. Auf den Long- und Shortlists stehen bevorzugt junge Autoren und Autorinnen, die als »Entdeckungen« präsentiert werden, und sie verhandeln im Normalfall dieselben Themen, die gerade auch journalistisch relevant sind. Um ästhetische Kriterien geht es eher nicht. Autoren, die auf ein eigenständiges Werk zurückblicken können und als bekannt gelten, sind im Zweifelsfall verzichtbar. Man kann mit ihnen kaum Distinktionsgewinn erzielen. Der Markt braucht Frischfleisch. Es geht darum, mitzuspielen, und alles, was vor der Digitalisierung stattfand, wird dabei als irrelevant empfunden. Die Absolutsetzung der unmittelbaren Gegenwart braucht keine Literaturgeschichte. Dass sich Moden und Posen wiederholen, dass seit dem Beginn der Moderne die Rede vom »Tod des Autors« oder von einem obsolet gewordenen Literaturbegriff rituell wiederkehrt, dass jede Form von Futurismus bald wieder ranzig wird, aber auch, dass es mit Mama oder Papa schon immer schwierig war – geschenkt.

Im Literaturbetrieb sitzen alle im selben Boot. Verrisse kommen vergleichsweise selten vor, denn man kann sich gegenseitig womöglich noch einmal nützen. Und wenn es sie gibt, richten sie sich zuverlässig gegen das vermeintlich Abgehobene, allzu Voraussetzungsreiche, schwer Verständliche, zu wenig Eindeutige oder »Raunende«. Das Wort »niedrigschwellig« ist das neue Mantra des Kulturfunktionärs. Und das Etikett »Bestsellerautor«, das lange Zeit eher verächtlich verwendet wurde, gilt selbst in der bestallten Literaturwissenschaft als Gütesiegel. Auseinandersetzungen um Sprache und Form sind zweitrangig, es geht vor allem darum, Follower zu generieren. Der Übergang vom Schriftsteller oder Kritiker zum alerten Medienplayer und Intellektuellendarsteller ist gelegentlich schwer auszumachen.

Gerade lese ich in einem Buch, in dem es heißt: »Alle Literaturbegeisterten stürzen in den Abgrund des Elends, in den Schlamm der Zeitungen, in den Sumpf der Verleger. Sie werden Bettler, die Gedenkartikel, Einfälle, Vermischtes für die Blätter liefern oder Bücher schreiben, die von zielbewussten Händlern bestellt werden, von Leuten, die den Mist, der in vierzehn Tagen sich zusammenkratzen lässt, einem Meisterwerk vorziehen, das sich nur langsam verkauft. Nie werden Schmetterlinge aus diesen Larven, die von Schande und Niedertracht leben, die bereit sind, ein werdendes Talent zu zerreißen oder zu loben, auf Anweisung eines Paschas vom *Constitutionnel*, von der *Quotidienne*, von den *Débats*, auf Befehl der Verleger und Buchhändler, auf Bitten eines eifersüchtigen Kollegen. Je mittelmäßiger daher ein Mensch ist, desto rascher kommt er zum Ziel; ist er doch bereit, wenn es sein muss, Kröten herunterzuschlucken, auf alles einzugehen, den kleinen Leidenschaften der Sultane der Literatur zu schmeicheln.«

Merkwürdig dabei ist vor allem eines: Es wurde bereits 1839 veröffentlicht, von Honoré de Balzac unter dem Titel »Verlorene Illusionen«. Das heißt: Es war schon immer so. So gesehen, ist unsere Zeit gar nicht so einzigartig. Die

Rahmenbedingungen haben sich zwar verändert, die digitale Revolution wirkt radikal, aber im Grunde ist es immer dasselbe. Es kommt darauf an, wie man sich dazu verhält.

Der schriftliche Text ist die Königsdisziplin der Literaturkritik, hier kommt sie zu sich selbst. Aber davon kann keiner leben. Geld verdient man durch Reden, durch Kommunizieren, durch Moderieren, aber nicht durch Schreiben. Und wenn man schreibt, sieht man sich sofort dem Druck der Ökonomisierung ausgesetzt und mit pseudowissenschaftlichen, statistisch untermalten Expertisen über Konzeptjournalismus und Magazinformate konfrontiert. Durch die sich beschleunigende Digitalisierung entsteht ein zusätzliches Legitimationsproblem. Im von individualistischen Freiheitsfantasien erfüllten Internet lassen sich »Kreative« und »Nutzer« kaum unterscheiden, und der Begriff der »Kompetenz« ist ziemlich ins Schlingern geraten. Die Amazon-Rezensenten reklamieren ihre eigene. Es geht um Klickzahlen und Marktanteile.

»Die kleinen Leidenschaften der Sultane der Literatur«, von denen Balzac spricht – man sieht dem Kulturjournalismus heute in derselben Weise an, was die Chefredakteure, die Ressortleiter und ihre Medienberater so denken. Man lebt davon, sich flexibel innerhalb des Systems zu bewegen. Man beschreibt in der Homestory lieber, wie die erfolgreiche Autorin beim Kaffeetrinken den kleinen Finger spreizt, als die vorgestanzten Schemata ihrer Satzkonstruktionen zu analysieren. Und das Schlimmste, was man heute sein kann, ist »kulturpessimistisch«. Damit hat man verloren. In den achtziger Jahren waren die Popper noch die Blöden, mit denen man nichts zu tun haben wollte, die Schnösel mit der doofen Haartolle und dem VW-Golf, den ihnen der Vater zum Geburtstag geschenkt hatte. Heute haben sie es geschafft, dass Medien nach den Prinzipien von Werbeagenturen agieren und Kritik mit Kulturpessimismus gleichgesetzt wird. Von daher ist ein Preis für Literaturkritik eine schöne runde alte Sache.

Wir müssen Literatur ernst nehmen. Wenn man sie wirklich als eine Form der Kunst begreift, können eine Sprache und ein Gefühl dafür entstehen, in welcher Welt wir leben. Das ist oft komplex und widersprüchlich – und hat immer auch ein kritisches Potenzial. Wenn Literatur unverwechselbar ist und die Zeit durchdringt, kommt sie eher selten aus der plakativen Mitte der Gesellschaft. Sie kommt immer von jenen Rändern, die die Selbstgefälligkeit von Kommunikationsexperten und anderen Ingenieuren der Seele in Frage stellen. Lässt man sich auf die Literatur ein, knüpft man auch wieder bei Friedrich Schlegel an, im Jahr 1799. Literatur ist weit mehr als eine bloße Dienstleistung, sie ist ein Mittel zur Selbstreflexion, und manchmal lässt sie einen freier atmen. Deswegen möchte ich mit ein paar Lieblingssätzen aus Büchern enden, die ich gern besprochen habe. Zum Beispiel von Markus Werner: »Nächtelang lärmte dieselbe Nachbarschaft, die sonst mit Besenstielen klopfte, wenn Wank nach zehn Uhr noch Musik hörte. Nun sangen die Herrschaften selbst, und wer *so* singt, der hängt mich auf, sobald er darf.«

Oder von Peter Handke: »Später werde ich über das alles Genaueres schreiben.«

Und das letzte Wort widme ich Wilhelm Genazino: »Ich blicke auf die Spitzen meiner Schuhe und wusste nicht mehr weiter.«

Nachweise

Dieses Buch hat nicht den Anspruch, einen Kanon zu erstellen. Es versteht sich eher als eine Beispielsammlung, die erweitert werden kann. Grundlage ist, Literatur als eine Kunstform zu begreifen, die sich nicht auf gerade aktuelle Themen und Diskurse begrenzt, sondern durch ihre Sprache lebt. In diesem Sinn geht es um eine genuin literarische Ästhetik der Gegenwart, um die Verbindung von Inhalt und Form. Im Mittelpunkt stehen nicht einzelne Bücher, sondern Autorinnen und Autoren mit einem eigenständigen Werk.

Den Essays des vorliegenden Bandes gingen einzelne Buchbesprechungen, Laudationes oder Einführungen zu Lesungen voraus. Sie wurden allesamt erheblich erweitert und zu Autorinnen- und Autorenporträts ausgestaltet. Unter den verschiedenen Vorstufen sind vor allem zu nennen:

WOLFGANG HILBIG
Rede anlässlich des 80. Geburtstags von Wolfgang Hilbig im Literaturhaus Leipzig, 31. August 2021. Erstdruck in: die horen 289, Göttingen 2023

WILHELM GENAZINO
Laudatio zum Büchner-Preis im Staatstheater Darmstadt, 23. Oktober 2004. Erstdruck in: Deutsche Akademie für Sprache und Dichtung, Jahrbuch 2004, Darmstadt 2005

Ulrich Peltzer
Laudatio zum Peter-Weiss-Preis im Schauspielhaus Bochum, 15. März 2016. Erstdruck in: Peter Weiss Jahrbuch 25/2016, St. Ingbert 2016

Buchkritik »Das bist du«, Deutschlandfunk, 26. März 2021

Natascha Wodin
Dann spielt die Mutter Chopin. Natascha Wodin ist das Kind von Staatenlosen. »Sie kam aus Mariupol« ist für den Leipziger Buchpreis nominiert. In: Die Zeit, 9. März 2017

Im Schleudergang der Zeitgeschichte. Eine Frau sucht eine Putzhilfe und findet eine Ukrainerin: Natascha Wodins Roman »Nastjas Tränen«. In: Süddeutsche Zeitung, 9. September 2021

Marcel Beyer
Don Cosmic stirbt zuletzt. »Gebt Rillen, Höllenyards, gebt uns den Groove«: In seinem neuen Gedichtband »Graphit« fährt Marcel Beyer mit der Kölner U-Bahn über Dresden nach Jamaika – und Gottfried Benn fährt mit. In: Süddeutsche Zeitung, 30. Oktober 2014

»Der Dichter arbeitet als Reh im / Innendienst«. Bewusstseinsarchäologie eines poetischen Spürhundes, vom King bis zur Bunkerkönigin: Marcel Beyers neue Gedichte. In: Süddeutsche Zeitung, 22. September 2020

Emine Sevgi Özdamar
Buchkritik »Ein von Schatten begrenzter Raum«, Deutschlandfunk Kultur, 8. Oktober 2021

Reinhard Jirgl
Schriftzeichen: die Verrenkungen sterbender Leiber. Reinhard Jirgls Roman »Abschied von den Feinden« – ein literarisches Ereignis. In: Frankfurter Rundschau, 18. März 1995

Trümmerliteratur. Das Beste aus der DDR: Reinhard Jirgls grandiose Trilogie »Genealogie des Tötens« aus den achtziger Jahren ist endlich veröffentlicht. In: Die Zeit, 14. November 2002

Laudatio zum Büchner-Preis im Staatstheater Darmstadt, 23. Oktober 2010. Erstdruck in: Deutsche Akademie für Sprache und Dichtung, Jahrbuch 2010, Darmstadt 2011

Lutz Seiler
Es kommen härtere Zeichen. Von der Mechanik der Bildwelt: Lutz Seilers Gedichte. In: Frankfurter Rundschau, 5. August 2000

Maschinist für Seifenblasen. Endlose Inspektion, immerwährende Durchsicht: In »Die Zeitwaage« erzählt Lutz Seiler von einer proletarischen Idealzeit, die es nie gab und die doch zu Ende ging. In: Süddeutsche Zeitung, 13. Oktober 2009

Laudatio zum Berliner Literaturpreis am 21. September 2023 in der Berlin-Brandenburgischen Akademie der Wissenschaften

Judith Hermann
Alle haben den Blues und wissen nicht warum. Judith Hermanns Erzählungen: »Sommerhaus, später«. In: Frankfurter Rundschau, 25. November 1998

Sommernacht, jetzt: Judith Hermann und der Pop der neunziger Jahre. Radiofeature. Erstsendung: Deutschlandradio Kultur, 21. August 2009

Vom Nacken aus über den Kopf. Jetzt erschienen: Judith Hermanns Roman »Aller Liebe Anfang«. In: Süddeutsche Zeitung, 14. August 2014

Buchkritik »Wir hätten uns alles gesagt«, Deutschlandfunk, 21. März 2023

THOMAS LEHR
Laudatio zum »Spycher: Literaturpreis Leuk« im Bischofsschloss Leuk (Schweiz), 16. September 2018

INGO SCHULZE
Petersburg ist etwas anderes. Ingo Schulzes überraschendes Debüt: »33 Augenblicke des Glücks«. In: Frankfurter Rundschau, 11. Oktober 1995

Ein Tag in der Schweiz. In Ingo Schulzes Erzählband »Tasso im Irrenhaus« sind Kunst und Wirklichkeit nicht zu unterscheiden. In: Süddeutsche Zeitung, 30. Juni 2021

SIBYLLE LEWITSCHAROFF
Mit der Kreuzschlitzschraube. Sibylle Lewischaroffs Roman »Consummatus« spielt in Stuttgart und im Jenseits. In: Stuttgarter Zeitung, 28. Februar 2006

Buchkritik »Von oben«, in: Deutschlandfunk Kultur, 6. September 2019

ADOLF ENDLER
Das Greisenalter, voilà! Nahezu alle feiern Adolf Endlers 70. Geburtstag. In: Frankfurter Rundschau, 22. September 2000

Zeitzünder aus dem Rheinland. Adolf Endlers ästhetische Radikalisierung zwischen 1976 und 1979. In: Text + Kritik 238, München 2023

JOHANNES BOBROWSKI
Der sarmatische Traum. Über den Schriftsteller Johannes Bobrowski. Radiofeature. Erstsendung: Deutschlandfunk, 2. September 2005

Im Halbschatten. Nachwort zu: Johannes Bobrowski, Gesammelte Gedichte (hg. von Eberhard Haufe), München 2017

Große existenzielle Melodik. Ein editorisches Lebenswerk: die Briefe Johannes Bobrowskis. In: Offener Horizont. Jahrbuch der Karl-Jaspers-Gesellschaft 5/2018, Göttingen 2018

PAUL CELAN
Rede beim Kulturabend des Bundespräsidenten zum hundertsten Geburtstag von Paul Celan im Schloss Bellevue Berlin, 2. November 2020

Suche nach einer graueren Sprache. Zum 100. Geburtstag des deutschsprachigen Dichters Paul Celan. In: Jüdische Allgemeine, 19. November 2020

LITERATURKRITIK
Dankesrede bei der Entgegennahme des Alfred-Kerr-Preises für Literaturkritik auf der Leipziger Buchmesse, 15. März 2012